本书受教育部人文社会科学重点研究基地重大项目"现代汉语因果表达的多层级研究"（15JJD740011）资助

现代汉语因果表达的
多层级研究

朱　斌◎著

汕头大学出版社

图书在版编目（CIP）数据

现代汉语因果表达的多层级研究 / 朱斌著 . -- 汕头：
汕头大学出版社，2022.6
ISBN 978-7-5658-4707-3

Ⅰ．①现… Ⅱ．①朱… Ⅲ．①汉语－连词－研究
Ⅳ．① H146.2

中国版本图书馆 CIP 数据核字 (2022) 第 109930 号

现代汉语因果表达的多层级研究
XIANDAI HANYU YINGUO BIAODA DE DUOCENGJI YANJIU

著　　者：朱　斌
责任编辑：胡开祥
责任技编：黄东生
封面设计：黑眼圈工作室
出版发行：汕头大学出版社
　　　　　广东省汕头市大学路 243 号汕头大学校园内　　邮政编码：515063
电　　话：0754-82904613
印　　刷：廊坊市海涛印刷有限公司
开　　本：889mm×1194mm　1/16
印　　张：19.25
字　　数：355 千字
版　　次：2022 年 6 月第 1 版
印　　次：2023 年 6 月第 1 次印刷
定　　价：80.00 元
ISBN 978-7-5658-4707-3

《复句研究丛书》前言

随着当代语言学的繁荣与发展，语言学研究从静态研究向动态研究转变，由单一研究向多元和交叉研究发展。复句，是最大的语法单位和基本的篇章单位，是语形、语义、语用、韵律、语篇、逻辑、认知和文化等多层面的综合体。复句，是句型的一个大类，复句问题解决不好，语法体系就会不稳当。

汉语的复句研究，是从模仿和套用印欧语传统句子结构理论开始的，即基于 clause（小句）构成三类句子：独立的 clause 构成 simple sentence（简单句），coordinate clause（并列分句）构成 compound sentence（联合句），小句彼此之间不做句法构成成分；main clause（主句）和 subordinate clause（从句）构成狭义的 complex sentence（复合句），从句是主句的句法构成成分，从句法功能上分名词从句、形容词从句、副词从句等，从句法成分上分主语从句、宾语从句、定语从句、状语从句、同位语从句等。广义的 complex sentence 包括并列句和主从句。马建忠《马氏文通》（1898）是汉语语法学的奠基之作，虽然没用"单句""复句"等术语，但是"句读"论应该是借鉴了拉丁语、英语等印欧语句子理论。"读"大体相当于"从句"，"句"包括三类：一是"与读相连者"，相当于"主句"；二是"舍读独立者"，相当于"并列分句"；三是"不需读惟需顿与转词者"，相当于"单句"。较早使用"复句"概念的是刘复《中国文法通论》（1919），按是否有端句和加句的区别把复句分为衡分复句（Co-Complex）和主从复句（Sub-Complex）。王应伟《实用国语文法》（下编）（1921）是第一部系统研究现代汉语复句的专著，该书把复句划分为并立句、合体句和包孕句三类，并指出包孕句是广义的单句。黎锦熙《新著国语文法》（1924）也采取复句三分说。易作霖《国语文法四讲》（1924）认为包孕句是单句，复句分为并列句和主从句。王力《中国现代语法》（1943）也主张包孕句是单句，复合句分为等立句和主从句。黎锦熙、刘世儒（1962）用"成分划定法"区分单式句和复式句（简称复句），按"逻辑·语法"范畴，把复式句分为等立复句和主从复句，包孕句已不在复句范围之内。赵元任（1968）把复句（composite sentence）分为复合句（并列句）和复杂句（主从句），并从停顿有无、连词有无、子句是否母句的一个成分三个方面区分了复杂句和包孕句。

并列和主从的复句结构二分，不一定完全适合汉语。因为印欧语是"结构优先"，复句结构区分并列和主从，两者不容混杂。像英语的连词具有标示结构的功能，并列连词只能用于后置小句，从属连词可用于前置或后置小句。比如"but"标示并列分句，构成并列句，"although"标示让步状语从句，构成主从句，两者不能同时使用，否则会造成并列句和主从句的混杂。再如"because"标示原因状语从句，可用于前从句或后从句，"for""so that"标示并列分句，只能用于后分句。汉语则有所不同，比如"虽然"标示让步，"但是"标示转折，但两者能共用。"因为"和"所以"都可居前分句或后分句，两者既能单用又可共用，构成的因果句比较复杂。因此，汉语复句的结构，不宜直接套用并列和主从二分。汉语复句的分句与分句彼此不充当句法结构成分，复句结构关系不是由单个分句的句法功能来管制，而是由分句与分句相互联结来形成。

汉语单复句的划分，是汉语语法体系的难题。围绕这个论题，20世纪50—80年代语法学界展开过一场讨论，邵敬敏（2009：157）将其所涉及的内容总结为五个方面的问题：①单句与复句划界标准；②包孕句的处理；③复句系统的建立；④复句内部关系分析；⑤紧缩复句研究。

汉语复句的分类，从20世纪50—60年代发生了变革，其中转折句的复句类属的判定变化，是个标志。并列、主从二分时，转折句归入并列；联合和偏正二分后，转折句归入偏正句。杨伯峻《文言语法》（1955）把复句分为联合句和偏正句，联合句分连贯式和并列式，偏正句分因果式、转折式和条件式。黎锦熙、刘世儒《联合词组和联合复句》（1958）中联合复句包括"并列""递进""选择"，不包括"转折"。林裕文《偏正复句》（1962）中偏正复句包括因果句、转折句、条件句、让步句。此后，联合和偏正的复句划分为大多数语法教材所吸纳，但转折句和让步句的分合及其类属归化，仍有不同意见。

联合和偏正的复句划分，基本是依据分句的语义轻重和能否同层扩展的能力划分出来的。不过，复句的联合和偏正之分也存在一些问题。首先，联合和偏正有兼用现象，如并列兼转折"既/又……却又……"，递进兼转折"不但不……反而"，连贯兼因果等。其次，分句轻重难辨，如递进句"不但……而且"中似乎承递句更重，因果句两式"因为……所以""（之）所以……（是）因为"中因句和果句孰轻孰重难断。再次，联合句不一定能同层扩展，偏正句不一定不能同层扩展，如"不是……而是""不是……就是"等都不能同层扩展，条件句是偏正句，但像"越……越……越"倚变条件句、"……才……才"连锁必备条件句，都能同层扩展。所以，复句在同层扩展能力上有可同层扩展和不可同层扩展之分，但与联合句和偏正句并不完全对等。

汉语没有严格意义上的形态标志和形态变化，语序和虚词是汉语的重要语法手段，句序和关联词语是复句的重要语法手段，历来受到复句研究的重视。虚词研究，在汉语研究中有着悠久的历史。汉语复句研究中，则主要研究连词和关联副词，基本根据连词和关联副词等关联词语来分析复句关系和句式。汉语复句的句序研究较早就引起了学者的重视，比如马建忠（1898）区分"读先乎句""读在句中""读后乎句"，王应伟（1921）分析复句的移位变形。关于汉语变异句序的来源，比较通行的一种观点认为，汉语主从复句的变序是欧化现象或外来结构。复句句序的研究，大致经历了修辞表达到句法语义，再到功能认知和跨语言比较的发展。

汉语重语义，复句运用的首务是复句语义关系的有效表达。汉语复句的语义关系不是由单一分句的语义内容就能决定的，而是由分句与分句的语义角色相互配合，共同合成的。有关汉语复句语义关系的系统分析，较早的有王应伟（1921）、黎锦熙（1924）、易作霖（1924）等。吕叔湘《中国文法要略》（1942—1944）的"表达论·关系"系统分析了六类关系。20 世纪80—90 年代，以邢福义、王维贤为代表对汉语复句的语义关系系统地进行了探索。邢福义（1985，1996）根据分句与分句之间的关系把复句分为三类：因果类、并列类和转折类，其中转折类以因果类和并列类为逻辑基础转化而成。王维贤等（1994）主要根据关联词语和逻辑关系，采取二分法逐层划分复句，先分意合句和形合句，形合句分单纯形合和非单纯形合，单纯形合分条件句和非条件句，再逐层二分。

21 世纪初，邢福义《汉语复句研究》（2001）为新世纪的复句研究拉开帷幕，序言强调复句研究的"五重视"：重视语法事实的发掘；重视逻辑基础的考察；重视"语表—语里—语值"的三角验证；重视句法格局对语词运用的制约；重视若干问题的理论思考。20 年来，汉语复句研究在多方面取得进展：①"普—方—古"复句的"表—里—值"研究；②复句语义范畴研究；③复句关联标记研究；④复句句序研究；⑤复句时体、情态、语气等功能范畴研究；⑥复句话题和焦点信息结构研究；⑦紧缩句、多重复句、流水句研究；⑧复句篇章话语功能研究；⑨复句认知语法和构式语法研究；⑩复句生成语法研究；⑪复句历时演变和语法化研究；⑫复句语音、韵律和心理实验研究；⑬"汉—民—外"复句对比和类型学研究；⑭复句母语和二语教学研究；⑮复句信息处理研究；⑯复句学史和思想史研究，等等。

新世纪第三个十年伊始，愿复句研究的园地，有更辛勤的耕耘，有更丰实的收获。

朱斌

2020 年 1 月 1 日

词法、句法、章法统合观照

——《现代汉语因果表达的多层级研究》序

　　语法学传统视野在词法和句法。现代汉语的词法研究一直薄弱，主要精力在句法中。1997年，我曾发表过一篇小文《汉语语法"本位"论评 —— 兼评邢福义"小句中枢说"》（《世界汉语教学》第 1 期），总结了汉语语法学史上的五种本位观。马建忠《马氏文通》是"词类本位"，词类问题可以是词法问题，也可以是句法问题。黎锦熙《新著国语文法》是"句成分本位"。朱德熙《语法讲义》是"词组本位"。由"词类本位"发展为"句成分本位""词组本位"，是语法研究重心移向句法的重大转折。之后，徐通锵提出"字本位"，是螺旋式地向词法回归，为薄弱的词法研究注入新说。邢福义先生的"小句中枢说"，则是在句法和超句法的宏观语法视野中提出的，是汉语语法研究朝着超句法方向的拓展。

　　在语言交际中，词是最小的可以自由运用的语言单位，句子（小句）是最基本的话语交际单位，语篇是较为完整表达交际内容的话语单位。语法研究仅限词法和句法，显然不够完备。邢福义先生长期从事汉语复句研究，汉语复句与印欧语系语言的复句很不相同，印欧语系语言的复句采用单句模式，子句通过一定的结构手段嵌进主句之中，复句可作句法分析；而汉语复句则把单句分句化，分句组合规律与单句的句法很不一样，倒是与句群、篇章的结构规则更为接近。根据复句研究产生出超句法的观念，是合情合理的。

　　1952 年，哈里斯发表《话语分析》，引发国际语言学开始"话语转向"。此后 50 余年，话语分析得到很大发展，对语篇、语体、句群、话轮等进行了较多研究。特别是 20 世纪 90 年代产生的互动语言学，以自然交际为研究对象，以实证主义态度分析处理材料，探讨交际互动中的语言结构和话语组织，把话语研究推进到一个新阶段。就话语研究的角度看，将超句法纳入语法研究不仅合理，亦是必需。

　　我在研究词语重叠时，把重叠分为"非词重叠""词语重叠""语句重叠"三类，涉及词法、句法和超句法（《论词语重叠的意义》，《世界汉语教学》1996 年第 1 期）。之后，我对汉语的量范畴产生了浓厚兴趣（《汉语量范畴研究》，华中师范大学出版社，2000 年），从"量"

这一语义范畴出发，研究"量"范畴在词法、句法和超句法等不同层面的表达机制。这些研究实践使我认识到超句法研究的意义。

2017年，我为丁力《汉语复句问题研究：复句格式与认知层面关系考察》（西安交通大学出版社，2018年）作序，标题是《复句是超句法的基础》。在序中，我明确提出了汉语语法的词法、句法、超句法的"三法"系统：词法是词的构造之法，句法是短语和小句的构造之法，超句法是复句、句群、篇章等的构造之法。汉语不是像形态发达的语言那样词法控制句法，而是句法控制词法。汉语的句子结构与词语结构具有较大的相似性，而超句法基本上就是用法，这种用法有语法规律，更有逻辑和认知的基础。就现实的语言生活来说，语言运用不仅靠句法，更靠超句法。

现在看来，"超句法"可以叫作"章法"。过去未用"章法"之名，一是对"超句法"的认识不够，只能以句法作参照，加上类前缀"超"表达一个较为模糊的概念；二因文章学、书法界已有"章法"之用，文章学用"章法"表示文章的组织结构或布局谋篇的法则，书法界用"章法"表示整幅作品的安排布置方法，特别是字与字、行与行之间的照应关系。数年过去，看来"章法"比"超句法"更易接受。这里更想说的是，语法应当由词法、句法、章法三部分构成，"三法"统合观照，才能更好地研究、解释由词到篇的结构单位和结构之法。

近日，读《现代汉语因果表达的多层级研究》书稿，发现朱斌的"多层级"研究，不仅有章法的复句、句群、话语的因果关系研究，还有句法的短语和小句研究，有词法的因果复合词研究，正是三法统合观照的探索。从三法系统研究因果范畴，既能看到因果范畴在三法的语义异同，也能发掘三法表达机制的异同。下面是朱斌的一些发现：

词法层面，因果表现为因果复合词。词序上，因果复合词有"因—果"型和"果—因"型，以前者居多。词性上，因果复合词，主要为动词，其次是名词、形容词。结构和语义上，"因—果"型以述补式居多，表示行为动作与其结果的关系；"果—因"型以动宾式为主，表示宾语性语素导致动作性语素的发生。

句法层面，有名词性语句和谓词性语句。比如"缘故"，是一个表示事件原因的名词，它能构成"X的缘故"，其中的X，既可以表示原因，又可以表示结果，即构成同一性定语和领属性定语。再如"引起"，是个因果动词，可以构成主谓结构"原因主语＋引起＋结果宾语"，表示致使性因果关系；"引起"小句，既可以是单句，是分句，还可以小句形式充当句子成分。又如因果连动式，是以叙实方式记录顺次发生的动作行为或事件，本质上是一种紧缩流水句，表示顺承性因果，包括事件的动机、事件发展的阶段、先时事件的影响以及事件性质所决定的自然态势。

章法层面，复句是基础，句群和篇章话语是更大的言语扩展结构。因果关系突出表现在章法领域。邢福义先生把复句分为并列、因果、转折三大类，其中的转折是基于并列和因果的转化，除并列外，因果关系是复句的基础关系。再从篇章看，叙事语篇的两大线索是因果和时间；论证语篇的纵向结构主要是因果式和层进式。由此可以说，因果是章法的重要语义构建关系。

辞书中的因果句，是词法、句法和章法的交汇表现，既能考究词的构造组织，又能分析词义的释义内容。根据《现代汉语词典》的释义，所用因果句式有三类十六种。"因……""……而……""因……而……"等句式，在口语和一般书面语中并不占优势，但却是辞书释义中的强势句式，体现了语域对语法格式的选择与约束。

总之，朱斌这部新著，从词、短语、小句、句联和篇章话语等多个层级，对因果表达做了多角度探索，推进了对因果语义范畴的认识，也显示了词法、句法、章法统合观照的价值。2016 年，朱斌出版《汉语问题辨察与思索》（世界图书出版公司），所辨察、所思索的内容从字、词开始，到短语、句式，再到复句、句群，已涉及"三法"统合观照。那时，我以《学贵四有》为之作序：一是"学贵有根"，为学之根需深植社会沃土，深植语言事实；二是"学贵有问"，问而有学术动力，问而有学术方向，问而有学术新见；三是"学贵有恒"，恒追恒问，水可穿石；四是"学贵有我"，首在知"我"，知己长短，扬己之长，学有所长，形成自己的研究风格，经营出自己的研究领域，走出自己的治学道路，为学界做出自己的特有贡献。五年之后，再读《现代汉语因果表达的多层级研究》，我感觉朱斌的"四有"表现得更加充分了。

儿时学数字，蒙师用"1 根棍、2 卧鸭、3 耳朵、4 断杈、5 秤钩、6 镰把、7 锄头、8 南瓜、9 铁锤、10 疙瘩"形象教数，至今张口可诵。2022 年中有三个"2"，我的第一感觉就是群鸭游弋，脑中浮现的是"春江水暖鸭先知"的诗句。我希望朱斌能常得风气之先，知水暖水寒，畅游学术江海。

李宇明

2022 年 1 月 5 日

序于北京聚贤聊斋

目　录

绪　论

因果关系是语言中的重要语义范畴，在语义关系系统中，具有基础和核心地位，因果关系与多种语义关系存在着直接或间接的联系。因果关系涉及的是原因和结果之间的语义关系，在语言的静态实体和动态应用中的表达方式丰富多样。以往的研究特别重视因和果的语义联系表达，对两个或两个以上的小句来表达因果的方式比较重视，复句研究成果较多，其他的语言实体中的因果表达的研究比较薄弱。因果的研究需要把原因表达、结果表达、原因和结果语义联系的表达综合起来，也要把词语、单句、复句、句群和篇章话语各层级的语言实体的因果表达综合起来，这样有利于建立因果关系的语义框架及其语言表达的义形整体系统，有助于汉语事实的挖掘、汉语特点的查证和汉语研究理论的推进。

0.1　因果关系的语义范畴

因果关系，无论在现实世界还是在知识领域，都相当重要。因果关系在各学科的本体研究和方法论研究中都有不同程度的反映，成果也非常多。2020 年 10 月 25 日查询中国知网，进行各学科的篇名检索，篇名含"因果"的文章有 9233 篇，篇名含"因果关系"的文章有 6264 篇，篇名含"原因"的文章有 653582 篇，篇名含"结果"的文章有 1644125 篇。

因果关系本身很复杂，因果关系范畴的内涵和外延一直以来颇有争议。汉语的因果关系语义类型研究集中表现在因果复句的语义研究成果中，大体可分三个角度：第一个角度基本是模仿印欧语状语从句的分析框架，把原因句和结果句分别立类。如黎锦熙（1924）区分表因或表果的从句，吕叔湘（1942—1944）分为"释因"和"纪效"两类，王力（1945）区分"原因式""结果式"。第二个角度是从复句的逻辑语义关系出发，命名因果关系和因果复句。对于因果复句的内涵和范围大体有六种观点：①因果关系包括因果和目的，如黎锦熙（1924：244-245），认为"行为的目的就是动机，就是动的原因"。②因果复句分为说明因果和推论因果，如赵遵礼（1985）、邢福义（1986，1991）、黄成稳（1990）、刘振铎（1986）、胡裕树（1995）、张斌（2008）等。③因果复句包括因果、推论和目的，如刘惠平（1994）把因果句分为申述复句和目的复句，范晓（1998）分为"一般因果句""推论因果句"和"目的因果句"，荣丽华（2011）分为"事理说明因果复句""逻辑推论因果复句"和"心理意欲因果复句"。④因果复句包括一般因果、目的和条件，如陈洁（2007）。⑤广义因果句。吕叔湘（1942—1944）把假设句和条件句总称为假设句，认为因果句、假设句和推论句"所表示的是根本上相同的一个关系：广义的因果关系，包括客观的即事实的因果和主观的即行事的理由目的等等"，并认为目的和原因相通，"来自外界者为原因，存于胸中者为目的"。邢福义（2001）在吕叔湘广义因果关系的基础上，以"因果聚合"为根基，根据关系标记所构成句式，把因果类复句分为因果句、推断句、假设句、条件句、目的句。⑥因果包括一般因果、推论和转折，如王维贤等（1994）将"因果复句"分为"一般因果复句"和"非一般因果（复杂因果）复句"，"复杂因果复句"又分为"推断"和"转折"两类。第三个角度是从小句语义角色、特征和关系模式，命名因果关系和复句。王应伟（1920）区分因果的并立句和原因的副句的主从复句。因果的并立句分为因果倒置句（你放了他罢！他是一个无罪的人。/我今天特地到你家里来，我因你有多少困难事情，不能不帮你的忙。）和狭义的因果句和目的句（那富翁立志想办好那个学校，所以他连年牺牲了许多财产。），狭义的因果句的原因又分为事实的原因（广东的位置，更在江苏以南，所以广东终年很温暖。/地球因自转及公转，竟没有一刻儿停止，因此地球上有四时及昼夜。）、推理的原因（这几日内连下了些冰雹，恐怕今年的收获是不成了。/那人是天生的聪明，大约他将来终有成就希望。）和行为的原因（那学校里面，风潮闹得很大，许多教员，好几天没有上课了。）。主从复句中的原因的复句包括狭义的原因句、目的句（凡人为满足常识的需要起见，不能不知道一种普通学问。/他因希望他在社会上增进地位，故而现在着手办理些公益事业。）、假定的原因句和认容句。狭义的原因句又分事实的原因（因为地球的吸力方向，正对着地心，故高处物件都是铅直落下。/因为下了几天大雪，又打了北风，所以河里的冰连底冻得很结实。）、推论的原因[因为他资质比别人格外聪明，他将来终有大成的希望。（由因推果）/只看见那人写信这样不通，他的知识也就可想而知哩。（由果推因）]和行为的原因（他因素来知道此处的风俗习惯，故而他特带这种货物来发卖。/他因为在买卖场中很有信用，故这回大家举他经理那银行事业。）。假定原因句又分确定事项（你们如一辈子不下种子，就一辈子没有收获。）、可能事项[又分约束的可能（倘若今后用起功来，吾的学问也是能长进的。）、预言的可能（倘若今年能再下一场大雨，那么秋收就有十成年岁了。）]和假想事项（假如人类能生出翅膀来，也就可以在空中高飞。）。认容句又分认容副句内全部的意义（这孩子虽然身体瘦小，然而食量很大。）、不定语气的认容副句（无论他怎么样地用功，他的学问总没有长进。）、认容副句内一部分的意义（不管这事情成不成，总之我们做了再说。）。

吕叔湘（1942—1944）区分原因为三种：事实的原因、行事的理由、推论的理由，虽然是对原因做的语义分类，但也反映了三种不同语义角色和关系模式的因果句；吕冀平（1959）

把原因和理由放在一起讨论；黎锦熙（1962：93）把原因从句的主句称为"承接"；高更生（1979）把因果与假设和条件放在一起讨论；王缃（1985）则是从结果的角度把"因果复句"分为"说明结果""推论结果"和"突出结果"；鲁川（2001）从事件角色划分结合关系类型，区分了"原因—结果"和"结果—原因"；邵敬敏（2007）称因果复句为"原因—结果"复句，分为"说明因果复句""推断因果复句"和"无奈因果复句"；谢晓明（2010）、苏怡莲（2017）把因果复句分为说明性、推断性和醒悟类三种；张延俊（2017）认为"广义转折复句"也属于"广义因果复句"。

雷云（1958）讨论了因果联系的多样性：一因一果、一因数果、数因一果和数因数果，并区分了多种原因：主要原因和次要原因、主观原因和客观原因、直接原因和间接原因、长久原因和暂时原因、一般原因和特殊原因、历史原因和现实原因、远因和近因、基因和导因、内因和外因，并认为实践是因果性观念的基础。维之（2002）认为因果性原理由五条分支原理构成：因果关系的客观性原理、因果关系的普遍性原理、因果关系的时序性原理、因果同一性原理和因果必然性原理。张婷（2020）认为因果范畴具有时间性、使然性和论证性。张志伟（2019）区分三个层面的因果：形而上学、物理学与人生哲学。

国外语言学界的因果类关系研究则主要从逻辑联系和语用语篇的角度进行界定。Dijk（1977）用语义树的方式来解释"原因"与"结果"概念，用命题 p、q 取代事实 A、B 来表示因果关系。Quirk et al.（1985）、Reed（1999）等将原因从句分为直接原因和间接原因。Quirk et al.（1985：1527-1528）认为直接原因包括四种：①原因与效果，表示人们认识到现实世界中一种客观的联系；②前因与后果，表示讲话人对一种联系的推论；③动机与效果，表示有效果的生物的意图；④状况与后果，状况分句同时表示原因和认为要实现或将实现的一种条件，本结构表示从属分句中的前提和母句中结论之间的一种关系。间接原因，与母句的情景无关而表示该话语言语行为的一个含蓄的动机。Weiner（1986）从三个维度分析原因的逻辑特性：部位、稳定性和可控制性，划分出六类原因：内部的稳定的可控制、内部的稳定的不可控制、内部的不稳定的可控制、内部的不稳定的不可控制、外部的稳定的不可控制、外部的不稳定的不可控制。刘永芳（2010）又增加了两种原因类型：外部的稳定的可控制、外部的不稳定的可控制。[1]Willam（1987）认为原因、结果和目的构成了因果丛，按照是否涉及预期结果，将因果关系分为意愿性和非意愿性的。Mann & Thompson（1987）修辞结构理论中，也把原因、结果和目的归并为因果丛，并把原因和结果都分为意愿性和非意愿性的，从而把因果丛分为七种关系。归因过程中的知识结构可以用因果句法（causal syntax）表征，就是在一系列的行为、事件或状态之间建立因果关系的句法规则，Schank & Abelson（1987）总结了六种因果句法规

[1]　参看刘永芳：《归因理论及其应用》（修订版），上海：上海教育出版社 2010 年版，第 163—172 页。

则：①行为和事件能够导致状态的改变；②状态促成行为和事件；③状态抑制行为或事件的发生；④状态诱发心理状态；⑤行为诱发心理状态；⑥心理状态可以作为行为的理由。[1]Luraghi（2014：130）刻画了从空间域到因域的语义地图，其中因域包括原因域（cause）、理由域（reason）和目的域（purpose），原因是源（origins），目的是目标（destination），原因域和目的域的交叉部分是理由域。Sweetser（1990，2002）认为因果关系的语义解释不是取决于形式，而是取决于语用选择，需要从内容、认知和言语行为三个不同的领域进行解释。沈家煊（2003）把这三个域概括为"行、知、言"三域。Maat & Degand（2001）以因果关系为研究对象把三域的每一域又各分两层，其中内容域分为意志性（volitional）和非意志性（nonvolitional），知域分为基于因果的（causality-based）和非因果的（noncausal），言语行为域分为激发言语行为（motivate a speech act）和阐述与总结（paraphrasing and summarizing）。Degand（2002）、Degand & Pander（2003）、Spooren et al.（2007）、Yıldırım（2015）在"三域"的基础上，把内容域区分意志性（volitional）和非意志性（nonvolitional）。Tsunoda（2012）基于日语因果、条件和转折让步句，在 Sweetser（1990）的基础上，提出小句联结的"五层说"，内容域分为三层：第一层，主句和从句都是情况（situation）；第二层，主句为情况及判断（situation+judgement），从句为情况（situation）；第三层，主句为情况及人际效果（situation+interpersonal effect），从句为情况（situation）；第四层，主句为判断（judgement），从句为前提（premise）；第五层，主句为言语行为（speech act），从句为前提（premise）。Dixon & Aikhenvald（2009）把因果类关系分三类五种：原因（非必然结果）、结果（原因—必然结果、自然结果）和目的（目的、行动目的）。Hu & Walker（2017）探讨了电影场景描述中存在的四种不同类型的叙事因果关系，包括物理的（事件 A 物理地导致事件 B 发生），动机的（事件 A 以 B 作为动机发生），心理的（事件 A 带来表达情感的事件 B）和使能的（事件 A 为 B 的发生创建了一个状态或条件）。Pearl & Mackenzie（2018）提出关联（association）、干预（intervention）和反事实（counterfactuals）的三层因果关系之梯（ladder of causation），揭示利用因果图进行推理的基本原理。Bellingham et al.（2020）从四个语义变量的维度考察因果链类型：中介（mediation）、参与者类型（participant type）、参与者行为（participant behavior）和结果事件类型（resulting event type）。中介分为中介者的存在（presence of intermediator）和工具的存在（presence of instrument），参与者类型分为引起者类型（causer type，包括人类和自然力）和受影响者类型（affectee type，包括人类和非生物），因果域分为物理因果（physical causation）、心理因果（psychological causation）和言语行为因果（speech act causation）。

Mirza（2021）总结了哲学和心理学文献的基本因果观：①因果关系是两个事件之间的

---

[1] 参看刘永芳：《归因理论及其应用》（修订版），上海：上海教育出版社 2010 年版，第 123 页。

关系——原因和结果；②因果关系有一个时间维度——原因必须先于结果；③因果关系是反事实的：如果原因没有发生，结果也不会发生。Mirza（2021）介绍了三种因果模型：①反事实模型：事件 C 是事件 E 的原因，当且仅当如果 C 没有发生，E 也不会发生（Lewis，1973）。虽然反事实思维可以影响因果推理，但因果关系不能简化为反事实条件（Wolff，2007）。②概率因果模型：旨在使用概率论的工具来描述原因和结果之间的关系（Hitchcock，2018），该模型区分了两种主要类型的因果关系：正面对比指定促进原因，负面对比指定抑制原因。由于可靠的概率取决于多次观察，因此根据单次观察建立因果关系方面存在问题（Tenenbaum & Griffiths，2001）。③动力学模型：一种物理模型，基础是假设因果关系可以用能量、动量、冲击力、化学力和电力等物理量来描述（Wolff & Song，2003；Wolff et al.，2005；Wolff，2007）。动力学模型基于 Talmy（1988）对因果关系的力—动态解释，认为因果关系涉及两个主要实体之间的相互作用：影响者和承受者，因果关系概念包括原因（cause）、使能（enable）和防止（prevent）。Mirza（2021）还介绍了一些语料库的因果标注方案。The BECauSE 2.0 语料库（Dunietz et al.，2017）的因果关系除了区分积极因果关系 [促进（facilitate）] 和抑制因果关系 [抑制（inhibit）] 之外，还考虑了三种类型的因果关系：结果 {consequence，如：因为 [婴儿（原因）]，[他们搬到了伦敦（结果）]}、动机 {motivation，如：[他们的旧公寓太小（原因）]，所以 [他们搬到了伦敦（结果）]} 和目的 {purpose，如：[他们搬到了伦敦（结果）]，以便 [他们可以有一个更大的房子（原因）]}。CaTeRS 注释方案（Mostafazadeh et al.，2016）更多地从常识推理的角度而不是语言标记的角度来看待事件之间的因果关系，给出四类九种因果关系："原因（之前 / 重叠）[cause（before/overlaps）]""使能（之前 / 重叠）[enable（before/overlaps）]""防止（之前 / 重叠）[prevent（before/overlaps）]""原因到终端（之前 / 重叠 / 期间）[cause-to-end（before/overlaps/during）]"。

0.2　词汇中的因果研究

0.2.1　构词中的因果研究

汉语词汇研究中，某些研究中涉及因果关系的词语。有的把因果结构作为构词的一种结构方式，如：孙常叙（1956）、黎良军（1995）、Miller（1996）、张灵秀（1997）、周荐（2004）等。有的从句法构词的角度探讨，动宾式构词中有因果关系，宾语表示原因、目的或结果，如：吕叔湘（1979）、朱德熙（1982）、唐超群（1990）、李勉东（1991）、沈力（1993）、黎良军（1995）、朱彦（2004）、张钧（2006）、吴为善和吴怀成（2008）、覃淑元（2012）等；动补式构词中有因果关系，如：张钧（2006）、吴为善和吴怀成（2008）、苏宝荣（2010）；

连动式构词中有因果关系，如：梁银峰（2005）、蒋雪（2011）等；偏正式构词中有因果关系，如：王妍玲（2013）等。有的从语义格框架来研究构词中的因果关系，如：朱彦（2004）等。

0.2.2 成语中的因果研究

有的成语的成分之间在语义上有因果关系，相关成果有孙民立（1993）、方文龙和韩晓光（2001）、毛绪涛（2011）、龙青然（2013）、栗健（2014）等。有的把因果顺序作为一种认知象似性顺序来解释成语语序，如韩巍（2013）等。

0.3 单句中的因果研究

汉语单句中的因果研究主要包括单句的句式、语义和语用研究。

0.3.1 因果单句的句式分析

含有因果关系的单句句式比较多，张钧（2006）和李伟萍（2012）两篇硕士论文分别归纳分析了八种和九种因果单句句式，也有学者讨论单个因果单句句式，大致包括以下句式。

0.3.1.1 介引原因的介词构成的状语句

标示原因的"因/因为/由于、为/为了、以"等介词构成的介词结构充任状语。论述较多的是"因……而……"句式，如张钧（2006）考察了"而"后表示结果的动词，朱斌、伍依兰、郑郁汀（2014）认为该句式是典型的因果紧缩句式，是词典释义的基本句式之一。马伟忠（2018）分析了因果构式"因为 NP，所以 VP"。

有一些动词已经渐渐演化为了原因介词，马贝加（2009）中的"坐"，高颜颜、马贝加（2013）中的"冲""奔"等，这些词语可以介引原因，表达因果关系。

0.3.1.2 含因果关系的动宾句

张钧（2006）将因果性的宾语分为原因宾语、结果宾语与目的宾语三种，能接原因宾语的动词有"愁、哭、后悔、生气、笑、担心、伤心、计较、辩论、争吵"等。李伟萍（2012）将因果性的宾语分为原因与结果宾语两种。二人都还讨论了由使动动词构成的动宾谓语句，主语表示原因，动宾结构表示结果。另外，对单个动词构成的因果句进行研究的还有甄尚灵（1982）、郝雪飞（2003）、赵雅青（2009）等。

0.3.1.3 含因果关系的述补句

张钧（2006）主要论述了黏合式述补结构（如：抓紧、写完、煮熟、说清楚、写上、赶回去）、组合式述补结构（如：走得快、抓得紧、看得多、写得很清楚、看得见、听得出来）与述补宾结构（即述补结构带宾语），认为黏合式述补结构表规约，适于叙述；组合式述补结构表偶发，适于说明；述补宾结构表规约性与偶发性。李伟萍（2012）也对三种述补结构进行了论述。

0.3.1.4　含因果关系的兼语句

张钧（2006）认为兼语句中的使令句和"喜怒"义动词构成的兼语句蕴含因果关系。李伟萍（2012）也认同这种观点，并进一步分析"喜怒"义动词多是主观动词。

0.3.1.5　含因果关系的连动句

张钧（2006）认为连动谓语句中两个动词之间可以是动作与目的的关系，也可以是原因与结果的关系，当表示动作与目的时，第一个动词常用单个趋向动词"来、去"，或者是复合趋向动词"起来""下去""进去""回去""出去"等表示动作，第二个动词表示目的。当表示原因与结果时，第一个动词形式上可以是单个动词、动宾短语、动补短语、"动词＋着"和动词的重叠式，语义上表示原因，其后的动词表示结果。张钧（2006）将"有"字句的延伸式记为"（A＋有＋B）＋C"，认为其可以表示因果关系，与连动句十分相像。高增霞、朱斌（2021）认为汉语因果连动式本质上是一种紧缩流水句，以叙实方式记录顺次发生的动作行为或事件，其语义特征是顺承性的。

0.3.1.6　重动句

重动句兼有述补句和连动句的特点。魏杨秀（2001）按解释原因义的重动小句在整个因果关系语段的位置，将重动句分为前重动句与后重动句，并进一步将重动句分为有标与无标。李伟萍（2012）认为重动句中前一个为动宾结构（VP1），表示一个动作事件，后一个为动补结构（VP2），表示紧接着前一个动作或事件所造成的结果或状态。

0.3.1.7　含因果关系的把字句和被字句

张钧（2006）与李伟萍（2012）都认为把字句和被字句可以表示因果关系。李伟萍（2012）认为把字句和被字句表示因果关系主要有两种情况，一种是整句表示因果关系，也就是主语表示原因，"把"字结构谓语表示所产生的结果或状态；另一种是"把"字谓语内部表示因果关系，动词 V 是其后附加成分所表示的结果或状态产生的原因。江南（2011）认为，主语与"把"后谓语部分之间形成的因果关系才是严格意义上的因果关系把字句。陈香（2010）认为表示因果关系的把字句主要集中在含有"结果补语、处所补语、作（为）/成/为"类补语和趋向补语四种结构类型上。江南（2011）认为把字句的 15 种句型中有 10 种可以表达因果关系，谓词性的主语与"因为……，所以……"句式的变换能力较强，主语是名词时，谓语动词可以是动作动词或性状动词，由于主语一般是无生命性的，谓语动词不能是"结果动词"。

吕文华（1990）讨论了被字句的基本句式"Na＋被＋（Nb）＋V＋C"中 Na、Nb 与 V 的语义关系，并指出 Nb 是导致 V 产生行为变化的原因。黄晓雪、李崇兴（2007）从历时的角度对"被"表原因的来源进行了研究，并区别了被字句与遭遇句。

0.3.1.8 "是……的"句

李伟萍（2012）认为"是……的"句主要用来解释或强调事件发生的原因，一般只限于肯定句或陈述句，中间的成分可以是词（动词、形容词）也可以是短语。孙蕾（2008）从语法、语义及语用三个方面对"是……的"进行了论述，最后对"是……的"表原因这一句式的来源进行了分析。在句法上，"是……的"中间的成分主要为动词、形容词或主谓结构，也可以是动宾结构，但其中的动词必须在宾语后重复一次，以"动 + 宾 + 动"的形式出现；在语义上，"是……的"句式中的原因可以是由形容词表达的状态原因，也可以是某种动作行为原因，且常常带有说话人的负面情绪。

0.3.2 因果单句的语义分析

因果单句的因果关系语义分析，主要涉及原因项、结果项和目的项及其相关成分。

0.3.2.1 原因项分析

0.3.2.1.1 原因项语义类型

刘涛（2002）认为原因宾语有八种语义格：施事原因、受事原因、内容原因、动作原因、凭借原因、时间原因、处所原因、工具原因等。杜美臻（2014）对原因宾语的语义类型从强到弱进行了划分，即"典型原因宾语、目的性原因宾语、对象性原因宾语、受事性原因宾语、时间性原因宾语、处所性原因宾语"。刘涛（2002）将原因项的语义特征分为 [+ 积极] 与 [- 积极] 两种，具有 [+ 积极] 的原因项，是指原因项对于结果项来说是表增加、肯定、赞美等意义的句法单位；具有 [- 积极] 的原因项，是指原因项对于结果项来说是表减少、缩小、否定、批评等意义的句法单位。高增霞、朱斌（2021）认为因果连动式的原因包括事件的动机、事件发展的阶段、先时事件的影响以及事件性质所决定的自然态势。

0.3.2.1.2 原因项的标识

原因项的介标主要有原因、目的介词，也有介词框式，如宋月（2013）对"由于 NP 的原因 / 关系"中的各个构件都进行了分析，并且还对其句法功能、语义与语用进行了论述，可以作句子的状语，也可以置于判断动词"是"之后作宾语。带原因宾语的动词也可看作原因项的标识，孟庆海（1987）、朱斌（1999）、祁从舵（2009）、崔少娟（2011）、杜美臻（2014）等对原因宾语的动词的语义类型和特征做了分析。吴卸耀（2011）认为"考虑到"述补结构在句中介引原因，整个句子表示在考虑到某种原因以后，采取某种行动，这种行动可以是某种外部动作行动，也可以是某种言说行动或思想行动。"考虑到"中的主语与句子的主语常常一致，但在某些情况下也可以不一致。

周永沛（1984）、张建军（2004）对古汉语中的"因动"用法进行了探究，并与意动用法、使动用法等进行了辨析。这种所谓的"因动用法"实际上就是在使用中省略了虚词"因"，可以还原为"因……而……"句式。

0.3.2.2　结果项分析

0.3.2.2.1　结果项的语义类型

李伟萍（2012）归纳了两种结果宾语：一是成品类结果宾语，即表示某种动作行为完成后产生了一种新事物；二是破损痕迹类结果宾语，宾语表现为造成的破损痕迹。

0.3.2.2.2　结果项语义特征

刘涛（2002）认为，结果项的语义特征主要有两种：一种是变化与终点，结果产生之前，事物存在或动作状态要变化发展，并且要经历一个量的积累过程。第二种是肯定与否定，表示 [+ 肯定] 结果项的词语可以是含有对某人或某物价值的主观积极评判的心理动词，也可以是以单个动词或动词短语形式出现的表变化义的动词，还可以是含有褒义的形容词及表肯定的副词。表示 [- 肯定] 结果项的词语可以是某些心理动词或者是其他词语，这些词语常会带有消极意义。

0.3.2.2.3　结果项的标识

有的是虚词，比如"而"标示结果项。崔少娟（2011）认为带结果宾语的动词一般为变化动词或行为动词，这类动词具有 [+ 变化] 或 [+ 承担] 或 [+ 得失] 或 [+ 审查或比较] 的语义特征。赵贤德（2006）研究的"V 成"可以看作是结果项的标识。

0.3.3　因果单句的语用分析

对因果单句语用进行研究的主要是刘涛（2002），包括两个方面：一是主题—述题分析，原因项为主题（已知信息），主语与结果项为述题；主语与结果项为主题（已知信息），原因项为述题（新的信息）；主语为主题，原因项与结果项是述题。二是焦点分析。焦点可以分为自然焦点与对比焦点。因果单句中的焦点有以下几种特征：①自然焦点位于结果项；②自然焦点位于原因项；③用"是"来凸显焦点，凸显的为对比焦点；④对比焦点和自然焦点同在于一个因果句中，分属原因项或结果项。高增霞、朱斌（2021）认为因果连动式的前项有次话题倾向，后项是常规焦点。

0.4　因果复句和句群研究

0.4.1　现代汉语因果复句研究

现代汉语因果复句的研究主要集中在因果复句的分类、关联成分、句序、分句句型和句类以及多重因果复句等方面。因果复句的分类主要是从逻辑语义关系和关联词语的角度来划分的，本研究第一部分有所阐述，下面主要谈谈因果关联词语和句序的研究情况。

0.4.1.1　因果关联词语的研究

因果关联成分和关联词语的界定、名称和区分，颇受重视，如金兆梓（1922）联系虚字中的"联词"，黎锦熙（1924）的"关系词"，王力（1943）的"联结词"，朱德熙（1982）的"关联词语"，邢福义（1985）的"关系语词"，廖秋忠（1986）的"连接成分"，黄国文（1988）的"逻辑联系语"，等等。王维贤等（1994）主张区分"关联词语"和"关联成分"，关联成分中除关联词语以外，还包括语音方面的因素、特定词语的反复、对偶和排比形式等。张斌（2001）也认为称关联成分更符合实际。

因果关联词语主要包括连词、关联副词、介词和超词形式。因果连词是研究的重点，大致有五个方面：①原因连词和结果连词的界定和范围。②因果连词的句法位置，包括在前后分句的位置和在句中主语前后或句尾的位置，涉及句法、语义、韵律、语用、认知、语体等要素，如黎锦熙（1924）、吕叔湘（1942）、王力（1957）、黄盛璋（1959）、王自强（1984）、赵元任（1979）、朱德熙（1982）、李晓琪（1991）、屈承熹（1991）、孙锡信（1992）、邢福义（1996）、陆俭明和马真（1996）、俞士汶（1998）、侯学超（1998）、张斌（2001）、朱斌等（2013）、高再兰（2013）、王佳赫（2016）、王静（2019）等。③因果连词的篇章与句内用法的区分，如廖秋忠（1986）、陆庆和（2000）、邢福义（2001）、赵新（2003）等。④因果连词的单用、配用、套用模式以及与关联副词的配用等，如陆丙甫和金立鑫（1988）、张斌和张谊生（2000）、周刚（2001）、储泽祥和陶伏平（2008）、汪梦翔（2009）、肖任飞（2009）、李晋霞（2013）、黎琳（2017）、杨洋（2018）等。⑤因果连词的辨析，"因为""由于""既然"等原因标志的辨析，如刘楚群（2002）、屈哨兵（2002）、邢福义（2002）、李晋霞和刘云（2004）、李晋霞（2011）、汪蓓蓓（2015）等；"所以""因此""因而""于是""从而""结果"等结果标志的辨析，如赵鑫（2003）、王佳毅（2005）、姚双云（2007）、张新明（2008）、李璐（2008）、郭继懋（2006）、王佳毅和曾常红（2011）、孙悠夏（2012）、邓雨辉和谢璐琳（2013）、李盼（2015）、刘思思（2016）；"以至"与"以致"的辨析，如刘钦荣（2000）。

0.4.1.2　因果复句的句序研究

关于因果复句的句序变化，早期一般认为是修辞需要，是为了补充说明或强调突出，如张静（1980）、林裕文（1984）、刘振铎（1986）、田晓琳（1990）、胡裕树（1995）、刘月华（2001）、黄伯荣和廖序东（2007）、邵敬敏（2007）等。贺阳（2008）认为"先果后因"在汉语历史中一直都有。因果句序与因果关联词语有关，研究成果有李晓琪（1991）、邢福义（1985，2001）、姚双云（2008）、储泽祥和陶伏平（2008）、李晋霞（2011）、黎洪（2012）、单册（2012）等。句序分布受语体影响，但各家统计存在差异：①原因从句后置在口语和书面语中都占优势，如毕永峨（1995），宋作艳和陶红印（2008）；②口语中后置占优势，书面语中前置占优势，如王毓芳（1995，2006）、肖任飞（2009）、黎洪（2012）。因果句序还受逻辑语义关系、句型、句类、信息结构、焦点结构、篇章功能和认知功能等因素的制约，相关研究有宋作艳和陶红印（2008）、朱斌和伍依兰（2009，2012）、单册（2012）、朱斌等（2013）等。郭中（2015）考察了因果关联标记模式与语序的蕴含关系。

0.4.1.3　特定因果句式和构式研究

特定因果句式研究中，有的是特定语气类型的因果句式研究，如朱斌、伍依兰（2008）研究了"祈使＋陈述"型因果句式及相关句式；有的是研究特定情态类型的因果句式，如谢晓明（2010）考察"难怪"醒悟类因果句，巴丹（2019）考察"无怪乎"因果句，胡承佼（2019）考察了意外因果句；有的研究特定因果构式，如肖任飞、张金圈（2018）研究"P（x，y_ 又），Q"因果构式，李莉莉（2017）考察无条件让步复句"让步—因果"复合语义情况，李延波（2017）考察因果压制式的语义类型、生成机制及构式特征，李元瑞（2019）考察"一不 X 就 Y"从因果关系到转折关系的表达功用的转化，吕明臣、丁新峰（2019）对比了现代汉语因果句式和致使句式的逻辑及语义关系，温锁林、韩国颖（2015）考察新兴因果构式"因为 A，所以 B"的建构与修辞功能，徐式婧（2018）研究汉语因果构式子图式间的竞争及其演变规律。

0.4.1.4　因果复句的层次和关系研究

因果复句具有较强的套层能力，多重因果复句和因果套层复句是多重复句研究的重要内容，如汪梦翔（2009）考察了因果关联词语之间的互套能力，郭争（2019）考察了有标因果复句与并列复句嵌套的不对称现象，查洁（2010）研究了因果复句与转折复句的互套现象。

0.4.2　古汉语因果复句研究

古汉语因果复句的研究主要有四个方面：一是对某一或某几个断代因果复句连词和句式的

研究，出版著作的有太田辰夫（1958，2003）、孙锡信（1992）、周法高（1993）、孙良明（1994）、祝敏彻（1996）、俞光中和植田均（1999）、杨伯峻和何乐士（2001）、张玉金（2004）、向熹（2010）、席嘉（2010）、袁雪梅（2010）、李为政（2017）等，发表论文的有刘冠群（1980）、秦松岭和许幼珊（1982）、刘永耕（1986）、董治国（1990）、毛志刚（2009，2012）等。二是某专书的因果复句及其连词和句式的研究，出版著作的有殷国光（1997，2008）、白兆麟（2003）、冯春田（2003）、钱宗武（2004）、吴福祥（2004）、曾丹（2005）、姚振武（2005）、习晏斌（2007）、曹炜（2009，2011）、曹广顺等（2011）、李崇兴和祖生利（2011）等，发表论文的有胡明扬（1984）、李思明（1987）、胡竹安（1987）、王森（1990）、许仰民（1991）、祝敏彻（1991）、黎氏秋姮（2002）、苏振华（2007）、李凤启等（2007）、阚洁（2010）、孙怀芳（2010）、李楠楠（2011）、何越鸿（2010，2013）、韩晓云（2015）、齐圣轩（2017）、刘春萍（2018）、陆恒（2019）等。三是对因果连词及其句式形成、发展，词汇化、语法化的研究，出版著作的有王力（1989，2005）、董秀芳（2002，2011）、席嘉（2010）等，发表论文的有韩国平（1983）、郭锡良（1998）、曹小云（2001）、汪维辉（2002）、肖奚强和王灿龙（2006，2010）、邱娟娟（2006）、李小军和唐小薇（2007）、王慧兰（2007）、徐丹（2007）、邢福义和姚双云（2007）、王兴才（2007，2009，2014）、程亚恒和陈慧（2007）、毛志刚（2008）、郑丽（2008）、李小军（2009）、王岩（2009）、孙书杰（2010）、严慈（2010）、朱艳霞（2010）、张亚茹（2016）、李乃东（2017）、荣丽华（2017）、陈波（2019）等。四是古汉语因果复句的句序研究，如李为政（2020）。

0.4.3 方言、民族语的因果复句研究与对比

方言因果复句研究散见于方言志和方言语法论著中，专门研究方言复句的，如李淑荣（2007）、黄晓雪（2008）、黑维强（2015）等。

民族语的因果复句研究散见于《中国少数民族语言简志》丛书、《中国新发现语言研究》丛书、《中国的语言》、民族语语法论著等。汉语与民族语的因果复句对比和翻译研究有拉都（2004）对汉语和藏语的因果复句做了比较与翻译分析；范丽君（2011）研究了汉藏语因果复句；戴庆厦、范丽君（2010）研究藏缅语因果复句关联标记，并与汉语做了比较；范丽君（2017）从藏缅语因果复句的特点反观汉语的特点；张鑫（2015）考察了豪尼哈尼语的因果复句；张美涛、王苹（2017）考察了维吾尔语中因果句际关系的表达；裴杨（2017）考察维吾尔语因果关系表现形式；苏慧慧、谭丽萍（2019）考察壮语 Deng（te: ŋ）字句的事件因果关系认知识解，等等。

0.4.4 汉外因果复句对比、翻译和习得偏误及对外汉语教学研究

汉外因果复句对比、翻译和偏误研究以汉英因果复句居多，如彭宣维（1998）、刘爱荣等

（1999）、张丽红（2005）、许文胜等（2006）、宋作艳和陶红印（2008）、常晖（2009）、殷凤娟（2009）、孙燕（2009）、崔晓铃（2010，2011）、金庆爱（2010）、慕宝龙（2011）、孙丹萍（2013）、曹沸（2015）、郭春芳（2015，2016）、邓云华和郭春芳（2016）、郭春芳和邓云华（2017）、邓凯方（2017）、成祖堰和成刘祎（2020）、李曦和邓云华（2020）等。对比分析韩国语和汉语因果复句及其习得偏误，如董福升（2011）、李元熙（2012）、周广幸（2013）、张婧婧（2013）、黄丙刚（2016）、梁珊珊和杨峥琳（2016）、黄仙姬和白雪飞（2016）、刘璐（2017）、黄仙姬（2017）、金淑炫（Kim Sukhyun，2018）、王菲菲（2018）、金龙军（2020）、于航（2020）等。汉日因果复句对比分析，如江慧浩（2008）、往南（2013）、张斌等（2014）、金学江等（2014）、薛桂谭（2017）、王佳琦（2018）。泰国习得汉语及泰汉比较，如KITTAPORN KITTIJAROEN（马凤花，2018）、周明月（2019）、官渝婷（2019）。杨萍萍（2013）对汉语和印尼语的因果复句进行比较和偏误分析。T.M.SACHITHRA KUMARI BANDARA（莎琪，2018）考察中高级阶段斯里兰卡学生有标因果类复句习得。宋珂（Ezemba Oluebube Onyinye，2020）考察了尼日利亚学生汉语因果连词习得偏误。张雪莹（2013）考察了俄语中的因果关系。

袁梦（2015）考察对外汉语教学中的因果连词教学策略。赵立莎（2017）考察了面向汉语国际教育的因果复句关联标记。刘荣（2018）考察广义因果复句对外汉语教学。杨洋（2020）考察了《发展汉语》综合教材有标记因果类复句的编写情况。李玮钰（2017）考察了对外汉语教材的因果连词编排。

0.4.5　因果句群和超句研究

刘钦明（1984）指出整篇文章中的因果关联固然必要，但句群之间的这种关联更为重要，它是议论的生命。王文琦（1998）也强调因果关系在句群中的重要作用，无论是一个议论文还是一个议论层，都有一个基本要求：在内容、结构中要有因果关联。吴为章、田小琳（2000）论述了因果句群的类型以及因果句群的重要作用。曾常年（2003，2004）以"小句中枢"为基本理论，以"两个三角"为基本方法，对现代汉语因果句群的二、三、四句组合式做纵向考察，从语义配置、语形组造、语气组合等方面做了横向考察。陈洁（2007）对比了俄汉超句统一体及其翻译，将超句体分为主从型、准主从型、并列型和混合型四种类型。主从型复合超句体各组成部分之间联系紧密，在意义上有主导、从属之分。它们之间往往含有因果、限定说明、客体等意义关系。带有因果意义的复合超句体组成部分（简单超句体）之间的句际衔接，多采用因果类衔接词语，或通过两个简单超句体本身意义的组合及语序排列（通常为由因及果）进行"意合"实现。

0.5　篇章话语中的因果研究

0.5.1　因果篇章话语衔接和连贯研究

篇章因果连接成分的研究有廖秋忠（1986）、郑贵友（2002）、徐赳赳（2010）、杜慧敏（2015）等，口语因果连接成分研究有周利芳（2008）、李宗江和王慧兰（2011）、姚双云（2012）等。杜慧敏（2012）对现代汉语因果类语篇关系连接成分的系统（包括界定、分类、用法和认知研究等）和个案研究进行归纳和梳理，认为以往研究主要是因果类关联成分的句中用法、某些关联词语的语篇用法，对于超词形式的因果关联成分的研究相对较少，缺乏系统分析。周利芳（2008）将表因果关系的话段衔接成分分为五个小类：①由因致果；②由因推果；③作答并释因；④无条件致果；⑤对结果恍然大悟，分析了各小类因果关系话段衔接成分的意义、功能及差异，并对其教学提出了建议。曾丹（2008）总结了国内学者对因果连贯的研究，主要体现在四个方面：一是因果语标的微观研究，二是因果连贯的类型研究，三是因果连贯的认知研究，四是因果连贯的专书研究。张晓（2012）从体现形式、从语篇中相互连接的语篇片段、从语篇理解等角度，将英语中的因果连贯关系进行分类，说明语篇应是一个既衔接又连贯的语义单位。沈力（2016）考察了"因果链"的表达策略与类型。

0.5.2　因果篇章和话语结构及其教学和翻译研究

吕文源（1983）把因果论证的方法分成四种：并列、层递、转换、抑扬。仇小屏（2000）系统分析了汉语的三十五种篇章结构，其中"因果"结构中，最常用的是"由因及果"和"由果溯因"，另外还有"因果因""果因果""果因果因"等形态。庞君芳（2010）详细介绍了因果思维在中学语文教学中的运用。此书结合具体的作文实例分析了因果思维与命题、新命题作文，因果思维与材料、新材料作文，因果思维与话题、新话题作文。庞君芳认为作文的核心是思维活动，写作离不开抽象思维和形象思维，写作者在构思过程中展现的心理活动总是离不开对主题进行前因后果的判断和推理。通过因果思维的内在分析将作文题中固有的信息充分展示出来，使文章的立论和构思具有强劲的内在逻辑力量，从而使文章血肉丰满。刘萍、梁小平（2012）采用功能分析法，在系统功能语法的理论框架下，对比研究了双语教学的课本语篇与讲座语篇在因果意义表达模式上的差异，发现课本语篇的隐喻化程度高，所表达的因果意义含糊、隐晦。姜蕾、梁小平（2013）运用韩礼德系统功能语法理论分析大学双语课上所使用的教材文本语篇的特点，教师对教材中的因果性关系进行解释时所使用的词汇语法结构。结果发现：

为了帮助学生更好地理解教材文本语篇因果性解释中语法隐喻的意义，教师使用了一系列下行性功能重塑语。赵瑞华（2018）认为运用因果思维可以优化议论文的写作。

国内外因果语篇结构研究以英语为主。黄世敏、梁焕强（1997）通过对科技英语文献的研究分析，归纳出科技英语文章中表示因果关系的七种基本句式，即一因一果、一因多果、多因一果、多因多果、简链式、嵌入链式、链循环式。李艳辉（2013）从事实因果逻辑、假设因果关系、条件因果关系、因果逻辑链四个方面阐述了科技英语的因果修辞，认为科技英语实际上是一个因果逻辑网络。张梅岗（1998）分析了英语语篇中单层因果关系和因果链及其类型，强调研究因果关系对翻译的重要作用。吴敏之（2011）探讨了因果型语篇模式不同语篇层次的基本结构、变异结构以及它与其他语篇模式的包容关系，阐明了因果型语篇模式研究的价值。刘齐生（2003）以因果关系为例，对中德两国语篇的结构差异进行了比较，分析表明，德语语篇中因果链均指向冲突瞬间，而汉语语篇中存在大量对冲突背景的描述。周聪（2015）对比分析了德汉篇章中因果关系表达。

徐盛桓（2015）从因果蕴涵的角度考察婉曲话语的生成和理解。姜海艳、吕明臣（2019）考察了话语标记"这样一V"与远距离因果事件表达。

0.6 因果的心理和认知研究

关树文等（1961）对学前儿童认识因果关系对于掌握因果连词和发展语言结构的影响进行了试验研究，结果发现当动词隐含因果性和句中代词实际所指一致时阅读时间较短，不一致时阅读时间较长。朱曼殊（1987）、朱曼殊和华红琴（1992）、朱曼殊和宋正国（1992）、缪小春和桑标（1994）等运用心理实验考察了幼儿和儿童对因果复句的理解特点、发展过程以及判断水平。孙艳等（2001）研究了动词隐含因果性代词加工的影响。陈伟英、谢莉（2018）考察动词隐含因果性和语篇话题性对回指选择的影响。黄一涵（2016）对动词隐含因果关系影响代词解决的研究进行了总结。张金桥（2003）考察了因果句等偏正复句的命题表征项目互换效应，认为命题表征的有效性和命题表征的稳定性是引起汉语句子理解中命题表征项目互换的原因。胡承佼（2008）讨论了儿童因果复句的习得情况。吴妮妮等（2009）对中文阅读中的因果关系与转折关系理解差异进行了实验研究，结果表明，被试对转折关系的表征难于因果关系的表征。丁小杉（2010）提出了一种基于句子的因果关系识别方法。邱娜（2011）研究了中小学生对因果、条件和递进三类复句的理解，发现理解水平的高低顺序是递进、因果和条件复句。四川外国语大学的廖巧云（2011）、廖巧云等（2014）、廖巧云等（2015）、胡权（2015）、赵永恒（2015）、覃爱民（2015）、程钰（2015）、广露（2015）、陆灿（2019）、叶娇娇（2019）对汉语因果复句的认知加工和识解展开了一系列认知和ERPs实验研究，研究了不同类型因果句的识解机理。徐萌敏（2015）对现代汉语使能类因果关系进行了力动态的实证研究。朱献珑、陈佳妮（2017）研究了翻译因果关系的心智识解过程和特点。张良（2018）考察了汉语语篇因果关系的认知加工的理解与韵律产出。

牛保义（2006）考察了英语的因果复句的认知语法特点。章欣（2015）运用原型理论为背景考察汉语因果复句。俞琳、李福印（2016）基于 CiteSpace III 对比分析了因果关系语言表征研究。朱献珑（2017）对汉英因果标记的语法化进行了认知对比研究。张良（2018）对汉语语篇因果关系的认知加工的理解与韵律的产出进行了考察。李曦、邓云华（2019）基于语料库对英汉因果复句进行认知对比研究。邓云华、李曦（2019）考察了英汉因果复句语序和关联词标记模式的演变并进行了认知阐释。邓云华、蒋知洋（2020）考察了英汉因果标记的不对称性及其认知机理。李曦、邓云华（2020）对英汉因果复句关联词焦点标记演变进行了认知上的阐释。邓云华、刘芬（2020）对英汉因果复句句法语义特征进行认知对比考察。袁毓林（2020）从语言表达考察了疫情下人们的因果认知与反思归因。廖巧云、孟利君（2011）考察了因果构式的整体性认知语用框架。张滟（2012）基于"交互主观性"分析了因果复句关联标记句法和语义接口问题。徐盛桓（2016）考察了心理因果性视域下的汉语身体—情感隐喻解读。李为政（2017）考察了现代汉语因果句的主观性和两域问题。李芳（2017）考察了汉语因果关系连词的主观性。邓云华、齐新刚（2019）比较分析了英汉因果复句主观化的历程和机制。

0.7　国外语言学的因果表达研究

0.7.1　因果关系的表达方式

Altenberg（1984）研究了伦敦—朗德语料库（LLC）中 10 万词自然英语会话和相同规模的 LOB 语料库中资料性散文体的四种因果句法标记方式，即副词连接（如 hence、so）、介词连接（如 because of），从属关系（如 because、since）和从属结构（如 that's why）。Altenberg 发现每个语料库中从属结构占了约一半，而副词连接约占三分之一。Reed（1999）提出日语等语言使用词序（被动语态）、形态标记（格）、语调特点等编码策略来表示因果。Edwards（2013）对德语、法语、荷兰语、英语等不同语言进行分析，发现它们在使用不同的原因标记表示不同的句子关系时存在很大的差异，语言中的这些差异能让我们检测出概念化的约束和原因关系的标记。Cristofaro（2003，2013）对因果从句的关系标记类型进行了类型学考察，有的语言不使用关系标记，有的语言使用一种或几种关系标记，包括连词、介词结构、前缀、后缀等形态变化形式等。Aronson（1971）总结了具有表达因果关系能力的及物动词的类型。当及物动词在句型 Noun Phrase+Transitive Verb+Direct Object+Objective Complement 中时，可以被替换为 Noun Phrase+caused+Direct Object+Copula+Objective Complement，这类动词有 push、pull、lift、knock、make 等。然而，一些及物动词 know、found、call 等却不具有表示原因的功能，因为它们虽然可以加宾补这种成分，却不能替换成 cause 加其他动词的句子，但可以替换成一个同位语从句。Reed（1999）探讨了 make、get、let 这类作为使动意义的词在表示因果时程度的不同。在所举的三个例子 "a.Veronica made her boyfriend kill her sister. b.Veronica got her boyfriend to kill her sister. c.Veronica let her boyfriend kill her sister." 中，a、b 句中的 make 和 get 把她姐姐的死的直接原因归于 Veronica，而 c 句中的 let 把她姐姐的死的最初责任归于她男朋友。Croft（2012）提出了依据事件结构来确定论元实现的 "力量—动态" 论元实现理论，将事件理解为因果关系对论元的实现，认为主语、宾语等格论元的句法实现不是取决于各类题元角色等级，而是由事件所体现因果关系的力量—动态结构及谓词对该结构的观照共同决定的。

0.7.2　因果表达的语用、语篇功能和类型学、认知解释

Dijk（1977）指出文本和语境对探索篇章中的语义和语用含义具有重要作用。Altenberg（1984）研究发现口语和书面语中因果关系以不同的词汇和语法形式出现，说话者和写作者在使用因果关系表达时呈现出相似性和差异性。虽然因果表达方式多种多样，但很少能自由取舍，而要随语义、语用、文体、认知的变化而不同。Claridge & Walker（2001）比较了口语和书面语的四种语体渐变群中的因果表达的相同点和不同点。Ford（1993）指出尽管英语中句子层面的副词性从句都可放在句首的位置，但由 because 引导的从句只能出现于交谈会话中句末的位置，原因从句与时间、条件从句有三个方面的不同：出现位置；与先前连接成分的语调关系；停顿的频率方面。作者从信息结构上介绍了三种类型的因果连接：位于因果连接之前的句子中的事件包含了已知的信息，为因果信息提供背景；位于因果连接之前的句子中的事件包含了迷惑、参考信息，为解释和阐述指明方向；位于因果连接之前的句子和因果从句中包含的事件展现了全新的信息。Moeschler（2003）指出语篇因果关系是反向的，先介绍结果，再介绍原因，文章尝试回答为什么语篇中的因果关系被用来表达解释和辩论的含义。"解释" 是对应于真实世界中因果关系的一种语篇关系，而 "辩论" 则是语篇因果关系的特殊运用，暗示两个因果链之间的关联。Couper-Kuhlen（2011）指出很少人关注对话者在真实情境中是如何运用 "because" 的，作者认为英语口语交际中的 "because" 的用法和说明性书面语中有很大不同，口语中的原因从句常作为话轮建构单元，为 "断言" "评价" "请求" "拒绝" 等行为提供原因解释。

Sweetser（2002）认为因果关系的语义解释不是取决于形式，而是取决于语用选择，需要从三个不同的语用领域进行解释：一是言语行为领域，因果连接词对言语行为做出因果解释；二是认知领域，因果连接词标示出信念和结论的解释；三是内容解释，因果连接词对现实世界做出因果解释。

Sanders（2005）通过调查语篇连贯背后的机制来研究人类认知。因果关联性和主观性是显著的分类原则，可以解释因果关联的连贯性和连接词用法，在解释语篇中认知复杂性方面发挥了关键作用。Pit（2001）认为荷兰语反向因果连接词（want，omdat，aangezien 和 doordat）的分布可以通过主观性程度来解释，主观性指的是说话者的主观性和视角，主观性概念表现出一系列特征：因果中 CP 的作用、他或她的自然本性、他或她的话语或思想表达方式、可参考性的选择和谓语特征（时态、语态、极性）。Spooren，Sanders，Huiskes & Degand（2010）以荷兰语中的原因连接词 omdat（"because"）和 want（"for/because"）为例，采用语料库数据分析的方法，得出了 want 更倾向于表达主观性的内容，omdat 在表达上更客观；在口语与书面语的比较中，口语中的主观程度高于书面语，因此，want 和 omdat 在口语中的差别要小于书面语。Lagerwerf（1998）分析了因果连接词的预设和结果义，考察因果连接词在语篇连贯中的影响。Xiao Hongling（肖红岭，2020）从主观性角度对汉语因果连接词的语言范畴进行了四个系列的研究，并考察了每一个连接词的主观性在多大程度上适用于一系列具有可变生成过程的书面语、口语和社交媒体话语和语篇。语料库分析表明，在不同的话语类型中，连接词（原因和结果）在其原型表达的因果关系的主观性特征方面都存在系统性差异（Xiao et al.，2021a；Xiao et al.，2021b）。通过选择连接词完成因果关系表达的实验研究还显示，情态词在预测结果的表达中具有作用（Xiao et al.，2021c）。对话语标记结构的分析表明，话语标记结构的主观性特征不能完全归结为构成单一标记结构的主观性特征，话语标记结构对关系的解释具有特定的语用效应。这些研究为汉语连贯关系的认知研究提供了新的视角。

Ford（1993）、Diessel（1996，2001）等考察了英语的状语性从句的句序，前置到后置的连续统为：条件—时间—原因—结果 / 目的，条件从句更便于提供信息框架，而原因、结果和目的多用于后分句以提供附加信息。Diessel（2001）对条件、时间、原因、结果、目的的从句的句序做了 40 种语言的类型考察，发现了五种句序类型的语例：强制性前置（8）、非强制性前置（9）、前置或后置（17）、前置后置复合（5）、非强制性后置（1），从类型学上得到与英语相同的从句句序的连续统。Diessel & Hetterle（2011）用 60 种语言研究原因从句的句序及其动因，原因从句前置和后置的灵动性源于其句法结构关系上的独立性，而此独立性是由原因从句在说话人和听话人交际中的交互功能造成的。

0.8 本书的研究框架

因果关系在语言的静态实体和动态应用中的表达方式丰富多样。因果关系涉及的是原因和结果之间的逻辑语义关系，原因的表达、结果的表达以及原因和结果之间语义联系的表达都非常丰富。由于以往的研究特别重视因和果的语义联系表达，所以在表达实体上，对两个或两个以上的小句来表达因果的方式比较重视，复句研究成果较多，其他的语言实体中的因果表达的研究比较薄弱。下表是 2020 年 10 月 25 日检索中国知网的中国语言文字学的一组主题检索数据。

语言实体 ＼ 因果	因果
复合词	11
单句	84
复句 / 分句	711/476
句群	58
语篇 / 篇章	181/97

　　因果表达的研究在复句层面的比较多，而且往往限于复句实体内，无论在复句结构内部还是在与单句、句群、篇章的临界结构的研究上，都还有很大的研究空间，还有许多的事实有待挖掘，比如无标记的因果关系表达、多重复句的因果套层、因果复句的句序和焦点结构等。单句层面的因果表达研究，基本以动词为核心的句法结构研究为主，关于其他词类及其构式的因果表达研究较少，比如介词、名词、副词等标示原因、结果或因果关系的词语及其构式，不仅能充当句法成分构造小句，而且与其他句法成分之间会发生因果联系，有的还会与其他小句或句子发生因果联系。再如词语层面的因果表达研究，主要是分析词素之间的结构关系和因果关系，至于因果关系是如何压缩在词语内部，在因果语义框架内因果语义要素是如何凸显和省却的，这些表达因果关系的词语入句后是怎样的，等等，尚需进一步研究。再如，篇章层面的因果研究，一般是借用因果复句和句群的句法分析框架来分析，缺少篇章各个组成部分的系统研究。

　　因果表达的研究一方面要把原因表达、结果表达、原因和结果语义联系的表达综合起来，另一方面也需要把词语、单句、复句、句群和篇章话语各层级的语言实体的因果表达综合起来，建立因果关系的语义框架及其语言表达的形义整体系统。这样，更有助于汉语事实的挖掘、汉语特点的查证和汉语研究理论的推进。

　　本书的研究除了绪论和结语，共分十章：

第一章　因果复合词的结构类型和语义机制
第二章　名词性短语表达因果 ——“缘故”组合式定语的因果赋值
第三章　小句中动词性结构表达因果
第四章　因果句联的句类配置
第五章　因果句联的句型配置
第六章　因果复句的关联标记模式
第七章　因果句群的关联标记模式

第八章　因果句的套层机制和焦点层构

第九章　辞书释义中的因果句式

第十章　会话中的"因为"句

　　本书的例句来源包括国家语委现代汉语语料库、北京大学中国语言学研究中心语料库CCL、北京语言大学 BCC 语料库、厦门大学语料库、图书和期刊以及自拟例句等。其中，第二章、第八章 8.2 等例句主要来自 CCL，第三章例句来自于国家语委现代汉语语料库，没有标出处，其他章节例句均标有例句出处。第十章的语料来源于自然口语会话的录音转写。

第一章　因果复合词的结构类型和语义机制

因果关系在构词中的表达，可以构成因果复合词。因果复合词是指复合词内部语素间具有因果语义关系。本章从《现代汉语词典（第 7 版）》中提取因果复合词 683 条，根据因项、果项排列将其分为因—果型复合词和果—因型复合词两类，分析它们的构词结构、语素类型和语义机制。

因果复合词的语素之间能表达因果关系，如"病退"，"病"表示原因，"退"表示结果，可以说"因病而退"，词典释义为"因病退职、退学或提前退休"。再如"逃荒"，词典释义为"因遇灾荒而跑到外乡谋生"，其中"荒"是原因，"逃"是结果。对于这种因果构词现象，孙常叙（1956，2006）、吕叔湘（1979）、朱德熙（1982）、沈力（1993）、黎良军（1995）、朱彦（2004）、吴为善等（2008）、李丽云（2010）、覃淑元（2012）、朱斌等（2014）等有所提及，但没有专门研究。

本章对《现代汉语词典（第 7 版）》词条进行逐一筛选，查到 683 个双音节因果复合词。对于多义复合词，只要有一个义项能显示出表达因果义，便认定为因果复合词，如"摆平"等；若是多个义项都能表达因果意义，则处理为多条，如"变乱"等。

因果复合词有表因语素（因项）和表果语素（果项）两个部分，没有表因关系标记（因标）、表果关系标记（果标）。我们按照因项和果项的顺序将因果复合词划分为因—果型复合词和果—因型复合词两类，然后根据因果复合词的词性、构造方式、语素性质等对因果复合词进行描写分析。

1.1　因—果型复合词

因—果型复合词，表现为因项在前，果项在后，共 542 例，在词性上包括动词、名词和形容词，词法结构表现为动宾式、述补式、偏正式、连动式，不同词法结构在复合词语素上表现又有所不同。

1.1.1 因—果型复合动词

因—果型复合动词，即复合词两个语素内部有因果关系，词性为动词，共有 452 例。其中动宾式因—果型复合动词 8 例，述补式因—果型复合动词 353 例，偏正式因—果型复合动词 40 例，连动式因—果型复合动词 51 例。

1.1.1.1 动宾式因—果型复合动词

动宾式因—果型复合动词，即因—果型复合动词的因项、果项二者之间有支配与被支配关系，一般为因项支配果项，共有 8 例，语素类型的搭配只有动语素＋名语素一种。如：

【遮阴】动词。遮蔽阳光，使阴凉。（第 1658 页）

上例"遮阴"中"遮"表示"一物体在另一物体的某一方位，使后者不显露"，为因项，"阴"表示"不见阳光的地方"，是结果宾语，二者存在因果关系，表示"因遮而成阴"。再如"摇奖"等。

1.1.1.2 述补式因—果型复合动词

述补式因—果型复合动词，即因—果型复合动词的因项、果项之间有补充关系，果项为因项的补充，共有 353 例，在因—果型复合动词中最为常见，语素类型的搭配有动语素＋动语素、动语素＋形语素两种类型。

第一，动语素＋动语素。动语素和动语素组成述补式因—果型复合动词，因项、果项均为动语素，共有 238 例。如：

【驳倒】动词。提出理由否定对方的意见，使站不住脚。（第 99 页）
【放飞】动词。①准许飞机起飞。②把鸟撒出去使高飞。③使风筝等升起。（第 372 页）

上例"驳倒"中"驳"（说出自己的意见，否定别人的意见）为因项，"倒"，本义为"横躺下来"，此处引申为"不能成立"，为果项，二者存在因果关系、述补关系，因项、果项均为动语素。"放飞"亦是如此。

第二，动语素＋形语素。动语素和形语素组成述补式因—果型复合动词，因项为动语素，果项为形语素，共有 115 例。如：

【辨明】动词。辨别清楚。（第 82 页）

上例"辨明"中"辨"（辨别，分辨）为因项，"明"（明白，清楚）为果项，二者存在因果关系、述补关系，因项为动语素，果项为形语素。

1.1.1.3　偏正式因—果型复合动词

偏正式因—果型复合动词，即因—果型复合动词的因项、果项存在修饰与被修饰关系，表现为因项修饰果项，共有 40 例，语素类型的搭配分为动语素＋动语素、形语素＋动语素、名语素＋动语素三类。

第一，动语素＋动语素。动语素和动语素组成偏正式因—果型复合动词，因项、果项均为动语素，共有 29 例。如：

【孕吐】动词。孕妇在妊娠初期食欲异常、恶心、呕吐。（第 1623 页）

【愧汗】动词。因羞愧而流汗，形容羞愧到了极点。（第 765 页）

上例"孕吐"中"孕"（怀胎）为因项，"吐"（恶心、呕吐）为果项，二者存在因果关系、修饰与被修饰关系，"孕""吐"均为动语素。"愧汗"中"愧"（惭愧）为因项，"汗"（出汗）为果项，二者存在因果关系、修饰与被修饰关系，"愧"和"汗"均为动语素。再如"胁从"，表示"被胁迫而随别人做坏事"，也是偏正式因—果型复合动词。

第二，形语素＋动语素。形语素和动语素组成偏正式因—果型复合动词，因项为形语素，果项为动语素，共有 3 例。如：

【悲泣】动词。伤心地哭泣。（第 54 页）

上例"悲泣"中"悲"（伤心）为因项，"泣"（哭泣）为果项，二者存在因果关系、修饰与被修饰关系，"悲"为形语素，"泣"为动语素。

第三，名语素＋动语素。名语素和动语素组成偏正式因—果型复合动词，因项为名语素，果项为动语素，共有 8 例。如：

【情死】动词。指相爱的男女因婚姻不遂而死。（第 1068 页）

上例"情死"中"情"（爱情）为因项，"死"（失去生命）为果项，二者存在因果关系、修饰与被修饰关系，"情"为名语素，"死"为动语素。

1.1.1.4　连动式因—果型复合动词

连动式因—果型复合动词，即因果复合词的因项和果项具有前后相继的关系，并述说同一主体。由于连动式的特殊性，在因果复合词中仅存在于因—果型复合动词中，且语素类型的搭配仅有动语素＋动语素这一类型，共有 51 例，如：

【病退】动词。因病退职、退学或提前退休。（第 96 页）

【溃逃】动词。被打垮而逃跑。（第 765 页）

上例"病退"中"病"（生理或心理上发生不正常的状态）为因项，"退"（退职、退学等）为果项；"溃逃"中，"溃"（被打垮）为因项，"逃"（逃跑）为果项。这两个词前后两个语素都存在因果关系、前后相继关系，且述说同一主体，均为动语素。

1.1.2　因—果型复合名词

因—果型复合名词，即复合词两个语素内部有因果关系，词性为名词，共有 81 例，均为偏正式因—果型复合名词。偏正式因—果型复合名词的因项、果项存在修饰与被修饰关系，表现为因项修饰果项，语素类型的搭配分为动语素 + 名语素、名语素 + 名语素两类。

第一，动语素 + 名语素。动语素和名语素组成偏正式因—果型复合名词，因项为动语素，果项为名语素，共有 24 例。如：

【冻害】名词。由于动植物受冻造成的危害，如引起机体细胞和组织破坏或死亡等。（第314 页）

【产品】名词。生产出来的物品。（第 143 页）

上例"冻害"中，"冻"（机体的组织由于温度过低而受损伤）是动语素，"害"（祸害、坏处）是名语素，二者存在因果关系、修饰与被修饰关系。"产品"中"产"（创造物质财富或精神财富，生产）为动语素，"品"（东西、事物）为名语素，二者存在因果关系、修饰与被修饰关系。

第二，名语素 + 名语素。名语素和名语素组成偏正式因—果型复合名词，因项、果项均为名语素，共有 57 例。如：

【虫灾】名词。因虫害较重而造成的灾害。（第 181 页）

上例"虫灾"中"虫"（虫子）为因项，"灾"（灾害）为果项，二者存在因果关系、修饰与被修饰关系，"虫""灾"均为名语素。

1.1.3　因—果型复合形容词

因—果型复合形容词，即复合词两个语素内部有因果关系，词性为形容词，相比因—果型复合动词和因—果型复合名词，其数量较少，且均为偏正式因—果型复合形容词。偏正式因—果型复合形容词的因项、果项存在修饰与被修饰关系，表现为因项修饰果项，共有 9 例，语素类型的搭配分为名语素 + 名语素（1 例）、动语素 + 形语素（3 例）、形语素 + 形语素（5 例）三类。

第一，名语素 + 名语素。

【病险】形容词，属性词。指水利设施因年久失修或质量问题等存在险情隐患的。（第 96 页）

上例"病险"中"病"，本义为"生理上或心理上发生的不正常的状态"，此处指水利设施，引申为"失修或存在质量问题"，为因项，"险"（遭到不幸或灾难的可能）为果项，语素之间都存在因果关系、修饰与被修饰关系。"病""险"均为名语素。

第二，动语素 + 形语素。

【病弱】形容词。（身体）有病而衰弱。（第 96 页）

"病弱"中"病"（生理上或心理上发生不正常的状态）为因项，"弱"（力量小）为果项，语素之间都存在因果关系、修饰与被修饰关系。"病"为动语素，"弱"为形语素。

第三，形语素 + 形语素。

【酸软】形容词。（身体）发酸而疲倦。（第 1250 页）

"酸软"中"酸"（因疲劳或疾病引起的微痛而无力的感觉）为因项，"软"（身体无力）为果项，"酸""软"均为形语素。

1.2　果—因型复合词

果—因型复合词是因果复合词的另一类，具体表现为果项在前，因项在后，共有 141 例。词性有动词、名词、形容词，词法结构上有动宾式、偏正式两类。

1.2.1　果—因型复合动词

果—因型复合动词，即复合词两个语素内部有因果关系，词性为动词，是果—因型复合词中比重最大的一类，共有 138 例。其中动宾式果—因型复合动词 134 例，偏正式果—因型复合动词 4 例。

1.2.1.1　动宾式果—因型复合动词

动宾式果—因型复合动词的果项、因项存在支配与被支配关系，表现为果项支配因项，共有 134 例，语素类型的搭配分为动语素 + 动语素、动语素 + 名语素、动语素 + 形语素和形语素 + 动语素四类。

第一，动语素 + 动语素。动语素和动语素组成动宾式果—因型复合动词，果项、因项均为动语素，共有 10 例。如：

【杀跌】动词。指投资者在股票、债券等证券市场行情下降时卖出持有的证券。（第 1130 页）

上例"杀跌"中"杀"（削弱、减少）为果项，"跌"（物价下降）为因项，"因跌而杀"，二者存在因果关系、支配与被支配关系，"杀""跌"均为动语素。

第二，动语素＋名语素。动语素和名语素组成动宾式果—因型复合动词，果项为动语素，因项均为名语素，共有112例。如：

【奔丧】动词。从外地急忙赶回去料理长辈亲属的丧事。（第60页）

【救急】动词。帮助解决突然发生的伤病或其他危难。（第700页）

上例"奔丧"中"奔"（紧赶，赶忙或赶急事）为果项，"丧"（跟死了人有关的事情），因丧而奔；两个语素间均存在因果关系、支配与被支配关系，"奔"为动语素，"丧"为名语素。"救急"中"救"[援助人、物使免于（灾难、危险）]是动语素，"急"（紧急严重的事情）是名语素，含有"因发生紧急情况而进行救助"的因果关系。

第三，动语素＋形语素。动语素和形语素组成动宾式果—因型复合动词，果项为动语素，因项均为形语素，共有10例。如：

【晕高】动词。登高时头晕、心跳加快。（第1624页）

上例"晕高"中，"晕"（头脑发昏）为动语素，"高"为形语素，"晕高"含有"因在高处而发晕"的因果关系，"晕"为果项，"高"为因项，构成动宾关系。

第四，形语素＋动语素。形语素和动语素组成动宾式果—因型复合动词，果项为形语素，因项均为动语素，共有2例。如：

【伤逝】动词。悲伤地怀念去世的人。（第1141页）

"伤逝"中"伤"（悲伤）为果项，"逝"（死亡）为因项，"伤"本为形语素，在这里是因动用法，表示"因为……而悲伤"。再如"伤悼"，词内语素之间存在因果关系、动宾关系。

1.2.1.2 偏正式果—因型复合动词

偏正式果—因型复合动词的果项、因项存在修饰与被修饰关系，表现为果项修饰因项，共有4例，语素类型的搭配分为动语素＋动语素（3例）、形语素＋形语素（1例）两类。

第一，动语素＋动语素。

【贿选】动词。用财物买通选举人使选举自己或跟自己同派系的人。（第586页）

上例"贿选"中"贿"（贿赂）为果项，"选"（选举）为因项，语素间均存在因果关系、修饰与被修饰关系。二者均为动语素。

第二，形语素＋形语素。

【震悚】动词。因恐惧而颤动；震惊。（第1666页）

"震悚"中"震"（震惊）为果项，"悚"（恐惧）为因项，语素间均存在因果关系、修饰与被修饰关系。二者均为形语素。

1.2.2　果—因型复合名词

果—因型复合名词，即复合词两个语素内部有因果关系，词性为名词，仅有 2 例，且均为偏正式，语素类型的搭配为动语素 + 名语素（1 例）、名语素 + 名语素（1 例）两类。

第一，动语素 + 名语素。

【泻药】名词。内服后能够引起腹泻的药物。（第 1451 页）

上例"泻药"中"泻"（腹泻）为果项、动语素，"药"（药物）为因项、名语素，因药而泻，语素间存在因果关系、修饰与被修饰关系。

第二，形语素 + 名语素。

【旱魃】名词。传说中引起旱灾的怪物。（第 514 页）

"旱魃"中"旱"（长时间没有降水或降水太少）为果项、形语素，"魃"（鬼怪）为因项、名语素，因魃而旱，语素间存在因果关系、修饰与被修饰关系。

1.2.3　果—因型复合形容词

果—因型复合形容词，即复合词两个语素内部有因果关系，词性为形容词，仅有 1 例。语素类型的搭配为形语素 + 名语素，存在动宾关系。如：

【伤感】形容词。因感触而悲伤。（第 1141 页）

上例"伤感"中"伤"（悲伤）为果项，本为形语素，在这里因动化，表示"因为……而悲伤"，"感"（受外界某种因素影响而发生变化）为因项、名语素。两个语素间存在因果关系，动宾关系。

1.3　本章小结

因果复合词是从复合词表达逻辑语义关系的角度确定的一类复合词。因果复合词根据因项语素和果项语素的先后顺序，可分为因—果型复合词、果—因型复合词，在词性上都有动词、名词、形容词。因果复合词在词法结构、语素类型搭配上也有些规律和特点，如下列表所示。

表 1-1：因果复合词词性、结构类型和语素类型搭配

因果序	词性	词法结构	语素搭配
因—果型（542）	动词（452）	动宾式（8）	动语素＋名语素（8）
		述补式（353）	动语素＋动语素（238）
			动语素＋形语素（115）
		偏正式（40）	动语素＋动语素（29）
			形语素＋动语素（3）
			名语素＋动语素（8）
		连动式（51）	动语素＋动语素（51）
	名词（81）	偏正式（81）	动语素＋名语素（24）
			名语素＋名语素（57）
	形容词（9）	偏正式（9）	名语素＋名语素（1）
			动语素＋形语素（3）
			形语素＋形语素（5）
果—因型（141）	动词（138）	动宾式（134）	动语素＋动语素（10）
			动语素＋名语素（112）
			动语素＋形语素（10）
			形语素＋动语素（2）
		偏正式（4）	动语素＋动语素（3）
			形语素＋形语素（1）
	名词（2）	偏正式（2）	动语素＋名语素（1）
			名语素＋名语素（1）
	形容词（1）	动宾式（1）	形语素＋名语素（1）

表 1-2：因果复合词的词性

因果序	动词	名词	形容词	总计
因—果型	452（83.4%）	81（15%）	9（1.6%）	542（100%）
果—因型	138（97.9%）	2（1.4%）	1（0.7%）	141（100%）
总计	590（86.4%）	83（12.1%）	10（1.5%）	683（100%）

表 1-3：因果复合词的语素类型搭配

因果序	动＋动	动＋形	动＋名	形＋形	形＋动	形＋名	名＋名	名＋动	名＋形
因—果型	318	118	32	5	3	0	58	8	0
果—因型	13	10	113	1	2	1	1	0	0
总计	331	128	145	6	5	1	59	8	0

表 1-4：因果复合词的前后语素类型

因果序	动语素（前）	名语素（前）	形语素（前）	动语素（后）	名语素（后）	形语素（后）
因—果型	468	66	8	329	90	123
果—因型	136	1	4	15	115	11
总计	604	67	12	344	205	134

从上述表格可以发现：

第一，《现代汉语词典（第 7 版）》收录的词条中，因果复合词共有 683 条，可见在汉语构词中，因果关系是重要的构词关系义。

第二，因果复合词中，因项和果项顺序上，因前果后远多于果前因后，接近 4 倍。

第三，从因果复合词的词性上看，因果复合词主要是动词、名词和形容词，其中动词最多，占到八成以上，其次是名词，最少的是形容词。

第四，从因果复合词的构造方式上看，因—果型和果—因型差异明显。因—果型主要有四种结构类型，其中述补式最多，占到六成多，再就是连动式和偏正式，而动宾式很少。果—因型只有动宾式和偏正式两种结构类型，其中动宾式最多，占到九成多，偏正式比例很小。可见因—果型复合词以述补式为主，果—因型复合词以动宾式为主。

第五，从因果复合词的语素类型前后搭配来看，因—果型共有七种，用频的等级序列依次是：动＋动＞动＋形＞名＋名＞动＋名＞名＋动＞形＋形＞形＋动，较常用的是前四种，没有见到形＋名和名＋形。果—因型共有七种，用频的等级序列依次是：动＋名＞动＋动＞动＋形＞形＋动＞形＋形／形＋名／名＋名，较常用的是前三种，没有见到名＋动和名＋形。可见因—果型复合词的语素类型搭配以动＋动为主，果—因型复合词的语素类型搭配以动＋名为主。

第六，从因果复合词的语素类型看，因—果型复合词和果—因型复合词的语素，基本是由动语素、形语素和名语素构成，其中动语素最多，其次是名语素，再次是形语素。

第七，从因果复合词的语素位置上看，因—果型和果—因型的前语素都以动语素为主，但是后语素不同，因—果型的后语素以动语素为主，果—因型的后语素以名语素为主。

第二章　名词性短语表达因果
——"缘故"组合式定语的因果赋值

名词性短语表达因果，主要指"原因""缘故""理由""结果""后果"等名词组成的偏正短语表达因果关系。本章选取"缘故"构成的组合式偏正短语为例，考察它的组合式定语的因果赋值规律。

"缘故"是一个表示原因的名词，"缘故"前可以带定语，定语既可以赋因也可以赋果。例如：

（1）不过除了喜欢看美女以外，他好像也没有进一步地行动，似乎因为胆小的缘故。

（2）屠牛宰羊，固然不是女人的事，杀鸡宰鱼，也不是不费手脚。胆小的缘故，大概主要的是体力不济。

上面两例中都出现了"胆小的缘故"，例（1）中的定语"胆小"表示原因，与中心语"缘故"同指原因。例（2）中的定语"胆小"表示结果，中心语"缘故"表示原因。

吕叔湘（1990：390）认为，两种定语中的"的"作用不同，定语表示原因时，"'的'字是同一性，与文言'之故'同"，定语表示结果时，"'的'字是领属性"。

姜有顺（2007）认为，"缘故"在词义上存在对立现象，"缘故"既可以表示事件原因又可以表示事件结果。例如：

（3）今早打瞌睡的缘故是昨晚熬了夜。

（4）今早打瞌睡是昨晚熬了夜的缘故。

姜有顺（2007）认为，例（3）中的"缘故"表示"原因"，可以替换为"原因"。例（4）中的"缘故"表示"结果"，能替换为"结果"，不能替换为"原因"。我们认为，"缘故"只表示"原因"，并不表示"结果"。首先，主语和宾语同指原因或结果的时候，主宾语一般可以易位，如例（3）可说成：

（5）昨晚熬了夜是今早打瞌睡的缘故。

如果例（4）中的"缘故"表示"结果"，主宾语应该可以易位，但"结果"可以，"缘故"不能，比较：

（6）*昨晚熬了夜的缘故是今早打瞌睡。

（7）昨晚熬了夜的结果是今早打瞌睡。

其次，例（4）的"缘故"是可以替换为"原因"的，实际语言运用中不乏这种用法，例如：

（8）他说你的症状可能是精神上的原因，精神过度紧张。（铁凝《大浴女》）

（9）他们的弱点是一旦上舞台，原先的功底就不能充分发挥出来，这主要是怯场的原因。
　　　　　（赵国纬《舞蹈教学心理》）

例（8）"精神上的原因"造成"你的症状"，"精神上的原因"可换为"精神上的缘故"。例（9）"怯场的原因"中"怯场"是原先的功底不能充分发挥出来的原因，"怯场的原因"可换成"怯场的缘故"。

本研究考察"缘故"前加组合式定语在什么情况下赋因，在什么情况下赋果，取决于哪些制约因素。[1] 我们使用 CCL 语料库，定量考察"X 的缘故"中"X"表示原因和表示结果时"X"的实体语形和语义类别和特点，并分析"X 的缘故"的句法功能，然后总结"X"赋因和赋果的制约因素。

在 CCL 语料库中，"X 的缘故"中"X"赋因的语料共有 2602 条，"X"赋果的语料有 193 条。可见"X 的缘故"中的"X"主要用于赋因。

2.1　"X 的缘故"中"X"赋因

2.1.1　"X"的语形与语义

"X 的缘故"中"X"赋因的语法形式可以是词、短语以及复句形式，其中以短语的数量最多，其次是词，最少的是复句形式。

2.1.1.1　"X"以词赋因

当"X"赋因为词时，可以是名词、形容词、动词以及代词等，其中名词所占比例最大。有的名词是人名，如"毛泽东、理查德"等；有的表示亲属关系，如"父亲、母亲、妻子"等；有的表示人际关系，如"老乡、仇敌"等；有的表示地位、职业、职位等，如"百姓、名人、上司、警方、王妃"等。表动物的名词，如"牛、蛇"等。表人体部位的名词，如"腿、皱纹"

---

[1]　"缘故"还可以带黏合式定语构成"X 缘故"，不在本章的讨论范围。

等。表人工物的名词，如"钟表、眼药膏、酒、路"等。表生理、心理现象的名词，如"年龄、身材、视力、颅内压、欲念、自尊心"等。表自然物或自然现象的名词，如"太阳、北极昼、日蚀、积水、沙地、地震、风、雪、雪天、早雾、暴风雨、阴天、海啸、离心力、惯性、地心吸力"等。表社会现象的名词，如"生意、战争、军屯、历史、政治、科学、语言"等。表示空间的名词，如"中国、以色列"。表示时间的名词，如"夏天、深秋、春节、星期天、下午"等。例如：

（10）因为苏宇的缘故，我和苏杭开始了短暂的友谊。

（11）她意味深长地伸出一个手指，从眼镜后面看着她，好像女助教没有立刻同意她的说法是眼镜的缘故。

（12）那夏天的晚霞之美，并不仅仅是夕阳的缘故。

（13）长年都置身炎夏的泰国，由于气候的缘故，当地人都爱吃酸辣的口味。

（14）因大礼拜的缘故，73.8%的人开支增大，同年龄递减呈正相关。

"X"赋因为形容词时，有的形容人的外貌、品格、心情、状态、关系、地位等，如"年老、年轻、漂亮、瘦弱、胖、虚荣、懒惰、痴心、粗心、紧张、好奇、高兴、激动、惊恐、健康、寂寞、疲劳、孤独、疼痛、熟悉、亲、有名、人为"等。有的形容事物的性状，如"安全、寂静、黑、寒冷、干燥、冷、单调、偶然、必要"等。例如：

（15）也许是高兴的缘故，她的脚步轻盈灵活。

（16）因为熟悉的缘故，福利院的同志都叫她"韩大妈"。

（17）直到今天，因为安全的缘故，孩子们到异教地区公立学校去上学，还必须用校车接送。

"X"赋因为动词时，主要表示动作、行为、社会活动等，如"成长、守岁、早恋、失恋、早婚、怀孕、生病、受伤、治疗、化妆、吸烟、沟通、保密、下海、黩武、坐牢、大赦、纳税、比赛、塞车"等。有的表示心理活动，如"喜欢、偏爱、嫉妒、惊吓、厌烦"等；有的表示自然运动状态，如"反光、背风、摩擦、辐射"等。例如：

（18）因为咳嗽的缘故，她说话常常中断。

（19）不料那天小记者因塞车的缘故，迟到了一个多小时。

（20）也许出于偏爱的缘故，张爱玲对苏青的文字倍加欣赏，予以高度评价。

（21）三棵细长的白桦树极力伸向天空，也许由于背风的缘故，黄叶还没飘落。

"X"赋因为代词时，包括三称代词：我/我们、你/您/你们、他/她/它/他们/她们/它们；反身代词：自己/自身；疑问代词：谁；指示代词：这样，其他。例如：

（22）的确，拿破仑说得不错，那些和他一起生活工作过的人，后来很多都由于他的缘故

　　　　而名垂青史。

（23）这过早的重荷，完全是由于自己的缘故啊。

（24）众人对他说，请你告诉我们，这灾临到我们是因谁的缘故。

2.1.1.2　"X"以短语赋因

　　"X"赋因为短语时，包括固定短语和自由短语，并且以自由短语为主，占短语的98%。固定短语包括一些成语、俗语、古语以及古典诗文等，如"触景生情、爱屋及乌、人逢喜事精神爽、近则怨远则亲、曾经沧海难为水"等。自由短语包括标记类短语与关系类短语。"X"赋因的标记类短语有三种：①方位短语。方位词主要为"上"，说明某一方面或某一界限。②介词短语。介词主要为表示目的的"为/为了/为着"等。③助词短语。主要包括"被"字短语、"所"字短语等。如：

（25）他原在广东当学徒，因生意上的缘故，随老板去了台湾。

（26）大概是在城里的缘故，傣家的小普少没有传说中的那样勇敢、泼辣。

（27）至于为什么要叫"花园""广场"，大约是仿效港台，为了好听的缘故。

（28）但由于他所穿衣服的缘故，那时并没有人相信他。

　　"X"赋因的关系类短语主要有：动宾短语、主谓短语、偏正短语、动补短语、联合短语、介宾短语、兼语短语、同位短语以及连动短语，其中，动宾短语与主谓短语使用的频率最高。例如：

（29）这是因为他心眼多的缘故。

（30）他告诉尉文渊，上海股市之所以不温不火，是缺少"鲇鱼"的缘故。

（31）也许是太年轻的缘故，他赢少输多。

（32）那一定是因为睡少了的缘故，不要紧的。

（33）由于面积和质地的缘故，围巾从宏观的角度来讲，可以作为服装的一个部分。

（34）那堵大墙屹立在那里不仅仅是为了让人赏心悦目的缘故。

（35）这是有盔甲保护的缘故，乔尼想。

（36）因为女皇武则天的缘故，广元女儿节在男尊女卑的封建时期成为女权伸张的象征。

（37）那是昨晚做梦受了惊吓的缘故。

2.1.1.3　"X"以复句形式赋因

　　"X"赋因为复句形式时，包括简单复句形式与复杂复句形式，其中以简单复句形式出现的频率较高，复句关系类型主要包括并列、连贯、递进、选择、因果、转折和假转等。例如：

（38）这正是因为那是帝国主义"送来"，而不是我们自己去"拿来"的缘故。（并列）

（39）银器表面发黑，一般是遇到了硫化氢，生成黑色的硫化银的缘故。（连贯）

（40）不过，我绝不会抛弃她不理的。因为我爱上了她，而且我比她坚强的缘故。（递进）

（41）有时你的羞怯不完全是由于过分紧张，而是由于你的知识领域过于狭窄，或对当前发生的事情知道得太少的缘故。（选择）

（42）无疑，这是由于防御入侵，以致缺乏驱逐舰的缘故。（因果）

（43）这可能是国内对西方单个的文学史和思潮个体特征研究颇多，而对西方文学艺术思潮整体发展史研究较少的缘故吧。（转折）

（44）她的嘴唇很薄，薄得像菜刀的刀锋，她没有涂口红，大概是因为除非涂到下巴和人中上，否则无处可涂的缘故。（假转）

2.1.2 "X"赋因的句法功能

"X的缘故"中"X"赋因时，"X的缘故"的句法功能大致有三种：①"X的缘故"直接构成单句；②"X的缘故"作原因分句或假设分句；③"X的缘故"作句法成分。

2.1.2.1 "X"赋因时"X的缘故"作单句

"X的缘故"赋因作单句的情形并不多，且大部分都是位于表示结果的句子的后面，构成补因式。如：

（45）然而小船并不飘走，固然绳索，业已烂断。—— 抑或没有风的缘故吧。

2.1.2.2 "X"赋因时"X的缘故"作分句

"X"赋因，"X的缘故"可以作原因分句或假设分句。"X的缘故"作原因分句时，大部分居前构成"因—果"式，有的也可以居后构成"果—因"式。例如：

（46）他穿着军装的缘故，怎么也不肯和我牵手。

（47）我和福武直先生之所以异地而同流，盖此于同一时代抱有同一志趣的缘故。

"X的缘故"还可以作为假设分句形成"要不是 p，就 q"格式，"X的缘故"表示反事实的假设性原因，如果没有这个原因，就会出现后面的结果。例如：

（48）一双纤小的手，细长、尖削的手指顶端长着秀美的玫瑰色指甲，皮肤很细腻，要不是身患黄疸病的缘故，肤色定是白得出奇。

2.1.2.3 "X"赋因时"X的缘故"作句法成分

"X的缘故"作句法成分是"X的缘故"最主要的句法功能，主要有四种情况。

第一，"X的缘故"作兼语句的主语。例如：

（49）山风和日照的缘故，使她的两腮数十年如一日地呈现出一种新鲜的红晕。

（50）历史和现实的缘故令人们放眼乡镇企业，这里已成为节电最大的潜力所在。

这种致使句的主谓之间含有因果关系，作主语的"X的缘故"表示原因，引起谓语成分的表示内容的结果。这样的例子非常少，在CCL语料库中仅发现了上述两例。

第二，"X的缘故"作状语。这种情形比较特殊，并且仅限于"X"包含介词"为/为了/为着"，表示目的。例如：

（51）她对女性不感兴趣，要他们不必为了她的缘故而特地去邀请别的女客。

第三，"X的缘故"作介词的宾语。"X的缘故"作介词宾语的共1562例，介词主要是表示原因的"因为/因/因了/因着""由于""为/为了/为着""以"；另外，还有表示依据的"根据、基于"，表示排除的"除了"。例如：

（52）你是说，二少爷也认为我之所以服侍他，是基于感情的缘故？

（53）据演出筹划人分析，除了节目上乘的缘故外，还与观众多为买票者有关。

第四，"X的缘故"作动词的宾语。这种情况共782例，其中作"是"的宾语有741例。动词性词语的语义与原因的褒贬性以及因果的配置有一定的联系。用"靠、仗"等动词时，原因往往是积极性的，用"怨、怪、归咎于"等动词时，原因往往是消极性的。在使用"靠了、怨、仗、有、属、怪、说明、归结为、归咎于"这些动词时，往往是结果在前，原因在后；在使用"借、碍于、基于"时，一般是原因在前，结果在后。例如：

（54）平车基本完好，这主要靠了前后左右里里外外全是土的缘故。

（55）女性不可因为数学和物理的困难而生畏惧，更不可借家庭的缘故而自工作岗位退却。

2.2　"X的缘故"中"X"赋果

"X的缘故"中"X"虽然常常赋因，但是，在一定情况下，"X"也可以赋果。

2.2.1　"X"赋果的语形与语义

"X"赋果可以是词、短语以及复句形式，其中以短语居多，其次是复句形式，最少的是词。

2.2.1.1　"X"以词赋果

"X"以词赋果时，包括名词、动词与形容词三种。赋果的名词出现了4个，用来表示或指示事件，包括：事情、前者、后者、其中；赋果的动词出现了1个，用来表示行为动作：驳；赋果的形容词出现了2个，用来表示心理状态，包括：胆小、烦忧。如例（2），再如：

（56）女青年定了定神，抽泣着说了事情的缘故：她叫陆小凤，是一个读师范的学生，家在外地，学校的寄宿生活很单调。

（57）做部里司官，每天公事经手，该准该驳，权柄很大；准有准的道理，驳有驳的缘故，只要说得对，自然显得才干。

2.2.1.2 "X"以短语赋果

有的是标记类短语，如"把"字介宾短语，例如：

（58）这也就是为什么把治安军兵力的一成，放在这个半沙漠行星上的缘故。

更多的是关系类短语，包括：主谓短语、动宾短语、偏正短语、动补短语、联合短语、兼语短语以及连谓短语，其中以主谓短语居多。例如：

（59）现在，我才找到伯安早逝的缘故。

（60）贿买他的缘故，是要叫我惧怕，依从他犯罪，他们好传扬恶言毁谤我。

（61）所以太杂的缘故，就因为我要在每个人的身上寻出长处来，寻出了一点长处我就不放弃他。

（62）没有，这正是令人害怕的缘故，根本没有够得着窗子的办法，而他偏在窗口出现了。

（63）他在所写的集子的前言里，解释了一点儿烦人和拖延的缘故。

2.2.1.3 "X"以复句形式赋果

"X"以复句形式赋果，包括并列、连贯、条件、转折、让步等关系的多种复句形式，其中以并列复句形式居多。例如：

（64）这一圈年轮，就是这一层又白又丰厚的一圈，就是那一年我做了妈妈，又做爸爸的缘故吧！（并列）

（65）这就是为什么当他偶然"想起"了你——他的孙子——的那一刹那，泪水会如此一发不可收拾的缘故。（连贯）

（66）商人出身的肯尼迪一定记得他从前经营的洋钉托拉斯虽享有专利权的独占，但由于这一行业，别人只要有一万美元的资本就可和他竞争的缘故，结果归于失败。（条件）

（67）因此，这就是两个中年绅士以每小时五十英里的速度飞奔而来，而不在吃饱早餐后留在家里享享清福的缘故。（转折）

（68）这就是为什么即使是古代的中国人的一封散文体短信，读起来也像一首诗的缘故。（让步）

2.2.2　"X"赋果时"X的缘故"的句法功能

当"X"赋果时"X的缘故"的句法功能主要有两种：①"X的缘故"作分句；②"X的缘故"作句法成分，主要是宾语和主语。其中以充当句法成分居多。

2.2.2.1　"X"赋果时"X的缘故"作分句

也就是"X的缘故"作一个名词性成分的分句，直接进入因果复句中，位于句首或句中，表示结果，与后面的原因构成因果关系。在因果关系上，先果后因，更加强调结果。在后面的原因分句中，有时会出现因标"因为/因"。例如：

（69）我不愿意写信给你的缘故，因为你只当我是有情的人，不当我是有趣的人。

2.2.2.2　"X"赋果时"X的缘故"赋果作句法成分

第一，"X的缘故"作一般主谓句的主语，常常在动词后面带上因标"因为""由于"，等组成"X的缘故是因为/由于……"的格式。例如：

（70）兄弟，我所以不愿意对你说的缘故，也就是因为你年轻好气。

有时，谓语并不表示原因而是表示对原因的评价或是原因由来的方式。例如：

（71）林语堂舍《现代评论》而投身《语丝》的缘故由此可见一斑了。

第二，"X的缘故"作动词的宾语。动词主要有"有、问/询问、说/说了/说明、找到、知道、告诉、明白、是、思索、晓得"等。其中，当动词为"问/询问"和"告诉"时，"X的缘故"作这些动词的远宾语，在其前面还会出现指人的近宾语。例如：

（72）现在，我才找到伯安早逝的缘故。

（73）雍正帝见他这副模样，感到奇怪，询问他流泪的缘故。

第三，"X的缘故"作介词的宾语。介词主要有"对于、把"等。例如：

（74）我对于人生所以不离开道德的缘故，有两种设想：究竟还是不能呢？还是不可呢？

（75）假如用"感"字或者"动"字，除了没把"良辰"所以成立的缘故表达出来之外，还有把"良辰"同"奇怀"分隔成两个东西之嫌，一个是感动的，一个是被感动的，虽然也是个诗的意境，但是多少有点儿索然。

2.3 "X 的缘故"因果赋值的制约因素

2.3.1 "X"语形和语义的制约

"X 的缘故"中的"X"自身的语形和语义对赋因和赋果有一定的制约作用，有的"X"只能赋因或倾向于赋因，有的"X"只能赋果或倾向于赋果，有的"X"可以赋因或赋果。

表 2-1："X"的缘故的统计数据

"X"语形类别				"X"赋因	"X"赋果
词	名词			167	11
	动词			46	1
	形容词			37	2
	代词			84	0
短语	固定短语			28	0
	自由短语	有标	方位	6	0
			介词	265	0
			"所"字	1	0
		关系	主谓	742	130
			动宾	418	11
			偏正 定中	266	3
			偏正 状中	106	5
			动补	47	1
			联合	72	1
			兼语	18	4
			同位	11	0
			连谓	28	3
复句形式	简单形式	并列		82	12
		连贯		42	2
		递进		21	0

续表

"X"语形类别			"X"赋因	"X"赋果
复句形式	简单形式	选择	15	0
		因果	59	0
		转折	18	4
		假转	1	0
		让步	0	1
	复杂形式		22	2
合计			2602	193

从表 2-1 统计数据可以看出：

第一，"X 的缘故"格式以"X"赋因占绝对优势，约占 93%，而"X"赋果只约占 7%。

第二，"X"赋因的语形丰富，词、短语和复句形式都有许多种类，而"X"赋果的语形以短语为主。

第三，"X"为代词、固定短语、方位短语、介宾短语、同位短语、递进复句形式、选择复句形式、因果复句形式等时，"X"倾向于赋因。

第四，名词、主谓短语和并列复句形式，都是"X"赋因和赋果的常用语形。

从前文的分析还能知道：

第一，当 X 为名词时，X 表示或指代"事情"时，"X"赋果；当"X"指人、物、时间、空间等时，"X"赋因。

第二，"X"可以使用标示原因或结果的词语来赋因或赋果。当"X"包含表示目的性原因的介词"为了 / 为 / 为着"时，"X"赋因；当"X"包含标示结果的词语"所以 / 之所以"或者问因的词语"为什么 / 为何 / 为啥"等时，"X"赋果。

2.3.2 "X 的缘故"句法功能制约

"X 的缘故"发生组合或入句后，受句法成分和格式的制约和限制，或者上下文的影响，"X"赋因或赋果能够得到标示、凸显或分化。

2.3.2.1 "X 的缘故"前加介词的制约

"X 的缘故"是个名词性结构，可以前加介词，大体有四类：①原因介词，如："因 / 因为 / 因了 / 因着、由 / 由于、以、为 / 为了 / 为着"；②依据介词，如："依据、基于"；③排除介词，如："除了"；④对象介词，如："对于、把"。这四类介词对于"X"的赋因、赋果具有标示作用,原因介词、依据介词只能用来赋因,排除介词、对象介词则可以赋因或赋果。

2.3.2.2 "X的缘故"作动词宾语的制约

"X的缘故"可以前加动词,形成动宾结构,"X的缘故"的前加动词大致有七类:①判断动词,"是";②有无动词,"有";③言语动词,如:"说、告诉、问、询问"等;④认知动词,如:"想、思索、知道、明白、晓得、看作、视为"等;⑤归因动词,如:"怨、怪、根于、出于、在于、碍着、得益于、归因于"等;⑥凭借动词,如:"借、仗、借着"等;⑦限制动词,如:"碍于、限于"等。其中,归因、凭借、限制类动词一般令"X"赋因;言语、认知动词一般令"X"赋果;判断、有无动词,可以用来对"X"赋因或赋果。

2.3.2.3 "X的缘故"用作主语的制约

"X的缘故"可以用来作句子的主语,当谓语是使令兼语结构时,"X"赋因;当"X的缘故"的谓语是非使令兼语结构时,"X"一般赋果。

2.3.2.4 "X的缘故"用作小句和状语的制约

"X的缘故"构成小句时,包括单句或分句,"X"一般赋因。"X的缘故"用作句子的状语时,"X"一般赋因。

2.3.2.5 "X的缘故"的句法功能与赋因、赋果及因果序列

表2-2:"X的缘故"的句法功能与赋因、赋果及因果序列统计

"X的缘故"句法功能			"X"赋因		"X"赋果[1]		合计
			"因—果"式	"果—因"式	"因—果"式	"果—因"式	
单句			2	16	0	0	18
分句			107	17	0	8	132
句法成分	主语	一般主谓句主语	0	0	0	14	14
		兼语句主语	2	0	0	0	2
	宾语	动词宾语	303	479	133	30	945
		介词宾语	692	870	0	2	1564
状语			114	0	0	0	114
合计			1220	1382	133	54	2789

---

[1] 此外,还有6例的原因并没有在句中出现。

2.3.3　"X 的缘故"用于特定句式

"X 的缘故"用于某些个特定句式，可以限制"X"赋因或赋果。先看赋因的几个特定句式：

第一，"……原因 / 理由是 X 的缘故"。"X 的缘故"充任"是"的宾语，主语含有"原因、理由"等词语，这种句式赋予"X"原因的语义角色，例如：

（76）该题涉及的知识点是生物的无氧呼吸，罐头食品当盖凸起时，虽然密封完好，但已经不能食用了，原因是里面食品已经腐败，厌氧型细菌大量繁殖，产生了气体的缘故。

（77）费了九牛二虎之力，口是开成了，较之第一缺口宽大，但放不出水。原因是水位继续下降，开掘之初，主流接近南岸，完工时，口外有暗沙阻隔的缘故，主流已北移数十米，只有少量河水流出。

（78）时下趣谈之类的通俗理论著作多矣，但高深莫测者多，老生常谈者也多。究其原因，还是著者同读者在思想上"音讯不通"的缘故。

第二，含有因果关联词语的因果句，如"所以 / 之所以……，（是）（因为 / 由于）X（的）缘故""（因为 / 由于）X（的）缘故，所以……"。这种因果句的果句有"所以、之所以"等来标示，因此含有"X 的缘故"的分句往往用来表示原因，这就赋予了"X"原因的语义角色。例如：

（79）其实这些言行之所以显得是放肆，也仅仅因为他道貌岸然地穿着大学教授的外衣的缘故。

第三，假设句"要不是（因为 / 由于）X 的缘故，就 q"。这是反事实假设句，"X"被赋予原因的语义角色。

再看赋果的特定句式：

第一，"X 的缘故之一"。它表示某种事件或现象的原因并不止一种。例如：

（80）小说似乎是识几个字的人都会读的，然而读出味道又诉诸笔端，好像并不是人人都会的。这大概是除了文学家，人们仍然需要批评家的缘故之一。

第二，"X 的缘故（是）因为 / 由于……"。

2.3.4　上下文的影响

当上文出现表示疑问的"为什么、为何、怎么"等问原因的词语时，基本上可以判断出下文的"X 的缘故"中的"X"表示原因。例如：

（81）我很奇怪作为一个作家的她，为什么会那样少于世故，大概女人都容易保有纯洁和幻想，或者也就同时显得有些稚嫩和软弱的缘故吧。

（82）冯异这个人，有着大树将军的异称。这是怎么回事呢？原来是在作战胜利之后，当其他的将军们都在大吹自己的厉害时，只有他一个人微笑着坐在大树之下闭目休息的缘故。

2.4　本章小结

"缘故"是一个表示事件原因的名词，并不是既表示事件原因又表示事件结果的名词。

"缘故"可以带定语，既可以带含"的"的组合式定语，又可以带不含"的"的黏合式定语，其中以前者居多。

"缘故"的组合式定语中，既有表示事件原因的同一性原因定语，也有表示事件结果的领属性结果定语，其中以原因定语居多，即"X 的缘故"中的"X"主要用于赋因。"X"赋因是优势匹配，可以是命题、事件及其要素，所以句法形式多样。"X"赋果的时候，往往是表示结果的命题、事件或状态，句法形式受限较大。

"X 的缘故"中"X"的因果赋值受多种因素的制约。"X 的缘故"发生组合或入句后，受句法成分和格式的制约和限制，或者上下文的影响，"X"赋因或赋果能够得到标示、凸显或分化。

第三章　小句中动词性结构表达因果

小句中，有些动词能标示因果关系，如"引起、造成、促成、导致、致使、影响、产生"等的论元表示原因和结果，其中主语表示原因，宾语表示结果；有的动词本身表示结果，宾语表示原因，如"避、操心、愁、躲、发愁、后悔、计较、救、谢谢、着急、争吵"等，这些动词可称为"因果动词"。小句中，有些特定句式能表达因果，如兼语式、连动式、述补式等。本章选取"引起"构成的因果主谓结构；选取因果连动式，考察因果连动式的句法意义特点。

3.1　"引起"构成的因果主谓结构

"引起"是一个能标示因果关系的动词，比如："地震引起海啸。""地震"是原因，充当句子的主语，"海啸"是结果，充当句子的宾语。"引起"可称为因果动词，可以形成主谓结构"Y 引起 G"，表示因果关系。主谓结构"Y 引起 G"，既可以为单句，也可以充当分句，还可以充当句子成分。下面分别考察"Y 引起 G"充当单句、分句和句子成分时，Y 和 G 的句法实体，以及充当句子成分时的句法功能。

3.1.1　"Y 引起 G"中主语"Y"的句法实体类型

"Y 引起 G"中主语"Y"可以由词、短语构成，表示原因。

3.1.1.1　主语"Y"为词

主语"Y"为词时，主要是名词、动词和代词。

3.1.1.1.1　"Y"为名词

"Y"由名词构成，充当主语，表示原因，如"冷锋、战争、声波、病原、灰尘、量变、血虚、汽笛、照片、苯妥英钠、他巴唑、氨硫脲"等。例如：

（1）最后，灰尘还会【引起】爆炸，这是严重的事故，必须加以防止。

（2）内毒素【引起】人体的发热。

3.1.1.1.2 "Y"为动词

"Y"由动词构成，充当主语，表示原因，如"感冒、强化、爆炸"等。例如：

（3）李宗仁病了，<u>感冒</u>【引起】肺炎，发烧超过39度。

3.1.1.1.3 "Y"为代词

"Y"为代词，常用"它、它们、这、那、这个"等，指代事物，表示原因。例如：

（4）<u>它</u>【引起】了绵延上千年的传统音乐观的根本变革，使人们重新思考"音乐"的定义或"什么是音乐"。

（5）<u>这</u>在美国【引起】了极大的震动，朝野为之哗然。

（6）<u>这</u>将会【引起】广大科研人员的密切关注。

（7）尤其是第三星期，那时候肠壁已经形成溃烂，如果再经翻动或摩擦，<u>那</u>就很容易【引起】肠出血或肠穿孔。

（8）同时呢，<u>这个</u>……【引起】不少医学专家的……注意。

3.1.1.2　主语"Y"为短语

"Y"由短语充当主语，可以为联合短语、定中短语、动宾短语、状中短语、主谓短语、同位短语等。

3.1.1.2.1 "Y"为联合短语

"Y"由联合短语构成，充当"引起"的主语，表示原因。例如：

（9）<u>政党的口号、军队的旗帜和军歌</u>都能够特别地【引起】个人的忠心。

（10）<u>价格政策和价格的调整</u>，将会【引起】哪些反应和变化？

（11）<u>社会的变化和客观实际的变化</u>，必然会【引起】词义的变化。

（12）另外，<u>海平面和冰川的变化</u>，大气潮的影响以及<u>地幔和地核之间的角动量转换</u>，也可能会【引起】地球自转的长期变化，这些问题目前尚在进一步研究中。

3.1.1.2.2 "Y"为定中短语

"Y"由定中短语构成，充当"引起"的主语，表示原因。有的中心语为名词性成分，例如：

（13）<u>财政赤字</u>【引起】货币流通量增大。

（14）作为记者总是希望<u>自己的话</u>【引起】对方的注意，而最怕毫无反应。

（15）<u>这一生命奇迹</u>【引起】了各国科学家浓烈的兴趣。

（16）<u>大脑皮层</u>只有通过某些生理中介机制才能【引起】各相应靶器官的病变。

（17）<u>徐刚这一炮</u>，【引起】了各种反应。

（18）最后，<u>各部门、各行业、各个企业、各种产品的不同发展速度</u>，必然会【引起】经济结构的变化，【引起】经济发展战略目标的变化。

有的中心语为动词性成分，例如：

（19）<u>朱德的入场</u>，【引起】热烈的欢呼。

（20）她知道<u>自己的提问</u>【引起】了方白原的不快，但姑娘的自尊心又使她不愿为此道歉。

（21）<u>现代激光技术的应用</u>【引起】了精密计量的重大变革。

（22）自变量又叫刺激变量或输入，它是由试验者独立操纵，用以观察<u>它的变化</u>会不会【引起】别的变量的变化。

（23）<u>这突然的刹闸</u>，【引起】群众的不满。

（24）<u>它们的突然出现</u>，【引起】了毒蛇队伍里的一阵骚乱。

（25）<u>蒸汽机的广泛使用</u>【引起】了第一次工业革命，从此结束了古代动力技术的时代，表明了近代动力技术的开始。

有的中心语为主谓短语，例如：

（26）<u>军队的战争失利</u>【引起】了国内人民的愤怒。

（27）而<u>表层海水的密度增加</u>，【引起】了对流混合，从而使上下层海水的盐度趋于均一状态。

3.1.1.2.3　"Y"为动宾短语

"Y"由动宾短语构成，充当"引起"的主语，表示原因。例如：

（28）当<u>注射肾上腺素</u>【引起】高血压时，针刺可使之较快地下降。

（29）很多人认为<u>吃海鲜</u>会【引起】过敏，而对蔬菜则可放心去享用。

3.1.1.2.4　"Y"为状中短语

"Y"由状中短语构成，中心语一般由动词性成分构成，状中短语充当"引起"的主语，表示原因。例如：

（30）可见<u>过度放牧</u>会【引起】牧场与气候之间的恶性循环。

（31）<u>经常在公共场所随地吐痰</u>，有时会【引起】人们的反感。

（32）<u>用一个动因研究代替或否认另一动因的研究</u>，不仅荒谬，而且必然会【引起】理论上和实践上的模糊和混乱。

3.1.1.2.5　"Y"为主谓短语

"Y"由主谓短语构成，充当"引起"的主语，表示原因。例如：

（33）飓风海啸【引起】灾难的地方叫作索马里地域。

（34）功能分化【引起】材料的分化，原始图画的材料仍然是具体的艺术形象，文字画的材料越来越简略示意，然后成为约定图形。

（35）我们团支部组织团员出外旅游，【引起】了大家这样热烈的讨论。

（36）1740年，他在《论在山里发现的海洋生物》一文中明确指出，高山上的贝壳化石不可能是洪水的遗物，而只能用火山重复爆发【引起】地壳变动来解释。

（37）在黄淮流域一带，除了高空槽减弱、变平、冷平流减弱或中断【引起】锋消外，还受地形的影响，当冷锋从黄土高原移到华北平原时，由于下沉气流的影响，冷锋常出现减弱的现象。

3.1.1.2.6　"Y"为同位短语

"Y"由同位短语构成，充当"引起"的主语，表示原因。例如：

（38）外界的刺激S，【引起】甲的语言反应r，它成为对乙的语言刺激s，乙接受语言刺激后产生行为反应R。

3.1.2　"Y引起G"中宾语"G"的句法实体类型

"Y引起G"中宾语"G"可以由词、短语构成，表示结果。

3.1.2.1　"G"为词

当"G"为词时，主要是名词、动词。

3.1.2.1.1　"G"为名词

"G"由名词构成，充当"引起"的宾语，表示结果，例如：

（39）飓风海啸【引起】灾难的地方叫作索马里地域。

（40）当注射肾上腺素【引起】高血压时，针刺可使之较快地下降。

（41）有的还可能穿破肠壁，【引起】腹膜炎。

3.1.2.1.2　"G"为动词

"G"由动词构成，充当"引起"的宾语，表示结果，例如：

（42）里内尔私邸在当时的巴黎曾经【引起】了轰动。

（43）最后，灰尘还会【引起】爆炸，这是严重的事故，必须加以防止。

（44）历史经验证明，世界大战的结果总是和战争策动者的愿望相反，战争【引起】革命，战争促进了社会主义革命的胜利。

（45）如果使用新式农业机器影响到工序的前后作业（如使用定距穴播机和精量播种机），则必须把新式农业机器【引起】变化的作业列入使用互比机器的工序之中。

3.1.2.2 "G"为短语

当"G"为短语时，有联合短语、定中短语、动宾短语、主谓短语、同位短语等。

3.1.2.2.1 "G"为联合短语

"G"为联合短语，充任"引起"的宾语，表示结果。有的联合短语由名词性词语构成，例如：

（46）蛔虫还可能钻进胆管或阑尾，【引起】胆道蛔虫病或阑尾炎。

（47）日本帝国主义感到直接供给张作霖军火武器会【引起】列强的干涉和中国人民的抗议，又采取助张自办兵工厂的办法，来满足张作霖日益增长的军火需要。

有的联合短语由名词性词语和动词性词语构成，例如：

（48）冬天，冷锋主要【引起】大风和降温，夏天都能产生雷雨天气。

（49）冰冷的饲料和饮水，可直接刺激胃肠使蠕动加强，甚至【引起】肠平滑肌痉挛和卡他性炎症。

有的联合短语由动词性词语和主谓短语构成，例如：

（50）过敏不仅与个人体质有关，还会【引起】喷嚏、鼻塞、眼肿胀等。

3.1.2.2.2 "G"为定中短语

"G"为定中短语，充任"引起"的宾语，表示结果，有的中心语为名词，例如：

（51）就在新婚的居里夫人选择攻读博士学位的研究课题时，元素的放射性研究【引起】了她极大的兴趣。

有的中心语为定中短语，例如：

（52）战争的失利【引起】了国内人民的愤怒。

（53）米勒兰入阁事件在第二国际各国党内【引起】了激烈的争论，也成了1900年巴黎代表大会的中心议题。

（54）有些舆论认为，经济力量雄厚的美国加入中国市场会【引起】激烈的竞争。

（55）可见过度放牧会【引起】牧场与气候之间的恶性循环。

（56）这将会【引起】广大科研人员的密切关注。

3.1.2.2.3 "G"为动宾短语

"G"为动宾短语，充任"引起"的宾语，表示结果，例如：

（57）从动物实验看，用 EP【引起】<u>发热</u>的动物，若用超过发热温度的血液作灌注，下丘脑仍能对血液温度的变化起反应和进行调节。

3.1.2.2.4　"G"为主谓短语

"G"为主谓短语，充任"引起"的宾语，表示结果，例如：

（58）海啸【引起】<u>狂风大作</u>。

（59）财政赤字【引起】<u>货币流通量增大</u>。

（60）1740 年，他在《论在山里发现的海洋生物》一文中明确指出，高山上的贝壳化石不可能是洪水的遗物，而只能用火山重复爆发【引起】<u>地壳变动</u>来解释。

（61）大脑缺氧【引起】<u>呼吸衰竭</u>，我们不得不重视。

（62）领导来当地视察工作，【引起】<u>当地政府重视</u>。

（63）不积极锻炼，不刻苦练习，易【引起】<u>四肢肥胖</u>。

（64）因此，各行业职业人员需求的变动还是会【引起】<u>各类专业学习人数发生变动</u>的。

3.1.2.2.5　"G"为同位短语

"G"为同位短语，充任"引起"的宾语，表示结果，例如：

（65）外界的刺激 S，【引起】<u>甲的语言反应 r</u>，它成为对乙的语言刺激 s，乙接受语言刺激后产生行为反应 R。

3.1.3　"Y 引起 G"的句法功能

"Y 引起 G"主谓结构，入句后会构成单句、分句或充当某些个句子成分。

3.1.3.1　"Y 引起 G"为单句

3.1.3.1.1　"引起"前状语状况

第一，"引起"前无状语，例如：

（66）贝库鲁的发现【引起】居里夫妇的惊奇。

第二，"引起"前单状语，有的是副词作状语，例如：

（67）这划时代的材料［立刻］【引起】了尉迟教授的沉思。

（68）日本汽车大量充斥西德市场［已］【引起】西德汽车工业界严重不安。

（69）应激［也］【引起】心理方面的变化。

（70）长时间的尖叫［必然］【引起】眼球上的血管充血。

有的是能愿动词作状语，例如：

（71）可见过度放牧［会］【引起】牧场与气候之间的恶性循环。

（72）这［应］【引起】我们足够的重视。

（73）它［可］【引起】一种扰乱状态。

（74）因此这场大战［不能不］【引起】匈牙利体育界和乒乓爱好者的极大兴趣。

有的是介宾短语作状语，例如：

（75）生态学［在中国］【引起】了高度重视。

第三，"引起"前有两状语，有的两状语都在主语之后，如：

（76）这两种思想［必然］［会］【引起】斗争。

（77）这［将］［会］【引起】广大科研人员的密切关注。

（78）黄［倒］［被他的话］【引起】兴趣来了。

（79）其中任何一个环节的改变，［就］［可能］引起整个生物群落的改变。

（80）里内尔私邸［在当时的巴黎］［曾经］【引起】了轰动。

（81）婆媳关系［往往］［在这个问题上］【引起】矛盾和冲突。

（82）这一歪曲事实的讲话，［当时］［就］【引起】中国科学院和北京市许多知情者的不平。

有的两状语都在主语前，例如：

（83）［就］［在新婚的居里夫人选择攻读博士学位的研究课题时］，元素的放射性研究【引起】了她极大的兴趣。

有的两状语分别在主语前后，例如：

（84）［在总需求没有增加时］，生产成本的上升［会］【引起】物价的上升。

第四，"引起"前有三状语，有的三状语都在主语之后，如：

（85）政党的口号，军队的旗帜和军歌［都］［能够］［特别地］【引起】个人的忠心。

（86）先学前期儿童［对于周围环境中新鲜的、鲜明的、活动的东西］［都］［能］【引起】注意和积极的观察。

（87）如个人的兴趣、态度、思想、情绪、性格等的差别，［在一定条件下］［都］［可能］【引起】沟通障碍。

"引起"前有三状语，分别在主语前后，如：

（88）［很早以前］，吴作人的一幅速写《和平神下的战舰》［就］［曾］【引起】过田汉的高度注视。

第五，"引起"前有四状语，例如：

（89）积累加消费的总需求超过国民收入的总供给，[根据供求规律]，[一般][总是]
[要]【引起】物价上涨。

3.1.3.1.2 "引起"后事态助词状况

"引起"后可以加"了""过"，例如：

（90）一阵扑打翅膀的声音【引起】了红顶子小仙鹤的注意。

（91）军队的战争失利【引起】了国内人民的愤怒。

（92）这叫声【引起】了几声慨叹和暂时的静默。

（93）这些问题在五十年代就【引起】过争论。

（94）不少人的作品【引起】过轰动效应，甚至熏沐过一两代以至好几代人。

"引起"前有"已经""已""曾经""曾"等时间词语，后附加动态助词"了"，例如：

（95）今年的挂历定价上涨之"疯"，销售折扣之乱，[已经]【引起】了众多的不满。

（96）那番话[曾]【引起】了许多现场嘉宾和观众的同感。

"引起"前有"曾经""曾""还"等时间词语，后附加动态助词"过"，例如：

（97）这问题[曾]【引起】过很多学者的讨究。

（98）过去，温州[曾]有四个大问题【引起】过激烈的争论，并不同角度、不同程度地
影响温州的形象。

（99）他从衣里掏出一支削得很尖的铅笔，这支笔[曾经]【引起】过其他工程师的嫉妒。

（100）我写的东西，[还]没有【引起】过太大的影响。

3.1.3.2 "Y引起G"为分句

"Y引起G"可以为分句，包括前分句、后分句和中分句。

3.1.3.2.1 "Y引起G"为前分句

"Y引起G"可以充当前分句，有的与后分句构成并列关系，例如：

（101）这在美国【引起】了极大的震动，|（并列）朝野为之哗然。

（102）它【引起】了绵延上千年的传统音乐观的根本变革，|（并列）使人们重新思考"音
乐"的定义或"什么是音乐"。

（103）米勒兰入阁事件在第二国际各国党内【引起】了激烈的争论，|（并列）也成了
1900年巴黎代表大会的中心议题。

（104）冬天，冷锋主要【引起】大风和降温，|（并列）夏天都能产生雷雨天气。

有的与后分句构成解注关系，例如：

（105）最后，灰尘还会【引起】爆炸，|（解注）这是严重的事故，必须加以防止。

（106）照片【引起】了江海涛的回忆，|（解注）他记得，刚进厂不久，教育科的张干事就向他们介绍了黄建安舍身救护军代表的事迹。

有的与后分句构成连贯关系，例如：

（107）蒸汽机的广泛使用【引起】了第一次工业革命，|（连贯）从此结束了古代动力技术的时代，表明了近代动力技术的开始。

有的与后分句构成递进关系，例如：

（108）严重的地方，还会【引起】地面下沉，|（递进）甚至造成地上建筑物坍陷。

有的与后分句构成因果关系，例如：

（109）凡和学生有关的事项无论为私为公，都能【引起】学生的兴趣；|（因果）所以教材不能够忽略学生的需要。

3.1.3.2.2　"Y 引起 G"为后分句

"Y 引起 G"可以充当后分句，有的与前分句构成并列关系，例如：

（110）一般地说，高温能抑制滞育，|（并列）低温能【引起】滞育。

有的与前分句构成解注关系，例如：

（111）值得一提的是，70 年代末期苏联文坛上出现了一位名叫康德拉季耶夫的新人，|（解注）他的处女作《萨什卡》曾【引起】过轰动。

有的与前分句构成连贯关系，例如：

（112）有一位外籍专家带着嘲讽的口吻质问，|（连贯）他的话【引起】一阵哄笑。

（113）有一间技工学校，对违反纪律的学生扣发生活费，有一个男学生一次就被扣几元，|（连贯）【引起】学生很大的反感。

（114）使转速计与开动着的机器紧密接触，|（连贯）发动机的转动就【引起】转速计轻微振动。

（115）圣绪尔比斯神学院的学生都被禁止去听卢瓦絮的讲课，|（连贯）这件事【引起】了天主教知识界的轰动。

有的与前分句构成递进关系，例如：

（116）过敏不仅与个人体质有关，|（递进）还会【引起】喷嚏、鼻塞、眼肿胀等。

有的与前分句构成因果关系，例如：

（117）我并没因为这憔悴的落叶，|（因果）【引起】一片乡愁或是落下一滴眼泪。

（118）氯化苦对人、畜毒性很大，|（因果）多量吸入可【引起】中毒。

（119）名士们这下热闹起来，|（因果）戴御史的话显然【引起】了未曾意料到的反效果。

（120）某种无条件刺激物"快要来了"，|（因果）因而条件刺激物能【引起】无条件刺激物所能引起的反射活动。

有的与前分句构成条件关系，例如：

（121）三倍体植株上的花一定要用二倍体植株的花粉来刺激，|（条件）这样才能【引起】无子果实的发育。

有的与前分句构成假设关系，例如：

（122）如果继续各自为战的话，由预算外资金来大搞基建的投资，|（假设）需求又会【引起】新的膨胀。

（123）这块金属问世的消息一旦发布，|（假设）它将会在全世界【引起】一场风暴。

有的与前分句构成并列，后套于因果，例如：

（124）在这种感情的联想和想象中，不同意象的连接和融合，|（因果）不是由于推理而来，‖（并列）而是由于这些意象在我们心中【引起】相同的内心情感。

有的与前分句构成连贯，后套于假设，例如：

（125）如温度继续上升至60℃，而且持续时间较长，|（假设）蛋白质就开始凝固，‖（连贯）【引起】种子死亡。

3.1.3.2.3 "Y 引起 G"为中分句

"Y 引起 G"可以充当中分句，起到承前启后的作用，例如：

（126）另外，海平面和冰川的变化，大气潮的影响以及地幔和地核之间的角动量转换，‖（连贯）也可能会【引起】地球自转的长期变化，|（解注）这些问题目前尚在进一步研究中。

（127）李宗仁病了，|（解注）感冒【引起】肺炎，‖（并列）发烧超过39度。

（128）私自坠胎是非常危险的，|（解注）会【引起】感染或造成阴道大出血及其他妇女病，‖（递进）甚至会导致昏厥、死亡。

3.1.3.2.4 "Y 引起 G" 为前、中、后分句的连用

"Y 引起 G" 有时在前、中、后分句连用，有的是前分句与后分句的连用，例如：

（129）她的上台【引起】了一片掌声，而那群小公猪的上场只【引起】一阵怪笑。

有的是前分句与中分句的连用，例如：

（130）这种愿望却【引起】了他的厌恶，又【引起】了我的愤怒，事情不能不如此。

（131）可是过年兆鹏未归就【引起】了她的失望也【引起】了疑心，再忙也不会连过年都不回家呀。

有的是中分句与后分句的连用，例如：

（132）她对别的女孩子的好看有一种痴迷，【引起】她的自卑也【引起】她的骄傲。

3.1.3.3 "Y 引起 G" 为句法成分

"Y 引起 G" 为句法成分，可以充当动词或介词的宾语，主语内、定语内或状语内成分。

3.1.3.3.1 "Y 引起 G" 充当动词的宾语

（133）从下面有关章节可以看到，随意储存这些资料可能【引起】问题。

（134）自变量又叫刺激变量或输入，它是由试验者独立操纵，用以观察它的变化会不会【引起】别的变量的变化。

（135）日本帝国主义感到直接供给张作霖军火武器会【引起】列强的干涉和中国人民的抗议，又采取助张自办兵工厂的办法，来满足张作霖日益增长的军火需要。

（136）目前多数人认为内毒素【引起】人体的发热。

（137）很多人认为吃海鲜会【引起】过敏，而对蔬菜则可放心去享用。

（138）作为记者总是希望自己的话【引起】对方的注意，而最怕毫无反应。

（139）历史经验证明，世界大战的结果总是和战争策动者的愿望相反，战争【引起】革命，战争促进了社会主义革命的胜利。

3.1.3.3.2 "Y 引起 G" 充当介词介引的宾语

（140）1740 年，他在《论在山里发现的海洋生物》一文中明确指出，高山上的贝壳化石不可能是洪水的遗物，而只能用火山重复爆发【引起】地壳变动来解释。

（141）在黄淮流域一带，除了高空槽减弱、变平，冷平流减弱或中断【引起】锋消外，还受地形的影响，当冷锋从黄土高原移到华北平原时，由于下沉气流的影响，锋常出现减弱的现象。

3.1.3.3.3　"Y 引起 G"充当主语内成分

有的"Y 引起 G"充任主语内的一部分，例如：

（142）摊开历史来，<u>人类与风雨禽兽争斗和现在殖民地和原料分配【引起】各种战争</u>，在"食"字上看，都并没有什么两样。

3.1.3.3.4　"Y 引起 G"充当定语内成分

有的"Y 引起 G"充任主语内的定语，例如：

（143）（<u>飓风海啸【引起】灾难的</u>）地方叫作索马里地域。

（144）从动物实验看，（<u>用 EP【引起】发热的</u>）动物，若用超过发热温度的血液作灌注，下丘脑仍能对血液温度的变化起反应和进行调节。

有的"Y 引起 G"充当介词介引的宾语内的定语，如：

（145）如果使用新式农业机器影响到工序的前后作业如使用定距穴播机和精量播种机，则必须把（<u>新式农业机器【引起】变化的</u>）作业列入使用互比机器的工序之中。

3.1.3.3.5　"Y 引起 G"充当状语内成分

（146）［当注射肾上腺素【引起】高血压时］，针刺可使之较快地下降。

3.1.4　小结

"引起"是一个能标示因果关系的动词，"引起"可称为因果动词，可以形成主谓结构"Y 引起 G"，表示因果关系。主谓结构"Y 引起 G"，既可以为单句，也可以充当分句，还可以充当句子成分。

"Y 引起 G"中主语"Y"可以由词、短语构成，表示原因。主语"Y"为词时，主要是名词、动词和代词。"Y"由短语充当主语，可以为主谓短语、定中短语、状中短语、动宾短语、联合短语、同位短语等。

"Y 引起 G"中宾语"G"可以由词、短语构成，表示结果。当"G"为词时，主要是名词、动词。当"G"为短语时，有联合短语、定中短语、动宾短语、主谓短语、同位短语等。

"Y 引起 G"主谓"因—果"式入句后会构成单句、分句或充当某些个句子成分。"Y 引起 G"为单句时，有时"引起"前加副词或能愿动词等充当的状语，后加事态助词"了、过"。"Y 引起 G"可以为分句，包括前分句、后分句和中分句。"Y 引起 G"可以充当前分句，有的与后分句构成并列、解注、连贯、递进、因果等关系。"Y 引起 G"可以充当后分句，有的与前分句构成并列、连贯、递进、因果、条件、假设等关系。"Y 引起 G"可以充当中分句，起到承前启后的作用。"Y 引起 G"有时在前、中、后分句连用，有的是前分句与后分句的连用。"Y 引起 G"可以作句法成分及其内成分，包括充当动词或介词的宾语，主语内、定语内或状语内成分。

3.2　因果连动式

因果关系是一种重要的逻辑语义关系，广义的因果关系包括因果、假设、条件、目的等关系，本文讨论的因果关系是狭义的因果范畴（CAUSAL），与结果（RESULT）、致使（CAUSATIVE）、条件（CONDITIONAL）、目的（PURPOSE）等范畴相区别。

因果关系的表达实体，包括复合词、单句、复句、句群和篇章，典型的表达形式是因果复句，相关研究也最为丰富。单句中的因果研究，多集中在动结式、动补结构、原因和结果宾语、状中结构等。尽管诸多文献中都提到了表达因果关系的连动式，但多止于列举，缺乏专门研究，在其范围的认定上还存在较大分歧。

同一个语义范畴，往往有多种表达形式，但是形式不同，其语义必有不同。不同层面的表达形式，所能表达的因果关系也是各有特点的。例如由于连动式的各成员语气共享，就不能出现超句法层面的由祈使与陈述构成的因果关系。

那么，因果连动式是一种什么样的结构？在因果表达实体中有何存在价值？使用上有何特点？本节尝试回答这些问题。

3.2.1　因果连动式的界定和成员

3.2.1.1　因果连动式的界定

连动式中能够表达因果关系，很多文献都有提到，但成员多寡、范围宽窄多有不同。一方面是对连动式的界定不同，如赵元任（1979）把"一只手打不过你""为钱伤身"等由体词性词语和介词"为"构成的句式，徐情（2002）把由"因"构成的句式（如"因伤退赛"），吴启主（1990）、徐情（2002）把由形容词组成的结构（如"干了一天很辛苦"），李伟萍（2012）把"是"字句（如"是心里有愧犯了病"）看作是因果连动式；另一方面是对"因果"的理解不同，有的以是否能添加"因为"为判断标准（如朱德熙，1982；徐情，2002；张昀，2006；李临定，2011；李伟萍，2012），有的以语义上是否存在因果或果因关系的理解为判断标准，这样"喝酒喝醉了"（如吴启主，1990；李伟萍，2012），"起立表示感谢 / 偷油吃"（如张昀，2006；李伟萍，2012）也可划为因果连动式。

虽然各家对因果连动式的认识不同，但是都注意到：汉语复杂谓语确实可以表达因果关系，包括连动式，虽然对于因果关系的理解未达成一致。同一个语义范畴，可以用不同的结构手段来表达，但是不同的结构手段承载语义范畴的能力并不一致，这样不同的结构手段对语义范畴其实形成了一种分化。Sanders & Sweetser（2009：1）在研究连词与因果范畴之间关系的时候指出：不同语言在选择不同连词表达不同的关系时，形成了因果域的分化，而且不同语言在"分化"的方式上表现出了显著差异，因此从跨语言文化角度看，因果范畴存在重大差异。那么汉语中的因果范畴内涵是什么呢？

首先，语言中的"因果范畴"与哲学上的"因果范畴"并不等同。根据童浩主编（1987：447），哲学上的因果表达的是现实世界中现象与现象之间的引起与被引起的关系，引起某种现象的现象为因，所引起的现象为果，因果之间存在先后关系。但是在语言上，因果关系可以表现为因—果顺序，由因及果；也可以表现为果—因顺序，由果溯因。

其次，因果范畴与致使、目的、条件、结果等范畴关系密切，因为这些范畴都包含引起和被引起的关系。要深入细致地揭示语言规律，就需要把这些范畴区分开来。对于汉语中的因果和致使，周红（2004）指出，因果是比致使更高一级的语义范畴，致使凸显致使力，而因果重逻辑推论性。目的范畴与因果范畴的不同在于目的依附于动作的主观意图和非现实特征（王凤兰，2011；丁健，2012），条件范畴与因果范畴的区别在于条件属于非现实情态范畴（沈家煊，1999：105），结果范畴通常指的是"动作—结果"中的结果（王艳，2017），结果和致使范畴都属于因果范畴。参考以上观点，如果我们把因果同目的、致使、结果等范畴区分出来，即狭义的因果范畴，其特点可总结为表 3-1。

表 3-1：因果范畴与其他相近范畴之间的关系

	因果	条件	目的	结果	致使
逻辑推论	+	+	-	-	-
现实性	+-	-	-	+-	+-
依附动作	+-	-	+	+	+
主观意图	+-	-	+	-	+-

因此，根据当前比较通用的连动式定义，我们将因果连动式定义为：两个或两个以上的动词或动词结构连用，中间没有主从或并列关系标记，但可以放在"因为……（所以 / 而）……"框架中的结构。这样，带有"因""为""因为"等原因介词标记的复杂谓语都不是因果连动式。"起立表示感谢""偷油吃"的后动词具有非现实性特征，"喝酒喝醉了"不可放入"因为……（所以 / 而）……"框架，都不是因果连动式。

3.2.1.2　因果连动式的成员

从最外层构成情况看，因果连动式由前后两部分组成[1]，后项通常表达某种结果状态，所

---

[1]　因果连动式前后项都可以由复杂的词组构成，如："那天我送孩子上辅导班路过西单商场。"前项由"送孩子上辅导班"构成。

以多由动补结构、动宾结构等充当，而前项常常由动宾结构、光杆动词等形式充当，前后项极少有共享宾语的情况。

从前后项之间的关系看，我们发现：首先，有些因果连动式前后项可以颠倒，颠倒后仍然是连动式，但表达"动作—目的"关系。这种连动式的前项表示行动的意向或动机。一般说来，存在于头脑中的意图，为目的；为实现意图而采取行动，目的就成为行为的动机，因此这种连动式前项前可以加"为/为了"。动机是存在于行为之前的，因此前项后可以加"要"，表现出动机与动作行为之间存在时间先后关系，同时也说明动机意图对行为有推动作用。因此这样的连动式可称为"动机因果连动式"，如：

（147）开会去南京（可转换为：去南京开会，为开会去南京，开会要去南京）

（148）赶进度熬夜（可转换为：熬夜赶进度，为赶进度熬夜，赶进度要熬夜）

（149）抛砖引玉列举几条（可转换为：列举几条抛砖引玉，为抛砖引玉列举几条，抛砖引玉要列举几条）

其次，有的因果连动式前项之后可以插入"后、之后"或"时、的时候"，如：

（150）这个小区里原先的居民，一部分买商品房搬出去了（可转换为：买商品房后搬出去了）

（151）一个女儿交不起学费辍学了（可转换为：交不起学费后辍学了）

（152）最终抢救无效死亡（可转换为：抢救无效后死亡）

（153）那年她转学来到我们班（可转换为：转学时来到我们班，转学转到我们班）

（154）吴老太爷骑马跌伤了腿（可转换为：骑马时跌伤了腿，骑马导致跌伤了腿）

（155）去年拆迁换了两套房子（可转换为：去年拆迁时换了两套房子）

（156）本来两年后就可以退伍归家（可转换为：可以退伍时归家）

中间可以插入"后、之后"，说明连动式"因"和"果"之间有清晰的时间先后相继关系，这部分连动式可称为"相继因果连动式"。前项后可以插入"时"的连动式，后项所表达的动作或活动是发生在前项所表达事件中的一个阶段，前后有包含关系，属于"事件框架—结果"关系，这类连动式可称为"阶段因果连动式"。其中例（153）和例（154）事件和阶段性结果之间存在致使关系，而例（155）和例（156）没有这种致使关系。

不具有以上特征的因果连动式，有的在前后项中间可插入"就"，或者可以插入"才"，或者什么也不能插入，如：

（157）在会上有顾虑没发表意见（可转换为：在会上有顾虑就没发表意见）

（158）他疏忽忘记了（可转换为：他疏忽就忘记了）

（159）光聊天忘了时间（可转换为：光聊天就忘了时间）

（160）沉迷游戏不能自拔（可转换为：沉迷游戏就不能自拔）

（161）他是心里有愧犯了病，还是委屈犯了病？（可转换为：他是心里有愧才犯了病）

（162）咱没钱念书，不认字吃了坏地瓜的苦头（可转换为：不认字才吃了坏地瓜的苦头）

（163）担心武工队被封锁着过不来（*担心武工队被封锁着后/时/就/才过不来）

（164）身上背着东西弯不下腰（？身上背着东西后/时/就/才弯不下腰）

观察这些例句，我们发现，结果项行为事件常常是原因项行为事件自然的发展趋势，或者是蕴含在原因项之中的。如例（157）中的"顾虑"和"发表意见"都是人的思考、思想行为，"有顾虑"是担心害怕，"发表意见"是说话，人在害怕的时候自然不敢发表意见，否则，就是一种违背客观规律的行为，需要用转折句表现，如"虽然有顾虑但是仍然发表了意见"。其余个例，如果把结果项换成相反的情况，都需要用"但是/却"之类的词语连接才行。例（159）聊天的过程就是时间流逝的过程，所以"光聊天"就意味着时间没有控制，即"忘了时间"，结果项是蕴含在原因项之中的，这种情形在其他例子中也同样存在："疏忽"自然会"忘记"一些事情，"沉迷"就意味着"不能自拔"，"心里有愧"或者"委屈"的时候常常产生行为异常，"被封锁着"自然"过不来"，"背着东西"就不能弯腰。就像俗话"石头孵不出小鸡来"所说的，事物的性质决定了其发展方向。这类因果连动式前后项之间描述的是一种单纯的自然的因果关系，由于前项所描述的行为事件本身的性质、特点，产生了后项所描述的行为事件。因此，这类连动式可称为"态势因果连动式"。

因果连动式的四种类型，可总结如表3-2所示。

表 3-2：因果连动式的四种类型

类型	动机因果连动式	相继因果连动式	阶段因果连动式	态势因果连动式
形式特征	可颠倒为"动作—目的"连动式	不可颠倒 前后项中间可加"后"	不可颠倒 前后项中间可加"时"	不可颠倒 中间可加"就"或"才"或都不能加
语义关系	动机—行为事件	先时事件—后时事件	事件—事件的某阶段	行为事件—自然态势
原因性质	内因	外因	内因	

古希腊哲学家亚里士多德曾提出"四因说"，提出用质料因、形式因、动力因和目的因来解释事物的形式和变化（童浩，1987：709）。这种思想也可用来观察事件或行为的产生，一个动作行为或事件的发生，或者是外力的推动，或者是主观意图的指使，也或者是该行为或事件本身的发展规律，或者由于其内部某要素的性质所决定。动机因果连动式体现出来的是主观目的对行为的影响，即目的因；相继因果连动式表现的动作行为或事件的产生，是由于外部事件的推动或影响，即动力因；阶段因果连动式表现的是动作行为或事件在沿着自身发展规律或既定程序发展过程中所产生的影响，即形式因；而态势因果连动式表达的是由于动作行为或事

件本身的性质特点产生的必然发展方向，即质料因。综上，因果连动式能够解释动作行为或事件产生的动机、事件发展的阶段、先时事件的影响以及行为事件的自然态势。

3.2.2　因果连动式表达顺承性因果关系

3.2.2.1　因果连动式的顺承义

沈家煊（2003）指出因果关系复句存在"行、知、言"三域。显然，因果连动式所表达的因果关系都发生在行域，表达的是一种事理上的因果关系，而且是一种顺承性的因果关系。

黎锦熙、刘世儒《汉语语法教材》（163、167）将一些表达因果关系流水句叫作"表事效相因的顺承句"：

（165）天也不早了，咱们也该散了。

（166）太累了，不大一会就睡着了。

（167）春天来了，冰雪融化，草木发芽。

（168）夜深了，人们都进入了梦乡。

这样的句子，"往往可以隐含因果关系"（吕叔湘，1990：386），也有文献称为"连贯关系"。郭志良（1999：208）不赞成将这类句子看作因果复句，认为应该看作条件句，因为其中的逻辑推论意味实在太弱了，只有先说结果后说原因的流水句才可看作是因果关系。这种说法有一定道理。这些流水句所表达的因果关系确实很弱，如果在句中加上表达因果关系的连词，例如说成"因为春天来了，所以冰雪融化，草木发芽"，会让人感觉很别扭，但是打乱这种顺承关系，就很容易加上因果关系连词，如"冰雪融化，草木发芽，因为春天来了"。但是，看作条件句并不合适，因为条件和因果有明显的区别，即非现实性。例如"有事出去"可以有条件和因果两种理解，但是如果加上"了"赋予其现实性特征，说成"有事出去了"就只能理解为因果关系。因此将这些流水句看作顺承性因果句更准确一些。

顺承性因果句表现的是一种事实关系，说话人采用流水句的方式，将事件按照自然发生的先后顺序记叙下来，是自然叙实行为。如春天来了自然会引起冰雪融化、草木发芽。但是如果按照认知思考的逻辑顺序，先看到冰雪融化、草木发芽，意识到或者推断出春天来了，按照这个过程说出的是"果—因"句，其因果推理的意味比自然叙实流水句更浓。

通过前文对因果连动式成员的描写，可以看出，因果连动式所表达的因果关系都是这种顺承性因果关系，通过顺次记叙所发生的行为或事件，表现事理上的前因后果。因果连动式遵循时间顺序原则：相继因果关系连动式前后项之间有清晰的先后关系；阶段因果关系是事件发展过程中的某个阶段上产生的结果；动机因果关系动机的存在先于动作行为；而态势因果关系，动作行为或事件本身所具有的性质，蕴含了其必然会产生的某种结果，同样存在先后关系。这些连动式虽然可以放入"因为……（所以／而）……"框架中理解，但是如果在句子中真的加入这些连词，有时并不自然，如"不要因为赶进度所以熬夜。""吴老太爷因为骑马所以跌伤了腿。"这些说法都不常见。

既然连动式各组成部分间遵循时间顺序，那么因果关系又是从哪里来的呢？

沈家煊（2012）指出，汉语流水句的重要特征之一是并置性，句与句之间的语义联系或相关不必靠句法关联手段，而可以靠人的一般认知能力来推导。例如汉语的使成式是 cause 和 effect 的"因果对"，其因果义是靠对言对出来的，靠"统合"统出来的（沈家煊，2019）。时间关系是最基本的语义关系，"两件事情说在一起，当中多半有时间关系"，"但我们不一定注意这个时间关系"（吕叔湘，1990：370），人们首先会根据认知机制去补充、推导其中的语义关系或语用内涵。连动式也是如此，说话人只是将时间链上的两个或两个以上动作行为记录下来，而人们会依据认知能力去推导这些动作之间的关系，形成统合义，比如"买菜上街"是因果连动式，而"上街买菜"是目的连动式，这是人们根据最一般最常见的认知规则推导的结果，而那些非常规的语义关系则需要使用标记手段如关联词语来表达，例如"为上街而买菜"，使用了标记"为……而"后，"买菜"不再是"上街"的常规目的，而成了"上街"的手段，"上街"反而成了"买菜"的目的。"因为要上街，所以买菜"，这种因果关系是普通的因果连动式不能表达的。

3.2.2.2　因果连动式在因果实体表达系统中的地位

在表达因果关系上，汉语可以使用的手段有：标志词、语序、句法手段。标志词有关联词语（如"因为""由于""无怪乎"等）和因果敏感词（如"勾起""讨厌"等）（马铉，2011；苏怡莲，2017），句法手段是如重动式、兼语式等特殊的结构形式。因果连动式运用语序作为表达因果关系的手段。除此之外，无标记手段还有：

因果关系复合词：病退／孕吐／悲泣／奔丧／救急／伤逝

无标因果关系单句：祥子跑了一身汗

无标记因果关系复句：王磊生病了，不在学校。／王磊不在学校，他生病了。

无标记因果关系篇章：体育局大换血，小刘的教练也被调走了。小刘最近很苦恼。／站住！我有话问你。

在单句层面，表达因果关系的还有原因宾语如"我爱他身强力壮能劳动"、主谓结构如"一场大火夺走了几十个人的生命"、状中结构如"因爱生恨"等形式，但都涉及因果敏感词，因此不属于无标手段。

根据朱斌、吴玉凡（2018），因果关系复合词有"因—果"和"果—因"两种语序，其中"因—果"序列主要表现为动结式（如"提升"）、兼语式（如"放飞"）、连动式（如"病退"）、状中式（如"孕吐""悲泣"），"果—因"序列表现为述宾式（如"奔丧""救急""伤逝"），可见因果复合词能表达广义的因果关系。就语义内容而言，这些复合词都是指称一类特别行为，例如"病退"是一种非正常结束工作的行为，"孕吐"是一类非一般性（因生病而引起）呕吐，那些不具有特异性的普遍现象并没有概念化为复合词，例如呕吐是疾病常见的症状，但没有"病吐"之类的复合词。不过一种特异性行为如果没有形成常态，也没有多少词化的价值，例如有"悲泣"，但是却没有"喜泣"，只有"喜极而泣"；有"赶喜"这样表达特殊群体（乞丐）在婚礼上乞食行为，却没有"赶丧"表达在丧礼上乞食的行为。可见，因果复合词是对客观世界中某种常态的特异性因果事件的概念化。

单句层面，类似"跑了一身汗"之类的"结果宾语"结构与述补结构存在平行性（孙天琦、郭锐，2015），表达的是致使关系。而复句和篇章层面，前文已经说明，典型的无标因果句表达的是果—因关系，且结果所表示的事实都是常态（郭志良，1999：208）。

综上，因果连动式在因果范畴实体系统中的位置如表 3-3 所示。

表 3-3：汉语因果范畴无标记实体表达系统

表达手段	复合词	述宾式	动结式	兼语式	重动句	连动式	无标复句	
层面	行域						知域、言域	
顺序	因—果 果—因	果—因 因—果	因—果			果—因	果—因 因—果	
语义关系	动作—论元 动作—结果	动作—论元	动作—结果	致使—结果	动作—结果 事件—结果	事件—结果	结果—原因	结果—原因 原因—结果
语义类型	常态特异性 致使、结果 事件	致使状态	致使状态	致使行为	致使行为 非常态结果	顺承关系 常态叙实	补因说明	溯因、因果 推理 常态认知

因果连动式在连动式系统中属于比较边缘的类型，徐情（2012）搜索了 2409 个连动句，其中表达因果关系的只有 19 例，远低于表达处所、目的、方式、状态、时间关系的类型，其原因也在于该类连动式表达的是一种逻辑语义，而非单句层面上动作与论元之间的关系。也就是说，因果连动式靠近复句，更具有汉语复句的结构特性，即分句与分句并置联结。

因果连动式特殊的句法层面位置，也决定了其表义的特殊性。从表 3-3 可以看出，对于不使用标记词的表达手段而言，连动式之前的因果其实是致使和结果，是广义的因果关系，复句表达的才是狭义的以逻辑推论为特征的因果关系，而因果连动式是一个过渡阶段，它实际表达的只是顺次记事，因果义只是由于一般认知能力的作用下统合事实所产生的逻辑意义，可以说是一种浮现意义。而无标复句，并置的分句本身就是按照认知顺序排列的，其统合义就是其并置事件的关系义。

因果连动式能表达的原因，可以归结为"四因说"中的质料因、形式因、动力因、目的因，表现出动作行为或事件同世界其他万事万物一样，其发展变化存在同样的动因类型，这是一种自然的、现实的存在，反映了对客观规律的认识。而因果复句层面则不同，表达的是人对这个世界的认知、推理过程，关注的是"事实的原因""推论的理由""行为的理由"（吕叔湘，1990），在认识的不同层面，会有不同的表达形式和语义类型（沈家煊，2003）。例如朱斌、伍依兰（2008）考察了言语行为层面上的"祈使+陈述"型因果表达，总结了陈述部分能表达的原因有前提因、结果因、逆结果因三种，这些原因类型体现了人们在认知上对祈使行为及祈使内容的合理性进行推理论证的不同类型。可见，语言的不同层面、不同结构手段，对于同一个语义范畴，能表达或负载的内容是不同的。

3.2.3 因果连动式的信息结构

3.2.3.1 因果连动式前项的次话题化倾向

汉语小句语序的基本倾向是动词前为话题性成分、动词后为述题性或焦点性成分（朱德熙，1982；徐烈炯，2001）。那么当汉语小句是复杂谓语的时候，小句内就会存在多重常规焦点，这时候句子的焦点结构如何处理呢？曹道根（2014）指出：当汉语小句内有多重常规焦点的时候，会使用信息重组手段，比如话题化。

根据前文的观察，因果连动式前项多为 VO 结构或光杆动词，述谓性降低而指称性增加，表现出次话题化倾向。

首先，前项 VP1 述谓性较低。其中的名词性成分常常不能提前作话题、不受数量短语修饰、不具有定性、不可关系化，如：

骑马跌伤了腿

*马被骑跌伤了腿　*骑一匹马跌伤了腿　*骑那个马跌伤了腿　*骑（它）跌伤了腿的马

前项中 V 动词性特征也常常不突出，不能带各种补语、动相标记，如：

骑马跌伤了腿

*骑骑马跌伤了腿　*骑会儿马跌伤了腿　*骑了一下马跌伤了腿　*骑两天马跌伤了腿

拆迁换了两套房子

*拆迁拆迁换了两套房子　*拆迁了换了两套房子　*拆迁一下换了两套房子　*拆迁两天换了两套房子

前项 VP1 述谓性的降低，意味着指称性增强，具有充当话题的可能。我们看到有些因果连动式的前项 VP1 具有多种话题特质：具有一定的实体性，可以用"这/那"指代，具有可辨识性；可以提前到句首，可以停顿，带"啊／呢"等语气词，如：

吴老太爷骑马跌伤了腿 —— 吴老太爷这次骑马跌伤了腿

吴老太爷骑马的时候跌伤了腿

说到骑马啊，吴老太爷跌伤了腿

一个女儿交不起学费辍学了 —— 一个女儿交不起学费这个／的缘故辍学了

交不起学费呢，一个女儿辍学了

有的因果连动式前项 VP1 在并列句中可以同义删略，如例（169）中"没能力的"其实是"没能力买商品房的"，"买商品房"被删掉了：

（169）有一些买商品房搬出去了，一部分没能力的还住在里面，这个问题困扰多年。

（https://user.guancha.cn/main/content?id=474728&s=fwzxhfbt）

汉语在句子生成过程中可以在话题的位置上插入成分形成话题（徐烈炯、刘丹青，2018：306）。我们认为，因果连动式前项 VP1 的次话题化，就是采用插入的方法，在次话题位置插入背景信息生成的。

首先，因果连动式前项，位于主语后、后项 VP 前，是汉语常见的次话题位置，例如"大象鼻子长""他唱歌很好听"。

其次，前项 VP1 不是焦点信息，可以删掉不说。例如问"某某在吗"，完全可以只回答"他去南京了"，回答"他开会去南京了"，"开会"完全是附加的、溢出的信息。

再次，前项 VP1 多为背景信息。在四类因果连动式中，动机因果连动式的前项是动机；阶段因果连动式中前项表达一个事件框架，与后项是包含关系；相继因果连动式中，前项是发生在前的事情；态势因果连动式中，前项是预先存在的事件状态，对于后项 VP 来说都属于已知信息。动机、事件框架、已知信息在认知图示中常常被处理为背景。

沈家煊（2012）指出，汉语流水句有两个特点，一是并置性，二是指称性。我们看到，因果连动式在结构手段上采用并置，前项 VP 有次话题化倾向，也就是说，因果连动式也具有流水句特征，这与因果连动句很接近复句并置结构的特点相互印证。

3.2.3.2　因果连动式后项是常规焦点

在使用中，因果连动式后项负载着常规焦点。

根据 Talmy（2000），原因部分由于不具有当前现实性而容易处理为焦点信息。因果连动式的前项是原因，为什么不是常规焦点呢？我们认为有两个方面的原因：一是前项被次话题化、背景化，后项是语义重心；二是因果连动式的顺承性特征。

首先，根据前后项的及物性特征也可以判断因果连动式后项为语义重心。张伯江（2000）

提出可以通过篇章中连动式在事件性、动作性、现实性、肯定性以及宾语个体化方面体现出的及物性特征判断其语义重心。因果连动式前后项在现实性、肯定性上没有特别的差异，但是在其他方面表现出活动＜事件（如"骑马跌伤了腿"）、状态＜动作（如"背着东西弯不下腰"）、宾语非个体化＜宾语高度个体化（如"拆迁换了两套房子"）的特征，因此因果连动式后项及物性特征高于前项，是语义重心。

其次，由于连动式是按时间先后顺序结构的，后项焦点也符合从旧信息流向新信息、常规焦点居尾的原则（方梅，2005）。例如"游族网络董事长林奇救治无效去世，年仅 39 岁"这个新闻标题中，因果连动式"救治无效去世"表达的焦点信息显然是句尾的"去世"，因此后续才用"年仅 39 岁"以表现对其去世的遗憾。

因果连动式后项负载焦点信息，其他类型连动式并不一定如此。我们以"有事出去"和"出去有事"分别在 CCL 现代汉语语料库和 BCC 语料库中进行搜索，观察其上下文及说话人的意图，发现两个结构都以"出去"为焦点，侧重表达"出去"即不在现场或离开现场的状态。

在 CCL 现代汉语语料库中，"有事出去"有 23 例，"出去有事"有 5 例。BCC 语料库，"有事出去"131 例，"出去有事"20 例。"有事出去"是因果关系连动句，多为现实发生，在 BCC 语料库中，131 例中有 61 例（约 50%）是已然态的"有事出去了"，未然态的"有事出去一下（一趟/一会）"只有 14 例（约 10%）。而"出去有事"在 BCC 语料库中没有出现一例带"了"的用例。

根据上下文，"有事出去"中"出去"处于叙事主线，"有事"属于背景信息。如下面两例"有事出去了"都是回答"在家吗"的问题，说话人在回答这个问题后的其他表达也都是围绕"出去了"的状态进行的，完全没有涉及"有事"的话题：

（170）"请问何佑才太太在家吗？"少女问。"她刚巧有事出去了。她是我的媳妇，你有什么话要告诉她，可以告诉我，我会为你转达。""何太太是不是很快就回来？因为，我想向她当面道歉。如果用不着等很久，我愿意等她回来。"（CCL）

（171）我在门口叫了起来："莫菲，莫菲，在家吗？""来了，来了！"木楼上响起了"咚、咚、咚"的脚步声，莫菲兴高采烈地跑下楼来。我有些失望地问："你家大人呢，都不在家？""爸妈都有事出去了，可我姐姐莫雅在楼上哩，她也是大人嘛！"莫菲凑到我耳门边，嘀咕道，"夏老师，你不用访我爸妈，访我姐就行了……"（CCL）

"出去有事"中"出去"也是主要信息，处于叙事主线，而"有事"则仍被处理为背景信息，而不是陈述焦点，如：

（172）"我到东庄徐大娘那里去取点东西，我前些时在她那里存了十块洋钱，咱们要走，我可得带着呀！我去了马上就回来。"王虎犹豫了一下，虽有醉意，却嚷着："还是咱一道走吧，一会彭亮找来就麻烦了。"小坡指着旁边醉倒的拴柱说："你看他已经睡倒了，你也该歇一会，我去了马上回来，咱就走！"这时正好保长也进来了，小坡提起短枪，对着保长说："<u>我出去有事</u>，一会就回来，咱这两个弟兄在这里先休息一下，如果有些好歹，<u>我回来打烂你的脑袋</u>！""哪里话！哪里话！"王虎看到小坡那样认真地照顾着他和拴柱，心里一阵高兴，也插进来说："放心就是，都是朋友，你<u>办完事赶快回来</u>就是了！"（BCC）

（173）明天<u>出去有事情</u>，没时间看盘。（BCC）

在这两个例子中，"出去有事，一会就回来"通过后文"一会就回来"说明说话人在陈述"出去有事"的时候，重点在"出去"上，后文中又有"办完事赶快回来就是了"说明听话人也将关注点放在"出去"上。"出去有事情，没时间看盘"也是强调自己离开的状态，不能留在电脑旁边，而不是强调"有事情"。

根据张伯江（2000），"出去有事"中"有事"是目的，具有非现实性，"出去"具有现实性，现实性＞非现实性，"出去"的篇章及物性更高。"有事出去"中"有事"虽然也有现实性，但是述谓性较低，具活动性，而"出去"述谓性较强，具事件性，事件＞活动，所以"出去"的篇章及物性更高。因此，这两个连动式中的"出去"都是焦点信息。

但是，因果连动式前项也有可能成为对比焦点，除了语音手段，还可以通过重复、添加"是……的"等手段实现，例如：

（174）快到解放了，爷爷就死了，生病死了。（陈世旭《将军镇》）

这个例子中，通过重复"死了"，增加的新信息"生病"就成了句子的焦点信息，强调是生病死的，而不是其他原因死的，也可以说成"是生病死的"使"生病"成为焦点。

3.2.4　小结

本节考察了汉语中用连动式表达因果关系的现象。狭义的因果范畴以逻辑推论为基本语义特征，无标记的典型表达手段出现在复句层面。但是汉语因果连动式与无标因果复句同样使用了并置手段，能够以叙实的方式记录顺次发生的动作行为或事件，人们在对这种并置结构进行解码的时候，会运用一般认知能力为其建立一种"统合义"，即因果关系。因此，因果连动式所表达的因果关系是顺承性的，具体表现为事件的动机、事件发展的阶段、先时事件的影响以及事件性质决定的自然态势。

由于因果连动式表达的因果关系是一种统合义，因此因果连动式在使用中表现出的信息结构符合汉语单句的一般信息结构特征：主语后的位置是次话题，常规焦点信息位于句末，具体表现为因果连动式的前项有次话题化倾向，后项负载常规焦点。

通过对因果连动式的考察，可以看到，因果连动式与无标因果复句非常接近，都是通过成分并置来表达因果关系，不过因果连动式遵循了顺次记事的顺序，而无标因果复句遵循了认知逻辑顺序。这样看来，因果连动式本质上是一种紧缩流水句。

在汉语单复句问题上，形式上是单句、语义上表达复合命题关系的现象一直困扰着人们。对因果连动式的语义和语用分析，可以发现，其实不同语言层面上的语言手段，即使表达看似相同的语义内容，但仍然有本质上的区别。不同性质的语言结构，在对同一个语义范畴进行表达时，其发挥的作用并不相同。

3.3　本章小结

"引起"是因果动词，"引起"可以形成主谓结构"Y 引起 G"，表示因果关系。

主谓结构"Y 引起 G"，既可以为单句，也可以充当分句，还可以充当句子成分。"Y 引起 G"中主语"Y"可以由词、短语构成，表示原因。主语"Y"为词时，主要是名词、动词和代词。"Y"由短语充当主语，可以为主谓短语、定中短语、状中短语、动宾短语、联合短语、同位短语等。"Y 引起 G"中宾语"G"可以由词、短语构成，表示结果。当"G"为词时，主要是名词、动词。当"G"为短语时，有联合短语、定中短语、动宾短语、主谓短语、同位短语等。"Y 引起 G"主谓"因—果"式入句后会构成单句、分句或充当某些个句子成分。"Y 引起 G"为单句时，有时"引起"前加副词或能愿动词等充当的状语，后加事态助词"了、过"。"Y 引起 G"可以为分句，包括前分句、后分句和中分句。"Y 引起 G"可以充当前分句，有的与后分句构成并列、解注、连贯、递进、因果等关系。"Y 引起 G"可以充当后分句，有的与前分句构成并列、连贯、递进、因果、条件、假设等关系。"Y 引起 G"可以充当中分句，起到承前启后的作用。"Y 引起 G"有时在前、中、后分句连用，有的是前分句与后分句的连用。"Y 引起 G"可以作句法成分及其内成分，包括充当动词或介词的宾语，主语内、定语内或状语内成分。

汉语因果连动式是以叙实的方式记录顺次发生的动作行为或事件，因果关系是该并置结构的统合义，其语义特征为顺承性，包括事件的动机、事件发展的阶段、先时事件的影响以及事件性质所决定的自然态势。在使用中，因果连动式前项有次话题倾向、后项是常规焦点。作为一种单句表达复合命题关系的现象，因果连动式的研究说明，不同语言层面、不同语言手段在对同一语义范畴进行表征时，所承担的功能并不相同。

第四章　因果句联的句类配置

因果小句相互联结，构成因果句联，包括因果复句和因果句群。因果句联的句类配置能力比较强，既可以由陈述、疑问、祈使、感叹同一配置，形成四种单纯句类配置，也可以由陈述、疑问、祈使、感叹交错配置，形成十二种复合句类配置。

因果句联的句类配置，包括单纯句类配置和复合句类配置。单纯句类配置由相同的小句语气类型联结而成，复合句类配置由不同的小句语气类型联结而成。

4.1　因果句联的单纯句类配置

因果关系可以由同一种语气类型的小句联结，形成单纯句类，有四种。

4.1.1　陈述因果句联

4.1.1.1　肯定陈述因果句联

根据因和果的语序，可分两种情况。

第一，由因导果。即原因在前，结果在后。语表形式比较灵活，有的前项用"因为"等表示原因，后项用"所以"等表示结果。例如：

（1）贫农，因为最革命，所以他们取得了农会的领导权。（毛泽东《湖南农民运动考察报告》）

有的只在前项用"因为""由于"等表示原因。例如：

（2）梁亦清由于常年埋头于工作，对这个至关重要的拜功常常荒疏。（霍达《穆斯林的葬礼》）

有时前项用"因为""由于"等，后项配合使用"就""才"等。例如：

（3）因为闲着也是闲着，陈宗辉就在纸上把局里的人分成两队。（祁智《陈宗辉的故事》，《收获》1999 年第 3 期）

有时只在后项用"所以"等表示结果。例如：

（4）老炳父子住的地方偏僻，所以来晚了一步。（罗旋《红线记》，《1980 年全国优秀短篇小说评选获奖作品集》）

有的不用关系词语。例如：

（5）身上的枷锁砸掉了，身心都感到异常的欢悦。（季羡林《牛棚杂忆》）

第二，由果溯因。即先果后因。往往在后项用"因为"。例如：

（6）从那时起，我一直羡慕弟弟，因为只有他敢赖在你的怀里向你撒娇。（百合《生命中最重要的那个男人》）

有时也用"之所以……是因为……"格式。例如：

（7）他之所以铤而走险，是因为孤独的他太需要钱了，他觉得只有钱才能给他的心灵带来温暖，使他的生活现状以及命运得到改善！（永星《笑是两人间最短的距离》，《读者》2005 年第 18 期）

4.1.1.2 "肯定陈述 + 否定陈述"因果句联

这种配置比较常用。有两种情况。

第一，由因导果。肯定陈述句在前表因，否定陈述句在后表果。有的前项用"因为"等，后项用"所以"等。例如：

（8）因为苏放的脸被监视器挡着，所以没看见。（凡一平《撒谎的村庄》，《小说月报·原创版》2005 年第 5 期）

有的只在前项用"因为""由于"等。例如：

（9）由于城市年龄小，自然没有什么古迹可圈可点，中外游客似不好求全责备。（阿成《哈尔滨人》）

也有前项用"幸亏"来表示原因的。例如：

（10）幸亏他及时地抓住了床沿，才没掉到地板上。（叶辛《追回的青春》，《十月》1982 年第 4 期）

有的只在后项用"所以"等。例如：

（11）安乐的父亲和姜小兰同居对她的打击很大，所以记忆力一下子就不行了。（王祥夫《榴莲榴莲》，《小说月报》2004 年第 11 期）

有时不用表示因果关系的关系词语。例如：

（12）看见人们这样尊敬他，当然就禁不住要骄傲了。（叶圣陶《古代英雄的石像》）

第二，由果溯因。肯定陈述句在前表果，否定陈述句在后表因。常在后项用"因为"。例如：

（13）恰当地设计问题是问题型教学模式的关键，因为问题是影响教学效果的最重要因素。（CCL）

有时后项不用"因为"等。例如：

（14）当兰花花穿好衣裳走出篱笆墙的时候，全村人都惊呆了，他们从来没见过这么漂亮的女娃子。（侯德云《泉水的歌唱》，《读者》2004 年第 8 期）

4.1.1.3　"否定陈述 + 肯定陈述"因果句联

第一，由因导果。否定陈述句在前表因，肯定陈述句在后表果。有的在前项用"因为""由于"等表示原因。例如：

（15）由于长年无人猎取，水下的海狮子肉非常肥硕。（邓刚《光天化日海蓝蓝》，《小说月报·原创版》2005 年第 5 期）

有的在后项用"所以"等表示结果。例如：

（16）老干部今年破天荒没提意见，所以晚餐气氛很好。（祁智《陈宗辉的故事》，《收获》1999 年第 3 期）

有的不用因果关系词语。例如：

（17）父亲不赌了，家里的日子就好过些了。（罗望子《非暴力征服》，《小说月报·原创版》2005 年第 3 期）

第二，由果溯因。否定陈述句在前表果，肯定陈述句在后表因。常在后项用"因为"等。例如：

（18）几个人的笑谈没能继续下去，因为又开来了一辆引人注目的汽车。（王蒙《青龙潭》，《小说月报》1983 年第 4 期）

有时用"之所以……是因为"的句式。例如：

（19）她之所以没有当时揭发这件事，完全是因为她有些怜悯他。（江奇涛《人鸟岛》，《钟山》1983 年第 3 期）

4.1.1.4　否定陈述因果句联

否定陈述小句联结，构成说明因果。这种配置不如肯定陈述因果句联用得多。也有两种情况。

第一，由因导果。常在前项用"因为"等关系词语。例如：

（20）因为我不懂中文，我一点也不了解中国文学或中国作家。（CCL）

有时不使用表示因果关系的关系词语，但是可以补上。例如：

（21）这里的菜肴和酒价格都相当不菲，一般的平民是不到这里来消费的。（王大进《禅意》，《小说月报》2004 年第 7 期）

第二，由果溯因。常在后项用"因为"。例如：

（22）我依然不了解小雅，因为小雅不让我了解她。（余杰《说还是不说》）

有时不用表示因果关系的关系词语，但可以补出。例如：

（23）他没有退路可走，他不能扔下几百个孩子不管。（CCL）

4.1.2　疑问因果句联

疑问因果句联，大体有十种情况。

4.1.2.1　是非问因果句联

（24）不来不行吗？不是说自愿吗？（毕淑敏《预约死亡》）

例（24），前一个是非问有肯定"不来"的倾向，表示结果，后一个是非问表示原因。

4.1.2.2　"是非问 + 特指问"因果句联

后面的特指问一般是反问句，表示原因。例如：

（25）400 元，不多是吧？谁让咱过去不好好念书来着？（叶新文《健康地写日记》，《视野》2005 年第 1 期）

前一个是非问也可以是反问句，表示结论。例如：

（26）保姆市场上的女孩不就是为了挣钱才跑出来的吗？哪里能不问钱呢？（毕淑敏《预约死亡》）

4.1.2.3　"是非问 + 正反问"因果句联

"是非问"往往用反问句表示原因，正反问提问结果。例如：

（27）难道坚持写日记真的就容易生病吗？坚持多年记日记的人是否已经损害了健康？（叶新文《健康地写日记》，《视野》2005 年第 1 期）

4.1.2.4 "特指问 + 是非问"因果句联

这种情况比较常见,一般由特指问问原因,是非问就原因做出拟答。往往兼有解注的意思,基本语表形式:"为什么……?因为……吗?"例如:

(28)你为什么要这样伤心呢?你是因为不能毕业吗?(郭沫若《喀尔美罗姑娘》)

是非问中也可不出现"因为"之类原因标志词语。例如:

(29)为什么要选择 70?这是你的吉祥数吧?(毕淑敏《预约死亡》)

由于是非问是就原因作答,因此常常用反问句,使用"难道"等语气词语。例如:

(30)那是为什么?我们对他们难道比欧洲人对他们更坏吗?(林语堂《父子话友情》)

特指问也可用"怎么""什么"来问原因。例如:

(31)我看你长得也还可以,怎么就和我一样困难呢?你是挑花眼了吧?(安顿《只有放手,才能找到更好的》,《深圳青年》2005 年第 8 期上)

(32)这人到底有什么毛病?竟会看不出她的美丽?(古龙《萧十一郎》)

4.1.2.5 特指问因果句联

有的是先因后果。例如:

(33)我跟你有什么冤仇?你为何连死都不让我死?(古龙《萧十一郎》)

(34)读书,谁不会读?哪里不能读?又何必在学校读?(刘墉《我不是教你诈》)

有的是先果后因。例如:

(35)我可没做过缺德的事,伤天害理的事,为什么就不叫我活着呢?我得罪了谁?(老舍《茶馆》)

(36)你为什么老糗我呢?我那时候懂什么?(刘墉《我不是教你诈》)

(37)他们何尝知道什么是"法"?他们哪里有古希腊的法的精神、自由的精神和权力制衡的观念?(余杰《心灵独白》)

(38)孩子,哭什么,这有什么难过?谁叫我们穷呢?(曹禺《雷雨》)

4.1.2.6 "特指问 + 选择问"因果句联

往往是先果后因。例如:

(39)他伤势怎么会忽然好了这么多?是因为睡了一觉?还是因为有人替他治过伤?(古龙《萧十一郎》)

（40）今天遇到个在外交部工作的朋友，和我开玩笑："怎么还不到我们部里来报到呵？是不是演了部《股疯》，想想还是舍不得放弃艺术家的身份？"（CCL）

（41）你吃不吃饭关我什么事？是你肚子饿还是我肚子饿？（毕淑敏《预约死亡》）

4.1.2.7 "特指问 + 正反问"因果句联

往往是先果后因。例如：

（42）为什么要离开北京？你是不是为了逃避我们的过去？（安顿《只有放手，才能找到更好的》，《深圳青年》2005年第8期上）

（43）阁下的酒为何喝得这样慢呢？是否不胜酒力？（佚名《外交大使李鸿章》，《特别关注》2005年第9期）

（44）为什么挑上我？就因为我比别人便宜，对不对？（刘墉《我不是教你诈》）

4.1.2.8 "选择问 + 是非问"因果句联

（45）你怎么，你难道是个死人？哑巴？是个糊涂孩子？你难道见着自己心上喜欢的人叫人抢去，一点儿都不动气么？（曹禺《雷雨》）

4.1.2.9 "正反问 + 是非问"因果句联

（46）是不是你们的名字中有一个"寻"字？所以不能辜负它？（李碧华《牡丹蜘蛛面》）

4.1.2.10 "正反问 + 特指问"因果句联

（47）不下地，不晒太阳，是不是很娇？哪里还有耐心烦侍候别人？（毕淑敏《预约死亡》）

（48）引诱！我请你不要用这两个字好不好？你知道当时的情形怎么样？（曹禺《雷雨》）

4.1.3 祈使因果句联

4.1.3.1 肯定祈使因果句联

（49）爸爸，您看您那一脸的油！——您把老爷的鞋再擦擦吧。（曹禺《雷雨》）

4.1.3.2 否定祈使因果句联

（50）别忘了白天鹅是二级保护动物，千万别打扰它们。（CCL）

4.1.3.3 "肯定祈使 + 否定祈使"因果句联

（51）咱可要对得起党和革命，别软下去啊！（冯德英《迎春花》）

（52）小心着凉，还是不要下水吧。（CCL）

4.1.3.4 "否定祈使 + 肯定祈使"因果句联

（53）耽误了事可别怨我！快去快来！（老舍《茶馆》）

（54）别冻着了，叫部三轮车吧。（张爱玲《留情》）

（55）妈，您别遭了凉，快进去吧。（柯灵《海誓》）

4.1.4　感叹因果句联

感叹小句联结表示明因果关系，大体有八种情况。

4.1.4.1　积极感叹因果句联

有两种情况。

第一，由因导果。例如：

（56）你们这样的热情，这样的诚恳，我们真不知要怎么样感激你们啊！（阳翰笙《李秀成之死》）

（57）你是一位千古难得的美人儿啊！真舍不得你哪！（谷剑尘《绅董》）

有的由因导果兼有解注，即先对事实发表感叹，再导出评价性感叹。例如：

（58）哟！这么大的鲫鱼！我真走运！（沈默君《渡江侦察记》）

（59）四川的天时真是好得出奇！真是天府之国！（老舍《面子问题》）

（60）你刚才的戏，演得可真不错，你真像一个大演员呀！（阳翰笙《两面人》）

（61）谁想得到，我们还会在这儿碰到呢？哈哈！我真快活极了，快活极了！（阳翰笙《两面人》）

第二，由果溯因。例如：

（62）也难怪这些大学生那么馋，因为大食堂的伙食实在太坏了！（汪曾祺《日规》）

（63）他甚至后悔写了那样一封长信，保持那种引而不发的状态多好啊，至少还有梦呵。
（北宋《单相思病患者》，《萌芽》2002 年第 7 期）

有的由果溯因兼有解注，即先做评价性感叹，再说评价的事由。例如：

（64）城里人比乡下人好啊，多斯文！（丽尼《贫乏》）

（65）你多好的福气，生了这样一对儿女！（袁昌英《孔雀东南飞》）

（66）啊，巧极了！我真没有想到在这儿还能够碰到林先生啦！（阳翰笙《李秀成之死》）

（67）真好！你这样要多添十年阳寿哩！（袁昌英《孔雀东南飞》）

（68）清波，你行啊！小客厅收拾得多么像样！（老舍《春华秋实》）

4.1.4.2　消极感叹因果句联

第一，由因导果。例如：

（69）您现在是贵夫人啦，高攀不上啦！（田汉《三个摩登女性》）

（70）你们念书的日子还没有来呀！俺们的义学办不成了！（孙瑜《武训传》）

有的由因导果兼有解注的意思。例如：

（71）听说她吃人的心肝啊！太可怕啦！（郭地红《最后一个义勇军》，《北方文学》
　　　2005 年第 8 期）

（72）这点车费都省啊，这么抠门。（游牧《走进洛杉矶的风花雪月》，《读者》2002
　　　年第 12 期）

（73）啊，我还差点就把她老人家忘了呢！真糟糕！（阳翰笙《草莽英雄》）

第二，由果溯因。往往兼有解注的意思。例如：

（74）可惜呀！那是本兵书呀！（陈白尘《金田村》）

（75）唉，可怜！这次伤兵真是不少啊！（侯曜《可怜闺里月》）

（76）小黄，你可不得了了！他们两人可真难缠啊！（孙瑜《野草闲花》）

（77）糟啦！黑狗子抢老绵羊啦！（张骏祥改编自华山《鸡毛信》）

4.1.4.3　中性感叹因果句联

第一，由因导果。例如：

（78）大妞，也老大不小啦。我得给她找一门亲事呀！（石挥改编自老舍《我这一辈子》）

第二，由果溯因。例如：

（79）就算我疑心你啦，那也是因为我爱你才疑心你呀！（陈绵《候光》）

（80）你找他，怕不容易呢，大爷早被我吓跑啦！（谷剑尘《绅董》）

有的由果溯因兼有解注的意思。例如：

（81）不行啊！这些只有我才能正确地批示呀！（龙际礼《非常处方》，《青年博览》

4.1.4.4 "积极感叹 + 中性感叹"因果句联

（82）听了这话她可高兴了！她赚的钱确实比较多！（佚名《我不是来推销的》，《意林》
2005 年精华本）

4.1.4.5 "积极感叹 + 消极感叹"因果句联

（83）你来了，咱们算出了这口气了！方才那个混蛋还咒你死掉了呢！（于伶《在关内
过年》）

4.1.4.6 "消极感叹 + 积极感叹"因果句联

（84）你真傻呀，你还多年轻啊！（文冬《善恶一念间》，《意林》2005 年精华本）

4.1.4.7 "消极感叹 + 中性感叹"因果句联

（85）你也太傻了！他吃不着你的解药啊！（白桦《哥像月亮天上走》，《边疆文学》
2005 年第 8 期）

（86）老姐姐，你糊涂啦！咱们早进南湖啦！（陈白尘《金田村》）

（87）你也想得太远了吧。7 月 26 日还没到呢！（余晓《黎明破晓前》，《萌芽》2002
年第 9 期）

（88）你可要了我的命了！这是砒霜呀！（郭沫若《孔雀胆》）

（89）这个，真是活天冤枉呀，我是丝毫也不知道的呀！（郭沫若《孔雀胆》）

4.1.4.8 "中性感叹 + 消极感叹"因果句联

（90）丹枫，你不会认不出我啊，因为你长得那么像我！（琼瑶《雁儿在林梢》）

4.2　因果句联的复合句类配置

因果关系可以由不同语气类型的小句联结，形成复合句类，有十二种。

4.2.1　"陈述 + 疑问"因果句联

主要有以下六种情况。

4.2.1.1 "肯定陈述 + 是非问"因果句联

（91）我们的祖父是绅士，我们的父亲是绅士，所以我们也应该是绅士吗？（巴金《家》）

（92）"八·一三"大案判了这么多受贿渎职滥用职权的犯罪分子，恨我的人能少吗？（周梅森《国家公诉》，《收获》2003 年第 2 期）

（93）她也有嘴，自己不会说吗？（刘庆邦《少年的月夜》，《小说月报》2004 年第 12 期）

4.2.1.2 "肯定陈述 + 正反问"因果句联

（94）那么城市里面也是一样，所以这个是不是生活风险呢？（郑功成《明天谁来保障你》）

（95）人民政府决定七月一日加税，所以要在六月底夜里交货，是不是？（周而复《上海的早晨》）

（96）孩子也到成家的年龄了，是不是给他张罗一下？（王新军《俗世》，《小说月报》2004 年增刊）

4.2.1.3 "肯定陈述 + 特指问"因果句联

（97）我的身体状况现在很好，我又热爱摔跤，所以，为什么不来参加选拔赛呢？（CCL）

（98）你兄弟又小，你又还没学好本事，咱娘儿几个以后可怎么过活呢？（杨沫《青春之歌》）

（99）我现在脸上还裹着纱布呢，我哪知道怎么样？（王永午《最后一页》，《小说月报》2004 年增刊）

4.2.1.4 "否定陈述 + 是非问"因果句联

（100）她不愿意我伴她到目的地，所以趁此雨已停住的时候要辞别我吗？（施蛰存《梅雨之夕》）

（101）我还摸不着头脑呢，能写出来吗？（范小青《女同志》，《小说月报·原创版》2005 年第 3 期）

4.2.1.5 "否定陈述 + 正反问"因果句联

（102）我曾经嫁过人，不是一个完美的人，所以，你十分失望是不是？（岑凯伦《合家欢》）

4.2.1.6 "否定陈述 + 特指问"因果句联

（103）我不知怎么演出来的，所以，我怎么有把握下次还演得这么好？（CCL）

（104）我又没有花过姓胡的一文钱，怕他做什么？（杨沫《青春之歌》）

（105）我不是党员，怎么可以起草党组的文件呢？（张廷竹《盛世危情》，《小说月报》2005 年增刊）

4.2.2 "陈述 + 祈使"因果句联

"陈述 + 祈使"句联可以表示说明因果，其中陈述小句表示原因，祈使小句表示结果。大体有四种情况。

4.2.2.1 "肯定陈述 + 肯定祈使"因果句联

（106）前面正在执行公务，请你们绕道行驶吧。（张廷竹《盛世危情》，《小说月报》2005 年增刊）

（107）福贵，我饿了，给我熬点粥！（余华《活着》）

（108）十娘准知道，问她好了！（刘斯奋《白门柳》）

（109）反正两个孩子都是你要来的，你负责！（刘庆邦《少年的月夜》，《小说月报》2004 年第 12 期）

（110）我们很可能已临近前方阵地。快撤！（张罗《毕竟东流去》）

4.2.2.2 "肯定陈述 + 否定祈使"因果句联

有的使用因标或果标。例如：

（111）而在大陆，许多人到 30 岁才真正开始自己的工作，所以不要因为缺乏一些东西而自卑。（CCL）

（112）因为是调侃，所以别当真。（http://blog.sina.com.cn/s/blog_3d7c069b01000814.html）

有的不使用因标或果标。例如：

（113）我有喜欢的女孩子了，你以后不要来找我！（仇晓慧《摇滚时期的爱情》，《萌芽》2005 年第 6 期）

（114）他侄子早就到了，别担心。（张廷竹《盛世危情》，《小说月报》2005 年增刊）

（115）我们得罪不起那里的人，不准去凑那里的热闹！（张廷竹《盛世危情》，《小说月报》2005 年增刊）

4.2.2.3 "否定陈述 + 肯定祈使"因果句联

（116）我什么都不知道，您去问别人吧！（玛拉沁夫《茫茫的草原》）

（117）我不了解你的情况，你自己坦白吧。（范小青《女同志》，《小说月报·原创版》
2005 年第 3 期）

（118）直到目前为止，我还没有说动她，所以，你要帮我！（琼瑶《烟锁重楼》）

4.2.2.4　"否定陈述 + 否定祈使"因果句联

（119）没事，别怕了。（尹韬《傀儡英雄》，《新剧本》2005 年第 3 期）

4.2.3　"陈述 + 感叹"因果句联

4.2.3.1　"肯定陈述 + 感叹"因果句联

（120）因为你把古人的行动作真了，所以自然观着美！（老舍《赵子曰》）

（121）你是因为觉得这样合理的社会和人生似乎一时不能实现，所以便苦闷了的呀！（茅
盾《青年苦闷的分析》）

（122）他欣喜若狂，他多么想当天就能够飞到南方去拜见父母呀！（黄孟文《第 18475
支香》）

（123）他们羡慕那个收浆果的人，他是多么有钱啊！（迟子建《采浆果的人》，《小说月
报》2004 年第 11 期）

4.2.3.2　"否定陈述 + 感叹"因果句联

（124）因为我不能干，所以娶你这一位贤内助呀！（钱钟书《围城》）

（125）因为没有水，曾经忍痛割舍了多少个项目！（CCL）

4.2.4　"疑问 + 陈述"因果句联

4.2.4.1　"是非问 + 肯定陈述"因果句联

有的是先因后果，是非问往往用反问表因。例如：

（126）当年你们不是没照成毕业照吗？这回可以补照。（王璞《毕业合影》，《收获》
2003 年第 2 期）

有的是先果后因，肯定陈述句表示是非问的缘由。例如：

（127）唐书记，这还用你说？我知道。（周梅森《国家公诉》，《收获》2003 年第 2 期）

（128）下午，到海边谈谈去好吗？我知道你爱海。（杨沫《青春之歌》）

4.2.4.2 "是非问 + 否定陈述"因果句联

（129）我说过什么摩托罗拉广告牌吗？我可没那心思。（陈昌平《特务》，《收获》2003 年第 2 期）

4.2.4.3 "正反问 + 肯定陈述"因果句联

（130）你可不可以给我一刻钟的时间？我有话跟你谈。（巴金《寒夜》）

（131）你有没有带止痛药？我头疼得厉害。（陈谦《残雪》，《小说月报》2004 年增刊）

4.2.4.4 "特指问 + 肯定陈述"因果句联

有的是先因后果。例如：

（132）可是有什么办法呢？只好这样。（杨沫《青春之歌》）

（133）这还值了多少钱？你尽管拿去就是了。（张廷竹《盛世危情》，《小说月报》2005 年增刊）

有的是先果后因。这种情况也较常见。例如：

（134）你知道外面为什么这么乱吗？对啦，就是因为有坏人呗。（陈昌平《特务》，《收获》2003 年第 2 期）

（135）你知道你妈为什么老打你吗？就是因为你是个私孩子。（刘庆邦《少年的月夜》，《小说月报》2004 年第 12 期）

（136）你怎么不知道呢？你当时在旁边的。（鬼子《大年夜》，《小说月报》2004 年第 12 期）

（137）争什么？各方面的利益市政府自然会平衡好的。（张廷竹《盛世危情》，《小说月报》2005 年增刊）

4.2.4.5 "特指问 + 否定陈述"因果句联

（138）为什么老头儿来找我借钱？因为我和父亲不同。（杨沫《青春之歌》）

（139）我去上海干什么？我连江南都不去了。（张廷竹《盛世危情》，《小说月报》2005 年增刊）

（140）妈，你思想怎么这么落后了？这不是谁想去就能去的。（陈昌平《特务》，《收获》2003 年第 2 期）

（141）谢什么？这又不是谁的私事。（周梅森《国家公诉》，《收获》2003 年第 2 期）

4.2.5 "疑问＋祈使"因果句联

常见的有以下四种情况。

4.2.5.1 "是非问＋肯定祈使"因果句联

（142）你不是说喜欢数学吗？到我家来吧。（CCL）

（143）老冯在写长篇小说，将来少得了钱吗？这一级你让了吧。（聂鑫森《"工人作家"冯大成》，《长江文艺》2003年第11期）

（144）你觉得一个男人老戴着黑墨镜正常吗？让你的单纯见鬼去吧！（葛水平《陷入大漠的月亮》，《小说月报·原创版》2005年第3期）

4.2.5.2 "是非问＋否定祈使"因果句联

（145）您以为我愿意这样吗？妈，求您不要再说了！（自拟）

（146）体面又挣钱的工作能那么轻易找到吗？大哥别傻了。（自拟）

4.2.5.3 "特指问＋肯定祈使"因果句联

（147）如今兵力吃紧，怎能抽出人来专程去为你取首饰？还是将就一些吧，等些时日再说。（李文澄《努尔哈赤》）

（148）怎么好意思叫你们等呢？你们先走吧。（钱钟书《围城》）

（149）我怎么知道你奶奶家？你问其他人吧。（徐彩云《有一种天真》，《读者》2005年第20期）

上三例，肯定祈使表号召、劝告。

（150）你是中国人，为什么叫外国名字？撅着去！（端木蕻良《打屁股》，《读者》2004年第22期）

（151）你什么态度？把老板娘叫出来！（张廷竹《盛世危情》，《小说月报》2005年增刊）

（152）你吓着小金锁咋办？还不快回去！（李黎明《山桃》，《剧作家》2005年第2期）

上三例，肯定祈使表劝告、命令、请求等。

4.2.5.4 "特指问＋否定祈使"因果句联

（153）那你去日本折腾个啥？干脆别去了。（籁尘《魇》，《剧作家》2005年第3期）

（154）特殊人物？别想蒙混过关。（自拟）

上两例，否定祈使表禁止、劝阻。

4.2.6　"疑问＋感叹"因果句联

4.2.6.1　"是非问＋感叹"因果句联

（155）你不能把我也收下吗？没人要真是太难过、太孤独了。（米切尔·恩德《奥菲利娅的影子剧院》，何珊译，《读者》2004 年第 22 期）

例（155）是"是非问＋消极感叹"句联表示说明因果。前一小句表因，用是非问句表示对某种情况进行暗示性的提问，答案隐含其中；后一小句表果，用消极感叹句从某一方面对前一小句进行否定性的解注阐释，表明两小句之间的前因后果关系。

（156）路上累了吧？今年可比往年冷啊！（玛拉沁夫《茫茫的草原》）

例（156）是"是非问＋中性感叹"句联表示说明因果。前一小句用是非问进行提问表果，后一小句用中性感叹句进行事实性的原因阐释。

4.2.6.2　"正反问＋感叹"因果句联

（157）土司要不要休息一下？我看你有点不清醒了啊！（阿来《尘埃落定》）

（158）是不是他爱上你了？说到底太太也是个汉人嘛！（阿来《尘埃落定》）

4.2.6.3　"特指问＋感叹"因果句联

（159）咱们哪能回到日本啊？咱们不能忘记中国人的恩情啊！（簸尘《魇》，《剧作家》2005 年第 3 期）

（160）哎呀，这水真好喝，怎么是甜的？太好了！（谌容《梦中的河》）

以上两例是"特指问＋积极感叹"句联表示说明因果。前一小句用特指问句表示已成为事实的"果"，后一小句用积极感叹句从事物的某一方面进行阐释表示原因。

（161）有什么脸见人？真是有愧啊！（杨利民《铁人轶事》，《新剧本》2005 年第 4 期）

（162）为什么要发慌？我真没有用！（巴金《寒夜》）

以上两例是"特指问＋消极感叹"句联表示说明因果。前一小句用特指问句表示征求性的提问，用来表果，后一小句用消极感叹句表示事物所涉及的某一方面，用来表原因。

（163）男人为什么要女人？女人能叫男人变成真正的男人！（阿来《尘埃落定》）

（164）哪儿供给得起？到吃饭的时候还不都回家去了！（张爱玲《留情》）

以上两例是"特指问 + 中性感叹"句联表示说明因果。例（163）是先果后因，例（164）是先因后果。

4.2.7 "祈使 + 陈述"因果句联

"祈使 + 陈述"句联最常见的关系，一般是祈使表果，陈述表因。有以下四种情况。

4.2.7.1 "肯定祈使 + 肯定陈述"因果句联

（165）请您原谅我的直率吧，因为我只能说出自己的心里话。（张炜《柏慧》）

（166）心疼别人吧，因为那就是心疼你自己。（魏不不《很久不心疼了》，《读者》
2002 年第 13 期）

上两例都用了因标，更多的是不用关系词语。例如：

（167）你自己去送给他吧，我怕他会骂我。（张廷竹《盛世危情》，《小说月报》2005
年增刊）

（168）请您一定保留那两个小鸟驿站，那是孩子们特意给小鸟准备的。（《冬日里的小
鸟驿站》，斯尉译，《读者》2003 年第 24 期）

（169）嫂子，你让他在部队好好干吧，他是当将军的料。（张廷竹《盛世危情》，《小
说月报》2005 年增刊）

（170）调到金港来吧，金港的好单位不少呢。（张廷竹《盛世危情》，《小说月报》
2005 年增刊）

（171）快逃走，那边出了事。（卢岚《人生一曲》，《读者》2002 年第 10 期）

（172）噢，请放在那里！我这里有事情。（霍达《穆斯林的葬礼》）

4.2.7.2 "肯定祈使 + 否定陈述"因果句联

往往不用关系词语。例如：

（173）你俩都去租别人家的地吧，我地不够种了。（周立波《暴风骤雨》）

（174）滚一边去，这儿没你的事。（刘庆邦《少年的月夜》，《小说月报》2004 年第 12 期）

（175）请原谅我，我不能带着这个秘密死去。（珂珂《突如其来的浪漫》，《读者》
2002 年第 3 期）

（176）咱们歇着吧，天不早了。（CCL）

（177）你饶了我吧，我真的不想说谎。（王周生《诚实节》，《杂文选刊》2003 年第 8 期）

4.2.7.3　"否定祈使 + 肯定陈述"因果句联

（178）不要再邮寄拐杖了，因为父亲身边有我。（得林《不要再邮寄拐杖》，《读者》
2002 年第 13 期）

（179）不要这样说，因为人活着必须要有一个最美的梦想。（CCL）

（180）菜肴口味不要太咸，因为过多地摄入盐分容易造成水液潴留而增加体重。（CCL）

有时也可不用关系词语。例如：

（181）你可不要蒙我们，我爸爸就在金港工作。（张廷竹《盛世危情》，《小说月报》
2005 年增刊）

（182）你别急，又没有什么大的事情。（范小青《女同志》，《小说月报·原创版》
2005 年第 3 期）

4.2.7.4　"否定祈使 + 否定陈述"因果句联

常常使用因标。例如：

（183）不要找"洋人"，因为他们"靠不住"。（林希《出现危机的"异族婚姻"》）

（184）不要再对任何人提起，因为我不愿意伤害任何人。（池莉《你以为你是谁》）

（185）请不要打开果酱瓶，因为那里没有防腐剂。（温宪《津巴布韦产供销一条龙》，
《人民日报》1995.03.15）

（186）不要自认倒霉而匆匆放弃，因为你的票据并不是废纸一张。（CCL）

4.2.8　"祈使 + 疑问"因果句联

常见的有以下八种情况。

4.2.8.1　"肯定祈使 + 是非问"因果句联

（187）把老板娘叫出来！有这样对待老顾客的吗？（张廷竹《盛世危情》，《小说月报》
2005 年增刊）

（188）咱们先走吧，没看见爸爸正忙着呢吗？（CCL）

（189）快去罢，不怕人等得心焦么？（钱钟书《围城》）

（190）烧吧！打胜了还怕没有船吗？（CCL）

（191）你们都住嘴吧！不是你们围着闹，能出这种事吗？（周梅森《国家公诉》，《收获》
2003 年第 2 期）

（192）回去找你们的主子吧，回去找自己的主子，上天不是给我们都安排下了各自的主子吗？（阿来《尘埃落定》）

4.2.8.2　"否定祈使 + 是非问"因果句联

（193）别胡思乱想，现在不是也很好吗？（刘E、申志远、魏春桥《望着我的眼睛》，《剧作家》2005 年第 5 期）

（194）你不要从墙上那么恼怒地瞧着我，难道你就没有做过一件违心的事情？（张洁《漫长的路》）

（195）妈，不用哭啦！我不去还不行吗？（杨沫《青春之歌》）

（196）林先生，您千万别见外。将来我到北平去，不是一样要打扰您？（杨沫《青春之歌》）

（197）您不能出去。这个样子跑出去，岂不是自投罗网！（黄秋耘《丁香花下》，《读者》2002 年第 2 期）

（198）不要在阳光下看书，你不觉得眼睛被刺得很疼吗？（自拟）

4.2.8.3　"肯定祈使 + 特指问"因果句联

（199）请你尊重我的劳动！你怎么可以这样对待我的作品呢？（自拟）

（200）你声音轻一点，你在胡说些什么？（余华《许三观卖血记》）

（201）长久地凝望一片绿色吧，还有什么比她更美丽呢？（CCL）

（202）马上到清泉啊！我们管辖的干部么，怎么可以不介入呢？（张廷竹《盛世危情》，《小说月报》2005 年增刊）

（203）死吧！怎么能做支那人的俘虏哪？（穆时英《空闲少佐》）

4.2.8.4　"否定祈使 + 特指问"因果句联

（204）女孩子家，少管这些事罢！你又懂得些什么？（张爱玲《心经》）

（205）别叫我脸上发烧了吧，同志，我有什么根哪？（老舍《全家福》）

（206）少来这套！你以为你是谁呀？（刘E、申志远、魏春桥《望着我的眼睛》，《剧作家》2005 年第 5 期）

（207）别胡说！怎么是偷的？（钱钟书《围城》）

（208）不要发痴！哪有的事？（张爱玲《桂花蒸阿小悲秋》）

（209）别胡说！那些事提它干吗？（钱钟书《围城》）

4.2.8.5　"肯定祈使 + 正反问"因果句联

（210）闭嘴！你还有没有点人性？（毕淑敏《心灵游戏》，《新剧本》2005 年第 3 期）

（211）儿子你要坚强些，你是个男人你知道不知道？（王祥夫《榴莲榴莲》，《小说月报》
　　　　2004 年第 11 期）

4.2.8.6　"否定祈使 + 正反问"因果句联

（212）小和尚不要太骄傲，有没有看过以前吴健做的一个案例？（自拟）

（213）你别在这献媚了，是不是让棚户区的人"夸"了几句，就不知道自己有几两重了？
　　　　（自拟）

（214）别怕，我又不是外星人，是不是？（CCL）

4.2.8.7　"肯定祈使 + 选择问"因果句联

（215）你给老子闭嘴，到底你是头还是我是头啊？（自拟）

（216）住口！到底听你的还是听我的？（自拟）

（217）快住嘴快住嘴！听你的还是听赵本山的？（徐坤《沈阳啊沈阳》）

（218）继续拍！拍好了再去买！你是老子我是老子啊？（自拟）

（219）说话呀，你是聋子还是哑巴？（梁弓《迟到的火车》，《厦门文学》2006 年 6 月）

4.2.8.8　"否定祈使 + 选择问"因果句联

（220）不要吵了好不好，是听台上的还是听你们的？（黎汝清《海岛女民兵》）

（221）别这么严肃，这是在对病人还是在对犯人？（自拟）

（222）别多嘴，你说了算还是我说了算？（自拟）

4.2.9　"祈使 + 感叹"因果句联

"祈使 + 感叹"可因果句联，而且一般是先因后果。从祈使句和感叹句的类型看，有六种
情况。

4.2.9.1　"肯定祈使 + 积极感叹"因果句联

（223）快去，给姆妈磕个头！她还在眷顾着我哪！（周宛润《五妹妹的女儿房》，《小
　　　　说月报·原创版》2005 年第 2 期）

（224）记得带上 DV，很好玩的！（冬冬《两个人的三亚》，《女友》2005 年第 3 期校园版）

（225）许一个，很灵验的！（须一瓜《鸽子飞翔在眼睛深处》，《小说月报》2004 年第 11 期）

（226）快过来呀！这就是你娘，是你的亲娘呀！（李黎明《山桃》，《剧作家》2005 年第 2 期）

4.2.9.2 "肯定祈使 + 消极感叹"因果句联

（227）你爱惜点吧！这可真的是老价钱了！（周宛润《五妹妹的女儿房》，《小说月报·原创版》2005 年第 2 期）

（228）快放开，危险！（洪生《我就在你身旁》，《读者》2002 年第 3 期）

（229）请催一下邮差吧，他走路太慢。（《笔友飞鸿》，《儿童文学》2005 年第 10 期）

（230）小心点，太悬！（梁晓声《窗的话语》，《读者》2002 年第 10 期）

（231）要防一防……现在小偷太多啦！（须一瓜《鸽子飞翔在眼睛深处》，《小说月报》2004 年第 11 期）

4.2.9.3 "肯定祈使 + 中性感叹"因果句联

（232）你回家吧，这么晚了。（王祥夫《榴莲榴莲》，《小说月报》2004 年第 11 期）

（233）走吧，时候不早啦！（周克芹《许茂和他的女儿们》）

4.2.9.4 "否定祈使 + 积极感叹"因果句联

（234）查查你不要不高兴，看看你的女人是多么漂亮啊！（阿来《尘埃落定》）

（235）你就留在这村子不要走了吧！看，这海边的乡村多美！（杨沫《青春之歌》）

4.2.9.5 "否定祈使 + 消极感叹"因果句联

（236）别发这种毒誓，不吉利啊！（杨利民《铁人轶事》，《新剧本》2005 年第 4 期）

（237）可别让它再大了，这儿太冷啦！（张留留《天使到人间》，《儿童文学》2005 年第 9 期）

（238）你不要说了，这太可怕了。（毕淑敏《心灵游戏》，《新剧本》2005 年第 3 期）

（239）以后千万别这样了，多危险啊。（乔叶《有一种桥，永走不尽》，《读者》2002 年第 13 期）

4.2.9.6 "否定祈使 + 中性感叹"因果句联

（240）你们不要怨他恨他，他在外头也很不容易啊！（CCL）

（241）你可别瞎说，大刘真是一回也没说过你的坏话啊。（CCL）

（242）师母，不要着急，没有事的！（厦门大学语料库）

（243）王利发您甭看，准保都是靠得住的人！（厦门大学语料库）

（244）别笑，别笑，一摔下去，咱俩可成了两个不戴逍遥巾的小鬼啦！（厦门大学语料库）

4.2.10 "感叹＋陈述"因果句联

大体有六种情况。

4.2.10.1 "积极感叹＋肯定陈述"因果句联

（245）太好了，我请你喝饮料。（池莉《一去永不回》）

（246）大姐走了多好啊！五妹妹就可以有自己的房间了。（周宛润《五妹妹的女儿房》，《小说月报·原创版》2005年第2期）

（247）她是多么善良的女人哪！她毫无顾忌地把整个爱交给了他。（玛拉沁夫《茫茫的草原》）

（248）蜜蜂的品德多高尚啊！我敬佩它们。（自拟）

（249）这是一个多么坚强的女人啊！她是很多人自勉的榜样。（裴蓓《南方，爱你我说不出》，《小说月报·原创版》2005年第4期）

4.2.10.2 "积极感叹＋否定陈述"因果句联

（250）我真是喜欢你，一见你就不行了。（王祥夫《榴莲榴莲》，《小说月报》2004年第11期）

（251）多么美的天空啊！我不得不放慢了走路的速度来欣赏这如画的美景。（自拟）

4.2.10.3 "消极感叹＋肯定陈述"因果句联

（252）那么愚蠢的浪费！她哭了。（张爱玲《封锁》）

（253）太恐怖了！任何敏感一点的人都会反感的。（贝德罗斯·霍拉桑捷安《精美食品四道》，高兴译，《读者》2002年第13期）

4.2.10.4 "消极感叹＋否定陈述"因果句联

（254）当你站在强者一边的时候，又是多么凶狠啊！他们根本就不允许你解释。（白桦《淡出》）

（255）她受了这许多委屈！她不由得滚下泪来。（张爱玲《心经》）

（256）生命太短促了，没有时间既闹恋爱又搞艺术。（章红《锋刃上的舞蹈与阳光下的谜》，《读者》2002年第3期）

4.2.10.5 "中性感叹 + 肯定陈述"因果句联

（257）他都背到这篇啦！我得来跟他取经。（王璞《毕业合影》，《收获》2003 年第 2 期）

（258）我多么没良心！因为我要剥夺这位女人心爱的家。（CCL）

4.2.10.6 "中性感叹 + 否定陈述"因果句联

（259）这是多么不平常的一天！我们永远不会忘记这一天的。（自拟）

4.2.11 "感叹 + 疑问"因果句联

（260）冷死了！我们待会儿逛完清水寺，来吃碗热乎乎的拉面跟红豆汤吧？（张维中《交换礼物》，《女友》2005 年第 3 期）

例（260）是"感叹 + 是非问"句联表示说明因果，是先因后果。

（261）浪漫啊！老太婆和美国佬有没有擦出爱情火花？（须一瓜《鸽子飞翔在眼睛深处》，《小说月报》2004 年第 11 期）

（262）大家也觉得老爹那种做法也太绝了！咱们谁也备不住有到外地找人的时候对不对？（王小波《寻找无双》）

以上两例是"感叹 + 正反问"句联表示说明因果。前一例是先因后果，后一例是先果后因。

（263）如此神圣的莲花！谁人敢于亵玩呢？（张赫摇《拜谒莲花》）

（264）他对我们今后的生活还有那么多美好的憧憬啊，我又怎么忍心将它们打破呢？（王新军《俗世》，《小说月报》2004 年增刊）

（265）她的朋友多着呢！哪儿就会看上了我？（张爱玲《茉莉香片》）

以上三例是"感叹 + 特指问"句联表示说明因果，都是先因后果。

4.2.12 "感叹 + 祈使"因果句联

共有六种情况。

4.2.12.1 "积极感叹 + 肯定祈使"因果句联

（266）绝对够美够浪漫！所以，从这里开始情人节浪漫之旅吧。（冬冬《两个人的三亚》，《女友》2005 年第 3 期校园版）

（267）他多可爱啊！你看看他嘛！（向威《蜥蜴之死》，《儿童文学》2005 年第 9 期）

4.2.12.2 "积极感叹 + 否定祈使"因果句联

（268）今儿那地方可是好戏连台啊！别错过这大饱眼福的机会。（赵强《谁比谁傻》）

4.2.12.3 "消极感叹 + 肯定祈使"因果句联

（269）太不好喝了，倒了它吧！（曹禺《雷雨》）

（270）你算什么东西！不配脏了我的手！快走吧！（霍达《穆斯林的葬礼》）

4.2.12.4 "消极感叹 + 否定祈使"因果句联

（271）他们欺负人！你不要难过。（汪曾祺《寂寞和温暖》）

4.2.12.5 "中性感叹 + 肯定祈使"因果句联

（272）你们太累了！让我来念吧！（杨沫《青春之歌》）

4.2.12.6 "中性感叹 + 否定祈使"因果句联

（273）血又不是水！不可以。（白桦《淡出》）

4.3 "祈使 + 陈述"型因果复句

关于复句的语气，邢福义先生指出："如果把前后分句联系起来进行考察，那么就可以发现，一个复句不一定只有一种语气，有时，前分句可以是甲语气，后分句可以是乙语气。这表明，包含两个或多个分句的复句，跟单句比较起来，在语气上也存在差异。"[1]

4.3.1 语气组合

"祈使 + 陈述"型因果复句，指祈使前分句和陈述后分句组成的因果复句。祈使有肯定和否定之分，陈述也有肯定和否定之分，因此一个祈使前分句和一个陈述后分句组成的因果复句有四种情况：①肯定祈使 + 肯定陈述；②肯定祈使 + 否定陈述；③否定祈使 + 肯定陈述；④否定祈使 + 否定陈述。例如：

（274）请您原谅我的直率吧，因为我只能说出自己的心里话。（张炜《柏慧》）

---

[1] 邢福义：《汉语复句研究》，北京：商务印书馆 2001 年版，第 23 页。

（275）你俩都去租别人家的地吧，我地不够种了。（周立波《暴风骤雨》）

（276）不要再邮寄拐杖了，因为父亲身边有我。（得林《不要再邮寄拐杖》，《读者》
2002 年第 13 期）

（277）请不要打开果酱瓶，因为那里没有防腐剂。（温宪《津巴布韦产供销一条龙》，
《人民日报》1995.03.15）

"祈使 + 陈述"型因果复句里边的"祈使"部分可以不止一个分句，"陈述"部分也可以
不止一个分句。例如：

（278）你叫大嫂陪你去吧；因为我星期六有点事，不能够陪你去四姐那儿。（CCL）

（279）九泉之下的妈妈呀，您放心吧，您安息吧，因为我有了一位好妈妈。（冰心《意
外的收获》）

（280）不要浪费精力，要爱惜身体，"因为人民需要你"。（CCL）

（281）不要再写那些信和日记了，更不要在黑暗中边听音乐边胡思乱想了，因为你目前
所经历的不是爱，只是一个傻孩子对异性的过分关注。（余秋雨《霜冷长河·灯
下回信》）

例（278），"陈述"部分由一个肯定分句和一个否定分句组成，表示因果关系。例（279），
"祈使"部分由两个肯定分句组成，表示平列关系。例（280），"祈使"部分由一个否定分
句和一个肯定分句组成，表示对照关系。例（281），"祈使"部分由两个否定分句组成，表
示递进关系；"陈述"部分由一个否定分句和一个肯定分句组成，表示对照关系。

4.3.2　因和果的配置

因果复句由原因分句和结果分句组成，在语序上有两种：先因后果和先果后因。那么，"祈
使 + 陈述"型因果复句的因和果是怎样配置的？据考察发现，"祈使 + 陈述"型因果复句是先
果后因，也就是说，祈使前分句表示果，陈述后分句表示因。

4.3.2.1　祈使表果

祈使前分句表果，可以是肯定式，也可以是否定式。肯定祈使主要用来表示命令、请求、
劝告、敦促、商议、许可、提醒等，语表形式上句末有时用"吧"，句首用呼语或主语，有时
也用"请"。

否定祈使主要用来表示禁止、劝阻等，主要标志是用否定性词语"不要""别""不能"
等，句末一般不用"吧"，句首少用呼语或主语。

祈使前分句的谓语以自主性动词为主，祈使的内容一般表示动作行为、言语活动、心理活
动等。例如：

（282）滚一边去，这儿没你的事。（刘庆邦《少年的月夜》，《小说月报》2004 年第 12 期）

（283）不要这样说，因为人活着必要有一个最美的梦想。（CCL）

（284）你放宽心吧，那个市的市委书记是我的同学。（张廷竹《盛世危情》，《小说月报》
　　　2005 年增刊）

有时谓语也用形容词性词语，祈使的内容表示某种程度的性状。例如：

（285）菜肴口味不要太咸，因为过多地摄入盐分容易造成水液潴留而增加体重。（CCL）

（286）你声音轻一点，你不去喊叫就没有人会知道。（余华《许三观卖血记》）

值得注意的是，由于祈使是"以言行事"，因此祈使可以直白，也可以转述。直白祈使的
对话双方是默认的，往往省略，但有时为了表明祈使行为及其发出者和对象，也用完整句。例如：

（287）我劝你还是莫要降魔的好，因为你绝不是我的对手！（CCL）

（288）我希望你不要焦躁，因为任何事都会好起来的。（CCL）

转述祈使，一般要表明祈使行为及其发出者和对象，要求用完整句，而且语气转化成了陈
述。例如：

（289）小阮到这儿来请求我们不要处分他，因为他精神不正常不能控制自己的行为。（王
　　　朔《痴人》）

（290）警方重点吁请吸烟者不要乱扔烟头，因为每年的火警中有 30％以上是由未熄灭的
　　　烟头引起的。（CCL）

（291）佐佐木敦子劝他不要抽烟，因为抽烟有害健康。（CCL）

4.3.2.2　陈述表因

比较：

快睡吧，天已经不早了。

快睡吧，睡觉可以养神。

这两例的前分句都是敦促"快睡吧"，后分句都表示原因，前一例的原因是"天已经不早了"，
后一例的原因是"睡觉可以养神"。在事态的相继性上应该是"天已经不早了"→"睡"→"养
神"。前一例使用祈使动作的前提作原因，可称为"前提式"；后一例用祈使内容动作的结果
作原因，可称为"结果式"。

4.3.2.2.1　前提式

前提式主要使用下面几种句式：

第一，直陈式。直陈句表示已然、将然、固然的事实或者目前的状况，用来表明祈使的原

因。例如：

（292）走吧，饭都打好了。（周克芹《许茂和他的女儿们》）

（293）我们回去吧，电视剧要开始了。（周宛润《五妹妹的女儿房》，《小说月报·原创版》2005年第2期）

（294）把隐藏其中最崇高的精神因素写出来吧，因为最崇高的东西往往隐藏在自然界最偏远最微末的地方。（CCL）

（295）你可不要蒙我们，我爸爸就在金港工作。（张廷竹《盛世危情》，《小说月报》2005年增刊）

第二，判断式。判断句表示事物的特征或性状，用来表明祈使的原因。例如：

（296）不要怪他，因为他是直肠子。（CCL）

（297）不要自认倒霉而匆匆放弃，因为你的票据并不是废纸一张。（CCL）

（298）你说吧，我有思想准备。（戴来《一、二、一》，《人民文学》1999年第5期）

（299）你别急，又没有什么大的事情。（范小青《女同志》，《小说月报·原创版》2005年第3期）

（300）调到金港来吧，金港的好单位不少呢。（张廷竹《盛世危情》，《小说月报》2005年增刊）

（301）不要购买三家咖啡馆销售的咖啡，因为他们的咖啡不合格。（CCL）

第三，能愿式。能愿句表示可能或意愿，用来表明祈使的原因。

（302）永远不要从你的通讯录中删除人名或地址，很可能你什么时候就会再需要他们。（《收发E-mail十准则》，《读者》2002年第9期）

（303）小刘老师，你放开讲，你能镇得住场子。（王新军《俗世》，《小说月报》2004年增刊）

（304）不要让别人注意到，因为现在连自己都不能接受自己。（CCL）

（305）别害怕，我不会干坏事。（申赋渔、刘辉《二月兰63年传奇》，《读者》2002年第14期）

4.3.2.2.2　结果式

看下例：

要谦虚，因为谦虚使人进步。

要谦虚，因为骄傲使人落后。

上例，前分句都是肯定祈使，后分句都是用结果作因，前一例是顺祈使的结果作原因，后一例是逆祈使的结果作原因。再看下例：

不要骄傲，因为骄傲使人落后。

不要骄傲，因为谦虚使人进步。

上例，前分句都是否定祈使，后分句也是用结果作因，前一例是逆祈使的结果作原因，后一例是顺祈使的结果作原因。结果式常常使用下面几种句式：

第一，致使式。往往用致使句说明逆祈使带来的结果。例如：

（306）不要把我当作别人的榜样，因为那样使我难堪。（CCL）

（307）陶妮，你别这样，你这样会吓着孩子的。（顾伟丽《香樟树》）

（308）不要太显眼，因为那样会引人攻击。（佚名《美军作战守则》，《读者》2003 年
第 23 期）

第二，判断式。用判断句说明顺祈使或逆祈使带来的结果。例如：

（309）心疼别人吧，因为那就是心疼你自己。（魏不不《很久不心疼》，《读者》2002
年第 13 期）

（310）不要解释下面怎么做，因为解释怎么做常常是和程序本身重复的，并且对于阅读
者理解程序没有什么帮助。（CCL）

第三，假设式。用假设句说明顺祈使或逆祈使带来的结果。例如：

（311）你母亲看见你穿着新衣裳，会很高兴。（刘照如《风中的沙粒》，《读者》2003
年第 20 期）

（312）快睡吧，睡着了就不饿了。（余华《许三观卖血记》）

上两例的陈述部分是顺祈使的假设句。

（313）不要睡觉，因为睡了会醒。（CCL）

（314）不要进入意义联想，因为一旦进入了"意阅"，便很容易把个别与原稿不同的铅字，
放任过去。（CCL）

（315）不要大发牢骚，因为牢骚发得太多了，不是对我有什么不好，而是会影响你的身体。
（CCL）

上三例的陈述部分是逆祈使的假设句。有时，假设句只说假设的结果。例如：

（316）把东西放下，丢不了。（老舍《龙须沟》）

例（316）的意思是：把东西放下，因为放下丢不了。

第四，条件式。往往用条件句说明顺祈使带来的结果，表明祈使的必要性。例如：

（317）你要学会先人后己、多想别人，因为这样才显示出你是个"好"人。（CCL）

（318）不要忘记战争和暴行，因为只有记住这些罪行，才能避免犯新的错误。（CCL）

说话人总是认为自己做出的祈使是合情合理的、适宜的，肯定祈使的内容是听话人应该接受并做出积极反应的，否定祈使的内容是听话人应该避免的。因此，不管前分句是肯定祈使还是否定祈使，顺祈使的结果是积极有益的，而逆祈使的结果是消极无益的。有时，结果式同时使用顺祈使和逆祈使，从正反两方面佐证祈使。例如：

（319）骑自行车的同志，请"往外侧骑"，因为"靠边儿"给人的感觉是轰他，"往外"使人感觉是请他。（CCL）

4.3.3　关联手段

复句的关联手段主要有三种：语序、词语、句式。"祈使+陈述"型因果复句使用了哪些关联手段呢？

语序在复句中主要体现为句序，也就是分句在复句中所占据的前后位置。语序是"祈使+陈述"型因果复句的基本关联手段。祈使分句在前，陈述分句在后，先果后因。

词语，包括一般关系词语和其他词语。在"祈使+陈述"型因果复句中，常用的一般关系词语是标示原因的"因为"，不用"由于"，而且表果分句不用"之所以"。

其他词语，包括复用词语、指代词语、义场词语等。这些词语也是"祈使+陈述"型因果复句常用的关联手段。例如：

（320）我陪您到山上转转吧，山上的空气特别新鲜。（张廷竹《盛世危情》，《小说月报》2005年增刊）

（321）把这钱拿去吧，它是你应得的！（《施舍》，黎宇译，《读者》2002年第24期）

（322）让你弟弟先来吧，他是弟弟。（澜涛《舍弃》，《读者》2002年第10期）

（323）那你还是叫我小姐吧，我已经不是好女孩了。（凡一平、陈引驰、梁永安《博士彰文联的道德情操》，《小说月报·原创版》2005年第2期）

例（320），"山上"复用；例（321），"它"指代"钱"；例（322），"弟弟"复用，"他"指代"你弟弟"；例（323），"我"复用，"小姐"和"女孩"是义场词语。有时，既用一般关系词语，也用其他词语。例如：

（324）不要电烫，因为我想电烫终是太贵了点。（CCL）

（325）不要盲目地跑到某一房子，因为它可能是空的。（CCL）

（326）不要不愉快，因为忧愁从来没有用处。（张炜《柏慧》）

上三例都用了一般关系词语"因为"。例（324），"电烫"复用；例（325），"它"指代"某一房子"；例（326），"愉快"和"忧愁"是义场词语。

句式，一般指某些修辞格形成的句式，比如排比式、对偶式、顶针式、回环式、反复式、对照式等。这种关联手段在"祈使＋陈述"型因果复句中不怎么使用。

除了上述关联手段，"祈使＋陈述"型因果复句还有没有其他的关联手段？我们认为，语气也是一种重要的关联手段。"祈使＋陈述"型因果复句使用了两种语气，这两种语气各司其能，那就是"祈使"表果，"陈述"表因，而没有相反的情况。即使"祈使"和"陈述"的语序倒过来，也不能改变两种语气的功能，"祈使"依然表果，"陈述"依然表因。也就是说，只要是祈使语气和陈述语气组成的因果复句，不管祈使语气和陈述语气的语序如何，祈使语气总表果，陈述语气总表因。

可见，"陈述""疑问""祈使""感叹"四种基本语气在小句联结中具有一定的关联作用。比如，"陈述＋陈述"在并列类、因果类、转折类三大类联结关系中有广泛的分布，而"疑问＋陈述"往往表示问答关系。肯定语气和否定语气在小句联结中也有关联作用。拿"是"字句来说，肯定"是"字句联结几乎能表示各种联结关系，尤其是并列类关系，肯定"是"字句和否定"是"字句联结常用来表示对照关系，否定"是"字句联结常用来表示平列关系。再比如，"肯定祈使＋陈述"型因果复句往往不用关系词语配标，而"否定祈使＋陈述"型因果复句常常使用关系词语配标。

4.3.4　与相关句式的比较

4.3.4.1　与"陈述＋祈使"型因果复句的比较

比较：

睡吧，不早了。

不早了，睡吧。

前一个句子是"祈使＋陈述"型因果复句，后一个句子是"陈述＋祈使"型因果复句。这两句都包含祈使语气和陈述语气，都表示因果关系。两者也有一些差异。

第一，句序不同，因和果的位置不同。前者是祈使分句在前，陈述分句在后，先果后因；后者是陈述分句在前，祈使分句在后，先因后果。

第二，句末语气不同。前者陈述分句在后，句末语气是陈述语气。后者祈使分句在后，句末语气是祈使语气。

第三，关系配标有差异。"祈使＋陈述"型因果复句里的祈使前分句不用"之所以"标示结果，因为"之所以"不适用祈使语气；陈述后分句可用"因为"标示原因。"陈述＋祈使"型因果复句里的陈述前分句可用"因为"标示原因，"祈使"后分句可用"所以"标示结果。例如：

（327）而在大陆，许多人到30岁才真正开始自己的工作，所以不要因为缺乏一些东西而自卑。（CCL）

（328）因为是调侃，所以别当真。（http://blog.sina.com.cn/s/blog_3d7c069b01000814.html）

第四，两种复句中的陈述分句的类型有所不同，前者的陈述分句可以是前提式、结果式，后者的陈述分句往往是前提式。

上述差异说明，前者是凸显祈使，侧重解释，为了说明祈使的适宜性，用陈述来解释。后者是侧重因果的顺承性，在陈述的基础上引发、导出祈使。

4.3.4.2　与"祈使+否则+陈述"的比较

"祈使+陈述"型因果复句和"祈使+否则+陈述"型复句都是由祈使语气和陈述语气组合而成的，两种句式里边的陈述都有论证祈使的作用，因此，两种句式有时可以相互变换。有的"祈使+陈述"型复句可添加"因为"，也可添加"否则"，比较：

（329）a. 他不能马上痛痛快快地告诉大家实话，那会引起全家的不安，或者还会使老人们因关切而闹点病。（老舍《四世同堂》）

　　　　b. 他不能马上痛痛快快地告诉大家实话，因为那会引起全家的不安，或者还会使老人们因关切而闹点病。

　　　　c. 他不能马上痛痛快快地告诉大家实话，否则那会引起全家的不安，或者还会使老人们因关切而闹点病。

有的"祈使+因为+陈述"型因果复句里的"因为"可以换成"否则"，例如：

（330）a. 我们把它们赶走吧，因为它们会把嘴里叼的种子吐到地上。（冰心《石榴女王》）

　　　　b. 我们把它们赶走吧，否则它们会把嘴里叼的种子吐到地上。

有的"祈使+否则+陈述"复句里的"否则"可以换成"因为"，例如：

（331）a. 你们快走吧，不然（否则）我冷静下来会后悔的。（谈歌《天下荒年》）

　　　　b. 你们快走吧，因为我冷静下来会后悔的。

经考察发现，"祈使+否则+陈述"型复句里的"否则"几乎都能换成"因为"，但是"祈使+陈述"型因果复句要变换成"否则"句式，受条件限制：陈述必须是逆祈使的结果式，而且不能出现"如果不"之类的说法。比较：

（332）a. 你应该首先杀掉这个病毒，因为如果不这样你杀掉的其他病毒会被它复活。（自拟）

　　b.你应该首先杀掉这个病毒，否则你杀掉的其他病毒会被它复活。

　　另外，"祈使+陈述"型因果复句表示的是因果关系，里边的陈述是用来解释祈使的缘由的，"祈使+否则+陈述"型复句表示的是假言逆转关系，里边的陈述是用来表明逆祈求的结果的，是反证祈使。

4.4　本章小结

　　因果句联的句类配置能力比较强，有单纯句类配置和复合句类配置。从同类语气配置来看，因果句联能形成"陈述+陈述""疑问+疑问""祈使+祈使""感叹+感叹"四种句类配置。从异类语气配置来看，因果句联能形成十二种不同的句类配置，包括"陈述+疑问""陈述+祈使""陈述+感叹""疑问+陈述""疑问+祈使""疑问+感叹""祈使+陈述""祈使+疑问""祈使+感叹""感叹+陈述""感叹+疑问""感叹+祈使"。

　　句子都有语气，单句有语气，复句也不例外。单句的语气一般分为四种：陈述、疑问、祈使、感叹。复句的语气一般根据句末语气来划分，也分四种：陈述、疑问、祈使、感叹。这样划分是否符合语言事实呢？

　　首先，单句的语气也有复杂的一面。比如"你能不能帮我个忙？"是个疑问句，但也有祈使的语气，"你猜这件衣服多少钱？"也兼有祈使和疑问两种语气。再比如"你怎么就喜欢上她了？！"兼有疑问语气和感叹语气，而"有什么办法吗？"则是特指性是非问。

　　我们认为，句子从语气数量上来说，可分单纯语气句和复合语气句。只有一种语气的句子是单纯语气句，具有两种或两种以上语气的句子是复合语气句。单纯语气句包括单纯语气单句和单纯语气复句（同质语气复句），复合语气句包括复合语气单句（兼容语气单句）和复合语气复句（异质或兼容语气复句）。

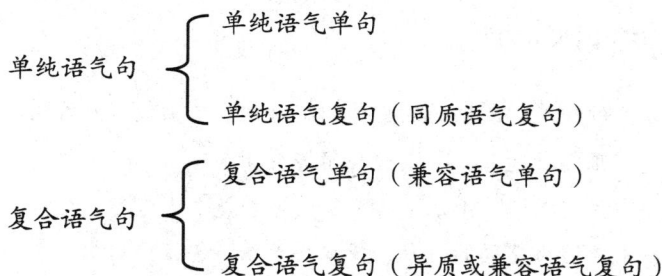

単纯语气句 {
　单纯语气单句
　单纯语气复句（同质语气复句）
}

复合语气句 {
　复合语气单句（兼容语气单句）
　复合语气复句（异质或兼容语气复句）
}

图 4-1：语气句的类型

第五章　因果句联的句型配置

　　因果句联的句型配置，包括因果复句的句型配置和因果句群的句型配置。小句的句型一般分两类七种，主谓句包括动词性谓语句、形容词性谓语句、名词性谓语句和主谓谓语句，非主谓句包括动词性非主谓句、形容词性非主谓句和名词性非主谓句。这7种句型两两联结，总共可形成49种句型联结。

5.1　"主谓句 + 主谓句"型因果句联

　　因果关系大体有十五种主谓句配置。

5.1.1　"动谓句 + 动谓句"因果句联

（1）因为李教授打听出素素的父亲差不多快把一份家产花完，所以他也失望了。（茅盾《子夜》）

（2）扣子在小镇里很有名气，因为小镇上每户人家都吃过扣子做的豆腐。（石钟山《一唱三叹·中国爱情》，《小说月报》2005年第9期）

5.1.2　"动谓句 + 形谓句"因果句联

（3）正因为他们是垂死以前的挣扎，所以必然更加凶狠毒辣。（曲波《林海雪原》）

（4）因为在幼年受了伤，很难健壮起来。（老舍《骆驼祥子》）

（5）我偏爱黑色的沙漠，因为它雄壮。（三毛《哭泣的骆驼》）

（6）他们要跑两里路去挑水，因为这里的溪水、塘水全干了。（丁玲《松子》）

5.1.3　"动谓句 + 名谓句"因果句联

（7）彩姐其实是不必退休回乡的，才六十多一点。（梁凤仪《风云变》）

（8）成家的男人中只有她小弟勉强不算只沙猪，因为他今年才五岁。（CCL）

（9）明天我们不用上课，因为明天星期六。（自拟）

5.1.4 "动谓句 + 主谓谓语句" 因果句联

（10）那几年，雨水很足，庄稼长势也很好。（白金龙《做贼的动机》，《读者》2005年第19期）

（11）我能感觉到她有什么事在瞒我，因为她眼神游移。（李洱《狗熊》，《小说月报》2005年第9期）

（12）我相信我们的战士，他们浑身是胆。（曲波《林海雪原》）

5.1.5 "形谓句 + 形谓句" 因果句联

（13）由于深，所以湖水并不浑浊。（张承志《黑骏马》）

（14）我们冷得睡不着，床太硬了，被太薄了。（巴金《奴隶的心》）

5.1.6 "形谓句 + 动谓句" 因果句联

（15）因为他的攀登武艺高强，所以人们都管他叫"猴登"。（曲波《林海雪原》）

（16）因为我的箱子和书刊都很重，我们走得很慢。（三毛《撒哈拉的故事》）

（17）我很得意，因为我是一个奴隶所有主。（巴金《奴隶的心》）

5.1.7 "形谓句 + 名谓句" 因果句联

（18）桑树坪村子小，能下地干活的就那么几十口。（朱晓平《桑树坪纪事》）

（19）孩子们很兴奋，因为明天"六一"儿童节。（自拟）

5.1.8 "形谓句 + 主谓谓语句" 因果句联

（20）因为高兴，胆子也就大起来。（老舍《骆驼祥子》）

（21）舅舅家很穷，他们家什么菜都放虾油。（自拟）

（22）这年头做太太也不容易，家里琐事多。（亦舒《我的前半生》）

5.1.9 "名谓句 + 动谓句"因果句联

（23）我快六十岁了，见过的事多了去啦。（老舍《骆驼祥子》）

（24）祖父已经七十多岁，不能再去出力挣钱。（老舍《四世同堂》）

（25）你也快五十了，你哪里还有戏？（方方《中北路空无一人》，《小说月报》2005 年
　　　第 7 期）

5.1.10 "名谓句 + 形谓句"因果句联

（26）学生们因为高三了，所以都特别忙。（自拟）

5.1.11 "名谓句 + 主谓谓语句"因果句联

（27）明天元旦，今晚大家情绪高昂。（自拟）

5.1.12 "主谓谓语句 + 主谓谓语句"因果句联

（28）小崔神足，所以话也直爽。（老舍《"火"车》）

（29）心里松懈，身态与神气便吊儿郎当。（老舍《骆驼祥子》）

5.1.13 "主谓谓语句 + 动谓句"因果句联

（30）我因为足力不济，没有到。（孙汝建《现代汉语》）

（31）屋里空气沉闷得难受，我就跑到对门小彤姐姐家去。（冰心《记一件最难忘的事情》）

（32）四小姐脸红了，而因为这男子就是范博文。（茅盾《子夜》）

5.1.14 "主谓谓语句 + 形谓句"因果句联

（33）荷西平时话很多，烦人得很。（三毛《撒哈拉的故事》）

（34）29 军的军歌"大刀向鬼子们的头上砍去"，我们至今还在唱，因为真的很豪壮。
　　　（金一南《中国近代史之细节》，《特别关注》2005 年第 10 期）

5.1.15　"主谓谓语句 + 名谓句" 因果句联

（35）她心情特好，因为明天情人节。（自拟）

5.2　"非主谓句 + 非主谓句" 型因果句联

因果关系大体有五种非主谓句句联句型。

5.2.1　"动非主谓句 + 动非主谓句" 因果句联

（36）怕晚，所以来得早。（毕淑敏《赶考的女人》）

（37）嗨，又不要您自己掏钱，管它呢！（陆天明《大雪无痕》）

（38）摔得惨不忍睹，哪里体会得到飞翔的快乐，更不愿多说一句。（网络小说《悬在春天路口的爱情秋千》）

（39）没有做过，是因为不曾去做。（高晓声《陈奂生上城》）

（40）忽然像是要下雨，有雷声。（王蒙《失去又找到了的月光园故事》）

5.2.2　"动非主谓句 + 形非主谓句" 因果句联

（41）干吗呀，大冷天的！（陆天明《大雪无痕》）

5.2.3　"动非主谓句 + 名非主谓句" 因果句联

（42）为什么要烧掉？多么美丽的花啊！（毕淑敏《冰雪花卉》）

（43）算了吧！他小孩子！（曹禺、宋之的《黑字二十八》）

5.2.4　"形非主谓句 + 动非主谓句" 因果句联

（44）就因为太贫困了，才会有这些不和。（王安忆《本次列车终点》）

（45）实在太苦，再也熬不过任何一天。（余秋雨《借我一生》）

（46）烫！等下喝。（自拟）

5.2.5　"名非主谓句+动非主谓句"因果句联

（47）模范儿女哇！敬礼！（曹禺、宋之的《黑字二十八》）

（48）这样大热天，真对不住！（钱钟书《围城》）

（49）多雨的夏季，冷得发抖。（王蒙《凝思》）

5.3　"主谓句+非主谓句"型因果句联

因果关系大致有六种"主谓句+非主谓句"句联句型。

5.3.1　"动谓句+动非主谓句"因果句联

（50）你知道我怎么能囚禁介凡禅师吗？就是因为他的帮助啊！（云水间《紫瞳》）

（51）为了隐蔽、突然、迅速地抵达目标，尼坦雅胡和他的士兵们乘坐的"大力士"运输机紧贴着"空中公共汽车"飞行，这样，在这个国家的雷达上就只显示出一架大型客机的反射脉冲。（刘亚洲《攻击，攻击，再攻击》）

（52）人生需要记忆的太多了，不如淡忘，不如放手，不如不问，不如入定。（董晓磊《我不是聪明女生》终结版）

（53）后悔是一种耗费精神的情绪。后悔是比损失更大的损失，比错误更大的错误。所以，不要后悔。（希网《经典的话》，《读者俱乐部》2004年第6期）

5.3.2　"动谓句+名非主谓句"因果句联

（54）天还没有亮，黑漆漆的一片。（周洁茹《到南京去》）

（55）吴副县长赶紧走，急事。（杨少衡《该你的时候》，《人民文学》2005年第5期）

（56）蛋糕一定坏了，这么热的天。（青木月《爱的小沙砾》，《青年文摘》2004年第14期）

（57）女人的眼睛张大了，放光了，满脸喷出了红色。银元！（杨争光《赌徒》）

5.3.3　"形谓句+动非主谓句"因果句联

（58）共产党好，如今没有强盗没有小偷，没有赌场没有烟铺。（陆文夫《美食家》）

5.3.4　"名谓句 + 动非主谓句"因果句联

（59）各人头上一方天，没有必要强求小孩干什么。（张永胜《与女儿一起成长》，《读者》2005 年第 1 期）

5.3.5　"主谓谓语句 + 动非主谓句"因果句联

（60）此人性情乖张，很难跟他共事。（安汝磐、赵玉玲《新编汉语形容词词典》）

（61）大人们一个个都哭丧着脸，没劲！（自拟）

5.3.6　"主谓谓语句 + 形非主谓句"因果句联

（62）我这儿失风了！快——（谭力《女子特警队》）

5.4　"非主谓句 + 主谓句"型因果句联

因果句联大致有九种"非主谓句 + 主谓句"句型配置。

5.4.1　"动非主谓句 + 动谓句"因果句联

（63）多亏了我从中说和，你们俩才不打对仗，彼此都得了好处。（老舍《春华秋实》）

（64）没有一点声音，没有一片人影，大神不得不站起来，茫然四顾。（靳以《神的灭亡》）

（65）放假了，离春节还有好几天，当警察的二叔便把我拉到公安局去见习。（CCL）

（66）快要进站了，您赶快和那老头上车去吧！（路遥《匆匆过客》）

上四例是由因导果。下三例是由果溯因：

（67）快跑呀，水顺脚涨上来了！（贾平凹《浮躁》）

（68）来得及。那里有茶馆，有饭馆，渴了饿了，都有地方休息。（张恨水《啼笑因缘》）

（69）算我赔本儿，谁让这身儿衣裳您穿着这么合适呢？（史铁生《往事》）

5.4.2　"动非主谓句 + 形谓句"因果句联

（70）他终于培育出理想的品种，可是没有人肯买，因为成本较高。（CCL）

（71）似乎没有人把私房钱拿出来讨论，因为它有点暧昧。（CCL）

（72）有了水，有了树荫，我们自然轻松起来，开始聊天。（曾颖《不要和农民聊矿难》，
　　　　《读者》2005 年第 2 期）

（73）怕什么？他经见的世面多了！（路遥《平凡的世界》）

5.4.3　"动非主谓句 + 名谓句"因果句联

（74）恭喜你！你第一名！（自拟）

（75）发洪水了，田里一片汪洋！（自拟）

5.4.4　"动非主谓句 + 主谓谓语句"因果句联

（76）那时没有天气预报，水上人家生命毫无保障。（张宝锵、金挥宇《霍英东的创业生涯》）

（77）没关系，我洗洗就行。（余泽民《狗娘》，《小说月报》2005 年第 8 期）

（78）没办法，我妈妈身体不好。（泽津《千万里，爱的呼唤》，《读者》2005 年第 3 期）

5.4.5　"形非主谓句 + 动谓句"因果句联

（79）因为太突然，太出人意料，吉佳猛一激灵，仿佛被突然泼了冷水。（孙惠芬《天河
　　　　洗浴》，《小说月报》2005 年第 8 期）

（80）太晚了，我该走了。（安顿《欲望碎片》）

（81）热极了，闷极了，这里真是再也不能住的。（曹禺《雷雨》）

（82）坚强点！你们又不是小姑娘！（雪克《战斗的青春》）

5.4.6　"形非主谓句 + 名谓句"因果句联

（83）困难啊！他们家就这点儿家当。（自拟）

（84）太开心啦！今天星期五啦！（BCC）

5.4.7　"形非主谓句 + 主谓谓语句"因果句联

（85）好，这事你们两个就先去办。（BCC）

（86）真不容易，你们这可真难找哇。（王朔《人莫予毒》）

（87）真可惜，这么好的演出，我只能在香港看到。（邓友梅《新台币、云门舞集和韩

舞麟》）

（88）烦死了，伯伯！这话你不知说过多少次了？！（贾平凹《浮躁》）

5.4.8　"名非主谓句 + 动谓句"因果句联

（89）这么大的生产能力，销售自然是大问题。（CCL）

（90）大热的天，什么营生也做得烦了。（滕锦平《西线集锦》）

5.4.9　"名非主谓句 + 主谓谓语句"因果句联

（91）好字好字，金狗你这记者是当定了！（自拟）

5.5　本章小结

"主谓句 + 主谓句"因果句联共有十五种句型配置，包括："动谓句 + 动谓句""动谓句 + 形谓句""动谓句 + 名谓句""动谓句 + 主谓谓语句""形谓句 + 形谓句""形谓句 + 动谓句""形谓句 + 名谓句""形谓句 + 主谓谓语句""名谓句 + 动谓句""名谓句 + 形谓句""名谓句 + 主谓谓语句""主谓谓语句 + 主谓谓语句""主谓谓语句 + 动谓句""主谓谓语句 + 形谓句""主谓谓语句 + 名谓句"。

"非主谓句 + 非主谓句"因果句联共有五种句型配置，包括"动非主谓句 + 动非主谓句""动非主谓句 + 形非主谓句""动非主谓句 + 名非主谓句""形非主谓句 + 动非主谓句""名非主谓句 + 动非主谓句"。

"主谓句 + 非主谓句"因果句联共有六种句型配置，包括"动谓句 + 动非主谓句""动谓句 + 名非主谓句""形谓句 + 动非主谓句""名谓句 + 动非主谓句""主谓谓语句 + 动非主谓句""主谓谓语句 + 形非主谓句"。

"非主谓句 + 主谓句"因果句联共有九种句型配置，包括"动非主谓句 + 动谓句""动非主谓句 + 形谓句""动非主谓句 + 名谓句""动非主谓句 + 主谓谓语句""形非主谓句 + 动谓句""形非主谓句 + 名谓句""形非主谓句 + 主谓谓语句""名非主谓句 + 动谓句""名非主谓句 + 主谓谓语句"。

第六章　因果复句的关联标记模式

本章考察因果复句的关联标记模式。因果复句分为因果式复句和果因式复句，它们的关联标记模式，都是由因标和果标配合使用而构成的。其中，因果式复句和果因式复句的因标和果标，有同有异，因果式复句和果因式复句的关联标记模式则有所不同。

6.1　因果复句关联标记类型

因果复句关联标记，包括因标和果标，它们在语法实体上又有不同的类型。

6.1.1　因果复句的因标类型

因标，即标志原因分句的标记，包括连词因标、副词因标、动词因标、形容词因标和超词形式因标。

6.1.1.1　连词因标

连词因标，是能标记原因分句的句间连词，主要有："因、因为、由于、为了、鉴于、唯其、加上、加之、再说、再者、再则"。

6.1.1.2　副词因标

副词因标，是能标记原因分句的副词，主要是关联副词和情态副词。关联副词主要是"借故"，情态副词主要有："敢情、原来、毕竟、到底、究竟、终归、终究、总归、归齐、可（是）、只是、好在、幸好、幸而、幸亏、幸喜"。

6.1.1.3　动词因标

动词因标，是指能标示原因分句的动词，主要有四种：一是基源类动词，包括"出于、基于、在于"等；二是凭依类动词，包括"靠（着）、凭着、仗着、借助于、利用"等；三是认知心理类动词，包括"看、考虑到、怕、唯恐"等；四是亏怪类，包括"亏得、多亏、有幸、只／就怪"等。

6.1.1.4　形容词因标

形容词因标，是指能标示原因分句的形容词，主要是"可惜"。

6.1.1.5　超词形式因标

超词形式因标，是指能标示原因分句的超词形式，主要有："就／正是因为／因／由于／在于、这么一、只／就怪、怪只／就怪、（其）原因／理由是／在于／有、是／有……的缘故／原因／理由／结果／作用／考虑／产物、有 X 个原因、究其原因、只可惜、可惜的是、架不住、怎奈何、无奈何、借助于、再加上、再者说、闹了半天、弄了半天、主要是、归因于、归之于、归功于、得力于、归咎于、决定于、主要是、和／跟／与……有关／有关系／不无关系／有联系／相关联／分不开、离不开、是（由）……（所）引起／造成／决定／促成（的）／所致、（是）……起作用（的）、以……为基础／依据、基础／关键是／为／在于、靠的是……、一个（重要）因素是……、……是一个（重要）因素、重要的一点／条是……、……是重要的一点／条、出发点是……、……是出发点、受……的影响"。

6.1.2　因果复句的果标类型

因果复句的果标，标记结果分句，包括连词果标、副词果标、动词果标、超词形式果标。

6.1.2.1　连词果标

连词果标，是由连词充当结果标记，主要有："所以、之所以、其所以、因此、因而、于是、于是乎、从而、故而、故、为此、由此、结果、以致、以至、以致于、以至于、则、而"。

6.1.2.2　副词果标

副词果标，即由副词充当的果标，包括关联副词果标和情态副词果标。关联副词果标主要有："就、便、才"。情态副词果标主要有："只好、难怪、怪道、无怪、怪不得、怨不得、无怪乎、可、终于、总算、不免、未免、难免、势必、必然"。

6.1.2.3　动词果标

动词果标，是由动词充当结果分句的标记，包括情态动词和致使动词。情态动词主要有："只得、不得不、只能"；致使动词主要有："使、使得、致、致使、导致、造成、引起、引发、免不了"。

6.1.2.4　超词形式果标

超词形式果标，即由超词形式标记结果分句，主要有："其所以说（呢）、因此说、这

（样／么）一来、如此一来、（其）结果是、这就是为什么……（的原因／缘故）"。

表 6-1：因标和果标的类型

		因标	果标
连词		因、因为、由于、为了、鉴于、唯其、惟其、加上、加之、再说、再者、再则	所以、之所以、其所以、因此、因而、于是、于是乎、从而、故而、故、为此、由此、结果、以致、以至、以致于、以至于、则、而
副词	关联	借故	就、便、才
	情态	敢情、原来、毕竟、到底、究竟、终归、终究、总归、归齐、可（是）、只是、好在、幸好、幸而、幸亏、幸喜	只好、难怪、怪道、无怪、怪不得、怨不得、无怪乎、可、终于、总算、不免、未免、难免、势必、必然
动词	情态		只得、不得不、只能
	致使		使、使得、致、致使、导致、造成、引起、引发、免不了
	基源	出于、基于、源于、源自、起于、在于、赖于、来自、碍于、迫于、囿于	
	凭依	靠（着）、凭着、凭借、仗着、借助	
	认知心理	想、怕、生怕、担心、唯恐、看、考虑到	
	亏怪	亏、亏得、多亏、有幸、怪	
形容词		可惜	
超词形式		就／正是因为／因／由于／在于、这么一、只／就怪、怪只／就怪、（其）原因／理由是／在于／有、是／有……的缘故／原因／理由／结果／作用／考虑／产物、有 X 个原因、究其原因、只可惜、可惜的是、架不住、怎奈何、无奈何、借助于、再加上、再者说、闹了半天、弄了半天、主要是、归因于、归之于、归功于、得力于、归咎于、决定于、主要是、和／跟／与……有关／有关系／不无关系／有联系／相关联、分不开、离不开、是（由）……（所）引起／造成／决定／促成（的）／所致、（是）……起作用（的）、以……为基础／依据、基础／关键是／为／在于、靠的是……、一个（重要）因素是……、……是一个（重要）因素、重要的一点／条是……、……是重要的一点／条、出发点是……、……是出发点、受……的影响	所以说（呢）、因此说、这（样／么）一来、如此一来、（其）结果是、这就是为什么……（的原因／缘故）

6.2　因果式复句的关联标记模式

因果式复句的关联标记模式有三种：因标、果标、因果标。

6.2.1　因果式复句的因标

因果式的因标，可以是单因标或复因标。

6.2.1.1　因果式的单因标

因果式复句，可以只在原因分句使用单因标，包括连词单因标、副词单因标、动词单因标、形容词单因标、超词形式单因标。

6.2.1.1.1　因果式的连词单因标

有的因果式复句，只用连词因标，例如：

（1）【因】男方拿不出彩礼来，拖了三年不能结婚。（CCL）

（2）【鉴于】当时北京高手云集，顾水如有志要去北京与各大名手切磋棋艺。（CCL）

（3）【唯其】稀少，弥足珍贵。（CCL）

（4）这下陵也没有人修了，【加上】当时项羽、刘邦也都接着"闹革命"，秦国一号大工程被迫下马。（CCL）

（5）这类书一般都没有多少学术性价值，以烹调、旅行、普通画册占多数，【再者】所降也无几，往往拥挤半天，毫无所获。（CCL）

（6）首先计算GLCM很耗时，【再者】需要提取14个纹理特征，其所需时间可想而知。（CCL）

6.2.1.1.2　因果式的副词单因标

有的因果式复句，只用副词因标。有的是使用关联副词因标，例如：

（7）之后，他【借故】看女儿，想找机会向妻子表心迹，又被关在门外。（CCL）

有的因果式复句，单独使用情态副词因标，例如：

（8）在公司实习，【毕竟】不同于在学校学习，人际关系还是值得大家注意的。（CCL）

（9）千钧一发之际，【幸好】认识黄仲权的群众闻讯赶来，巧妙地将黄仲权和战友营救出来。（CCL）

6.2.1.1.3　因果式的动词单因标

有的因果式复句，单用动词因标，包括基源动词、凭依动词、认知心理动词、亏怪动词等因标，例如：

（10）【出于】职业习惯，报纸上再细小的差错也逃不出他的眼睛。（CCL）

（11）【凭着】这股勇往直前的精神，邓亚萍成为当之无愧的乒坛女皇。（CCL）

（12）王复生【怕】事情败露，把曹铁山藏在王家厕所附近的衣服 2 件和收录机 1 台挖回埋在自家门口。（CCL）

（13）【多亏】了吴县长，咱不用出村就把苹果都卖了。（CCL）

6.2.1.1.4　因果式的形容词单因标

有的因果式复句，单用形容词因标，主要是"可惜"，例如：

（14）【可惜】路径不熟，大部分被八旗兵追去砍杀了，小部分被活捉，投降了。（CCL）

6.2.1.1.5　因果式的超词形式单因标

有的因果式复句，单用超词形式因标，例如：

（15）【就是因为】有了你，另一个替天行道的英雄没有了用武之地！（CCL）

（16）【这么一】想，瑞纪不安起来。（BCC）

（17）【无奈何】，他厚着脸皮找到他原来工作的医院。（CCL）

（18）就是说老子的这个老聃、李耳、重耳，所有都集中在耳上，【再加上】他满头白发，这个人耳朵一定有什么问题。（CCL）

6.2.1.2　因果式的复因标

原因分句先后使用两个或两个以上的原因标记，称为"复因标"，主要有六种类型。

6.2.1.2.1　连词因标 + 连词因标

有时，不同的连词因标先后使用，例如：

（19）【惟其】【因为】你犯了这桩太惹眼的过失，我应当特别对你冷淡。（BCC）

（20）蒙古将领【因】【鉴于】海面上即将有暴风雨，匆匆班师返防。（CCL）

6.2.1.2.2　连词因标 + 情态副词因标

有的因果式复句，先后使用连词因标和情态因标，例如：

（21）【因为】【毕竟】事关重大，我稍微调查了你一下。（BCC）

（22）过去波斯大师的插画，甚至赫拉特伟大画师们的经典作品，【因为】【终究】被视为页缘装饰的延伸，不会有人反对。（CCL）

6.2.1.2.3　连词因标 + 动词因标

有的因果式复句，先后使用连词因标和动词因标，例如：

（23）【因为】【出于】一种义务感，本来不想说的事情也要说。（BCC）

（24）他【因为】【仗着】克莱德撑腰，竟然胆敢以屈尊俯就的口吻对所有的人说话。（BCC）

（25）另有 7 个不在名单上的"老赖"【因为】【怕】"露脸"，也主动地缴清了欠债。
　　　　（BCC）

（26）焚海是个聪明的男人，【因为】【考虑到】两国的情势，决定既往不咎。（BCC）

（27）程小飞的父母都是普通工人，【因为】【有幸】住在了一所重点中学旁边，儿子毫
　　　　不费力地便被就近入学划到了重点初中。（BCC）

（28）【由于】没有在三资企业中开展工作的经验，【加上】【怕】外方产生疑虑，公司
　　　　党委没有公开挂牌办公。（CCL）

6.2.1.2.4　情态副词因标 + 连词因标

有的因果式复句，先后使用情态副词因标和连词因标，例如：

（29）【毕竟】【由于】体力不支，没能追上。（BCC）

6.2.1.2.5　情态副词因标 + 动词因标

有的因果式复句，先后使用情态副词因标和动词因标，例如：

（30）【幸好】，【凭借】其出色的古典语言天赋，海德格尔避免了被意识形态长河淹没
　　　　的厄运。（CCL）

6.2.1.2.6　超词形式因标 + 连词因标

有的因果式复句，先后使用超词形式因标和连词因标，例如：

（31）【只可惜】【由于】监督、制约的力度和制度不够，许多人还是靠裙带、私人关系
　　　　扶摇直上。（BCC）

6.2.2　因果式复句的果标

6.2.2.1　因果式复句的单果标

有的因果式，只使用单果标，包括连词单果标、副词单果标、动词单果标和超词形式单果标。

6.2.2.1.1　连词单果标

有的因果式复句，单独使用连词果标，例如：

（32）他认为，人总是通过观察事物本身、从事物的本源去获取知识，【所以】教学首先
　　　　应从实际事物开始。（CCL）

（33）中草药皆取自自然，其中有许多药本身即为人们的常用食品，【故而】相对西药而

言，中草药的毒、副作用较轻而少。（CCL）

（34）在曹雪芹写《红楼梦》的时代，公文上的"严禁"已是政治上"弊端"的一块遮羞布，贾政不了解这一点，【结果】到处碰钉子，丢官回家。（CCL）

（35）在这个时候，盖茨已经意识到，一个大好的商机已经来临了，【为此】，他决定离开哈佛，和艾伦一起开办软件开发公司。（CCL）

（36）许多企业家消息太不灵通了，【以致】事到临头不知所措。（CCL）

（37）学前儿童的推理有时不能服从于一定的目的和任务，【以致于】思维过程时常离开推论的前提和内容。（CCL）

6.2.2.1.2　副词单果标

有的因果式复句，单独使用副词果标。有的使用关联副词果标，例如：

（38）过了不久，酸枣的几十万兵马把粮食全消耗完，【就】散伙了。（CCL）

有的使用情态副词果标，例如：

（39）问题和回答到了这个地步，审计师难以再问，【只好】自己想办法验证内控系统的可依赖性了。（CCL）

（40）整张卷子给人的印象就不是出于一个好学生之手，【难怪】教授多扣了她的分。（CCL）

（41）我日盼夜盼，【可】把录取通知书盼来了。（CCL）

（42）张良失败以后，隐姓埋名，一直逃到下邳（今江苏睢宁西北），【总算】躲过了秦朝官吏的搜查。（CCL）

（43）考虑太多了，有时候他们【未免】会迁就。（CCL）

6.2.2.1.3　动词单果标

有的因果式复句，单独使用动词单果标，如：

（44）中国出口商品价格持续下跌，相对贸易条件不断降低，【使得】中国出口商品的竞争力不断提高。（CCL）

（45）连续两年油料和食用油价格下跌，这【导致】了去年全国油菜播种面积比常年减少10％。（CCL）

（46）日本是世界上机械化过剩最严重的国家之一，这【造成】了日本农产品价格上涨，在国际市场上失去了竞争力。（CCL）

（47）粗野的人，从来没见过大王的威严，【免不了】有点害怕，请大王原谅。（CCL）

6.2.2.1.4　超词形式单果标

有的因果式复句，只用超词形式果标，常用"所以说、这（样）一来、结果是"等，例如：

（48）这是孔子唯一自己写的一本书，而且是历史，【所以说】其实孔子和老子从某种意义上来说都是史官。（CCL）

（49）男人把头转过去，下巴搁在方向盘上，【这一来】，他的脸就完全隐在暗影里了。（CCL）

（50）购得的不动产，既不会长高变大，也不会为企业赚钱，【结果是】赔了夫人又折兵。（CCL）

（51）一般说来，秘密警察的头子应该具有冷峻、阴沉的外表，【这就是为什么】人们难以接受他那形象的原因。（BCC）

6.2.2.2 因果式复句的复果标

因果式的结果分句，有时使用两种或两种以上的果标，构成复果标，主要有十三种。

6.2.2.2.1 连词果标复用

有的因果式复句，连词果标复用，例如：

（52）一年一度的黑色星期五眼看即将到来，在当日许多店家都会推出种种优惠活动，【所以】【因此】在黑色星期五当天，通常也都是人们大血拼之日。（BCC）

（53）村中有的不供给教员粮食或供给不及时，县区又不能及时处理，【以致】【因此】停学。（CCL）

6.2.2.2.2 连词果标 + 副词果标

有时连词果标与关联副词果标先后使用，例如：

（54）我认清它们是无效的，【所以】【就】把它们放下了。（CCL）

（55）他不熟悉，【所以】【才】会少见多怪。（CCL）

（56）春秋时期，天下大乱，礼坏乐崩，原来的秩序不存在了，【于是乎】【就】产生了一大批的哲学家。（CCL）

（57）她不想说出她的看法，【于是】【就】一声不响地离开了。（CCL）

有时连词果标与情态副词果标先后使用，例如：

（58）周炳实在没有拿这两种东西比较过，【因此】【只好】仍然不做声。（CCL）

（59）这对某些习惯于靠国家的优惠政策和财政补贴过日子的上市公司来说，不亚于"晴天霹雳"，【于是乎】【只好】交出一份预亏公告。（CCL）

（60）他固守着19世纪无产阶级的劳动条件和生活水平，把它当作无产阶级永世不可改变的本质特征，【所以】【难怪】他把19世纪无产阶级劳动条件和生活水平的改变当作无产阶级的消失，把蓝领工人的白领化当成工贼化。（CCL）

有时连词果标与关联副词果标、情态副词果标先后使用，例如：

（61）我们不能到达这个古庙，【所以】【才】【只好】割价出售。（BCC）

6.2.2.2.3 连词果标＋动词果标

有时连词果标和动词果标先后使用，例如：

（62）上半场激烈的拼抢中，李基永没能很好地控制住双方队员的情绪，【所以】【导致】下半场很多队员都心态失衡。（CCL）

（63）它的体温随环境温度的升降而波动，【从而】【造成】它冬伏春出、夏秋活跃的生活节奏。（CCL）

（64）通常的减肥方法，往往只减少脂肪细胞体积，而不减少其数量，【所以】【免不了】反弹。（BCC）

6.2.2.2.4 连词果标＋超词形式果标

有时连词果标和超词形式果标先后使用，例如：

（65）安普急促后退的力道十分大，原振侠推出去的力道小，【所以】【结果是】，原振侠并未能推开安普，反倒被安普撞得也向后退去。（BCC）

6.2.2.2.5 关联副词果标＋情态副词果标

有时关联副词果标和情态副词果标接连，例如：

（66）张震寰先生没有再做论述，那【就】【只好】由我们来完成这项工作了。（CCL）

（67）那三个军官无法可施，【才】【只好】将公司的名称改为"货运公司"。（BCC）

6.2.2.2.6 关联副词果标＋动词果标

有时关联副词果标和动词果标先后使用，例如：

（68）有时它懒得现出全身，只现一个头，这【就】【引起】了一场重大的争端。（CCL）

（69）我们正好处在一个"临界速度"上，这【才】【使得】宇宙中的各种复杂结构和生命的诞生成为可能。（CCL）

（70）动物学家和动物标本剥制师经常要与动物的骨头打交道，这【就】【免不了】要对动物骨骼上的残余血肉进行清洗。（CCL）

（71）山茶姐淋得浑身透湿，【才】【不得不】又挤进自己的棚子。（语委）

6.2.2.2.7 关联副词果标＋连词果标

有时关联副词果标和连词果标先后使用，例如：

（72）龙王爷可怜他们在太阳下边把脚烫得很痛，【就】【因此】下了雨了。（BCC）

6.2.2.2.8　情态副词果标 + 动词果标
有时情态副词果标和动词果标先后使用，例如：

（73）提起奥斯丁，【难免】【引起】一系列的问题——（CCL）

6.2.2.2.9　关联副词果标 + 情态副词果标 + 动词果标
有时关联副词果标、情态副词果标和动词果标先后使用，例如：

（74）如今这多少有点神圣的领域突然涌入大批后学新进，【就】【难免】【引起】不少
　　　议论。（CCL）

6.2.2.2.10　超词形式果标 + 关联副词果标
有时超词形式果标和关联副词果标先后使用，例如：

（75）被发现了，【这么一来】【就】无法用奇袭的方式了！（CCL）

6.2.2.2.11　超词形式果标 + 情态副词果标
有时超词形式果标和情态副词果标先后使用，例如：

（76）我都照你的指示做了，也让她答应和你的左东然分手了，【这么一来】，你【总
　　　算】可以和左东然双宿双飞了。（CCL）

6.2.2.2.12　超词形式果标 + 动词果标
有时超词形式果标和动词果标先后使用，例如：

（77）这样做人，渐渐变成只能顺不能逆，只能受捧不能受谏，身旁只收纳嘴里称赞他英
　　　明神武的人，亦只敢信任这类人，【这么一来】，朋友【免不了】愈来愈少。（CCL）

6.2.2.2.13　连词果标 + 超词形式果标 + 关联副词果标
有时连词果标、超词形式果标和关联副词果标先后使用，例如：

（78）而事实上敌方应该也早已充分了解到我方倾向于坚固自守而不远离要塞出击的做
　　　法，【所以】【这么一来】，他们【就】正好可以利用我方防御的心理来达到封
　　　锁我们的目的。（CCL）

6.2.3　因果式复句的因果标

因果式的因标和果标合用，共有四种类型：单因标＋单果标；单因标＋复果标；复因标＋单果标；复因标＋复果标。

6.2.3.1　单因标＋单果标

有的因果式复句，单因标中的连词因标、副词因标、动词因标、形容词因标、超词形式因标与单果标中的连词果标、副词果标、动词果标、超词形式果标配用，形成"单因标＋单果标"的因果式复句关联标记模式，主要有二十八种。

6.2.3.1.1　连词因标＋连词果标

有的因果式复句，因句用连词因标，果句用连词果标，配合使用标示因果关系，例如：

（79）【因为】它的颜色是纯灰色的，【所以】女儿给它起名叫小灰。（CCL）

（80）【唯其】新，【因而】操作起来就更难。（CCL）

（81）【因为】销售业绩实在太好了，【以致于】积欠交货的订单到了第二年便开始愈积愈多。（CCL）

6.2.3.1.2　连词因标＋关联副词果标

有的因果式复句，因句用连词因标，果句用关联副词果标，配合使用标示因果关系，例如：

（82）【因为】是老关系，【就】答应了。（CCL）

（83）【因为】真诚，【才】有感染力、说服力。（CCL）

6.2.3.1.3　连词因标＋情态副词果标

有的因果式复句，因句用连词因标，果句用情态副词果标，配合使用标示因果关系，例如：

（84）我们【因为】语言不通，【只好】用手势和其他方法来表达心意。（CCL）

6.2.3.1.4　连词因标＋动词果标

有的因果式复句，因句用连词因标，果句用动词果标，配合使用标示因果关系，例如：

（85）【因为】第 5 代战斗机性能突出，【使得】现阶段购买的战斗机还远不到服役年限就面临淘汰。（CCL）

6.2.3.1.5　连词因标＋超词形式果标

有的因果式复句，因句用连词因标，果句用超词形式果标，配合使用标示因果关系，例如：

（86）【因为】它栖息地没有了，【所以说】现在的数量统计出来，大致是这个样子。（CCL）

（87）【因为】我退休了，【这样一来】对我们的收入有影响。（CCL）

6.2.3.1.6　关联副词因标＋关联副词果标

有的因果式复句，因句用关联副词因标，果句用关联副词果标，配合使用标示因果关系，例如：

（88）莫小倩【借故】不会喝酒，【便】回客舍随便弄点吃的就休息了。（CCL）

（89）【借故】没收老财们的家产，【才】硬逼着你在人家捏造现成的口供上画了字。（CCL）

6.2.3.1.7　关联副词因标＋动词果标

有的因果式复句，因句用关联副词因标，果句用动词果标，配合使用标示因果关系，例如：

（90）蒋家母女都没有出来送她，一个【借故】去大学注册，一个【借故】头痛，这【使】王琦瑶的走带了点落荒而逃的意思。（CCL）

（91）【借故】消耗了他的内力，【让】他死在西门吹雪的剑下！（CCL）

6.2.3.1.8　关联副词因标＋超词形式果标

有的因果式复句，因句用关联副词因标，果句用超词形式果标，配合使用标示因果关系，例如：

（92）有的司机则【借故】再去修车捞好处，【结果是】单位钱没少花，车却没修好，形成坏了修、修了坏、坏了再修的恶性循环。（CCL）

6.2.3.1.9　情态副词因标＋连词果标

有的因果式复句，因句用情态副词因标，果句用连词果标，配合使用标示因果关系，例如：

（93）【敢情】他已知花园里出了事，【所以】先赶到园中去了。（CCL）

（94）我们被水淹的时候，他的火柴盒【幸亏】是在头顶上，【所以】没有被泡湿。（BCC）

6.2.3.1.10　情态副词因标＋关联副词果标

有的因果式复句，因句用情态副词因标，果句用关联副词果标，配合使用标示因果关系，例如：

（95）饥寒交迫的我们【幸亏】得到一些好心人的施舍【才】活了下来。（BCC）

（96）上学以后，教书先生认为"学愚"这个名字【毕竟】不太好，【便】以古文中的一句"以学愈愚"，给他起了"愈之"这个名字。（CCL）

6.2.3.1.11　情态副词因标 + 情态副词果标

有的因果式复句，因句用情态副词因标，果句用情态副词果标，配合使用标示因果关系，例如：

（97）她【毕竟】力气有限，我和布雷特【只好】带血作战。（CCL）

（98）【幸亏】朋友们帮忙，【总算】渡过了难关。（BCC）

6.2.3.1.12　情态副词因标 + 动词果标

有的因果式复句，因句用情态副词因标，果句用动词果标，配合使用标示因果关系，例如：

（99）他【毕竟】看错了合作对象，【致使】他与托马斯·刘的合作是没有合作基础的"合作"。（BCC）

（100）按"倒三七"的规则，一等奖当期仅为6.3万多元，【幸亏】一等奖奖池中有1.96亿元资金支撑，【使得】17个一等奖的得主都能获得500万元的单注奖金。（BCC）

（101）这种充值方式【毕竟】是"面对面"的，【免不了】排队等候与言语的交涉。（BCC）

6.2.3.1.13　情态副词因标 + 超词形式果标

有的因果式复句，因句用情态副词因标，果句用超词形式果标，配合使用标示因果关系，例如：

（102）我【毕竟】是把自己推到了毁灭的边缘，【所以说】把我和那个乞丐相比，而不是把我与这家豪华餐厅的老板相比，是一点也不夸张的。（BCC）

6.2.3.1.14　动词因标 + 连词果标

有的因果式复句，因句用动词因标，果句用连词果标，配合使用标示因果关系，例如：

（103）大概很多离职考研的人都一样，【出于】对现状的不满，不甘，【所以】想通过考研来改变自己。（CCL）

（104）伺候祭坛的【靠着】坛上的贡物养活，【所以】教士也可以取用教民捐纳给他们的物，但却不能征取他们所没有捐纳的。（CCL）

（105）在穿戴上，她姥姥何占容，五大爷王春祥【生怕】委屈了她，【所以】每当她需添置什么衣服时，他们总是把钱交给她，让她自己上商店赶时兴的买。（CCL）

（106）【多亏】这个方向对头，【所以】，当大叔的几只猎犬第二次拦住野兽的时候，他才骑着马儿驰到那只狼面前。（CCL）

6.2.3.1.15　动词因标 + 关联副词果标

有的因果式复句，因句用动词因标，果句用关联副词果标，配合使用标示因果关系，例如：

（107）蒙古人原本就把金国当作敌国，进入北京后，【出于】报复目的，【便】盗掘捣毁了金陵。（CCL）

（108）上海的出租车司机则有着概括推理的能力，他们【凭着】一纸路名，【便】可送你到要去的地方。（CCL）

（109）他是个有身家的人，【生怕】被她讹上了，【就】撂开手了。（CCL）

（110）这位"亲孝行"的刘备为买母亲所嗜好的茶叶，遭遇"黄巾乱贼"，【多亏】张飞搭救，【便】以家传宝剑相赠。（CCL）

（111）芒克正是【出于】对埃瑟的崇拜之情，【才】创作了《尖叫》这幅惊世巨作。（CCL）

（112）历史，究竟是【凭借】什么东西，【才】能真实地、完整地保留下来，而传之久远？（CCL）

（113）这三百元钱，一直以"李庆霖"的名字存在中国人民银行莆田县支行，后来【怕】被人抄走，【才】把它和另一笔存款混在一起。（CCL）

（114）【只怪】我天生愚钝，【才】被人所治……（CCL）

6.2.3.1.16　动词因标 + 情态副词果标

有的因果式复句，因句用动词因标，果句用情态副词果标，配合使用标示因果关系，例如：

（115）【基于】这样的认识，庐山【终于】出台了超常规的开发举措，推出21幢历史名人别墅，面向海内外转让使用权，并以此作为庐山全方位开放的启动项目。（CCL）

（116）【凭借】这场胜利，中国队【终于】搭上了去不来梅的末班车。（CCL）

（117）还【亏得】宋国的将军带着一部分兵马，拼着命保护宋襄公逃跑，【总算】保住了他的命。（CCL）

6.2.3.1.17　动词因标 + 动词果标

有的因果式复句，因句用动词因标，果句用动词果标，配合使用标示因果关系，例如：

（118）【出于】对自己的不满，【使得】她在与人交往时表现出拘谨和紧张，并且特别担心他人对自己态度不好。（CCL）

（119）大概是【基于】某种固有观念，当我们谈论法治时总【免不了】想当然地与强制和服从相关联。（BCC）

（120）【凭着】张大夫一双妙手，【使】无数受到疼痛折磨的运动员重返赛场。（CCL）

（121）【多亏】了解放军，【使】我的愿望变成了现实。（CCL）

6.2.3.1.18　动词因标 + 超词形式果标

有的因果式复句，因句用动词因标，果句用超词形式果标，配合使用标示因果关系，例如：

（122）【考虑到】山东队宋黎辉累积三张黄牌不能上场，【这样一来】该队 10 号宿茂臻肯定要上。（BCC）

6.2.3.1.19　形容词因标 + 连词果标

有的因果式复句，因句用形容词因标，果句用连词果标，配合使用标示因果关系，例如：

（123）全军上下【可惜】只有一个高手神医，【所以】也真够他辛苦！（CCL）

（124）这个青涩的少女，唯一有些美丽的地方，也许就是这一头颜色俏丽的头发了 ——【可惜】，居然还剪得那么短，【以致于】毫无一丝妩媚和成熟。（BCC）

6.2.3.1.20　形容词因标 + 关联副词果标

有的因果式复句，因句用形容词因标，果句用关联副词果标，配合使用标示因果关系，例如：

（125）小二黑这个孩子，在三仙姑看来好像鲜果，【可惜】多一个小芹，【就】没了自己的份儿。（CCL）

（126）老想在蓝天上写点儿什么，【可惜】天高够不着，它们【才】絮絮地唱出抱怨的调子。（语委）

6.2.3.1.21　形容词因标 + 情态副词果标

有的因果式复句，因句用形容词因标，果句用情态副词果标，配合使用标示因果关系，例如：

（127）杨朱的思想真相如何，【可惜】已经没有完整的记载了，【只好】从散见于别人著作的零星材料中细绎出来。（CCL）

6.2.3.1.22　形容词因标 + 动词果标

有的因果式复句，因句用形容词因标，果句用动词果标，配合使用标示因果关系，例如：

（128）【可惜】槐花花期短，【使】槐花显得弥足珍贵了。（CCL）

（129）【可惜】今日终于在阵前相见，【免不了】要决一雌雄。（BCC）

6.2.3.1.23　形容词因标 + 超词形式果标

有的因果式复句，因句用形容词因标，果句用超词形式果标，配合使用标示因果关系，例如：

（130）他试图给出一个定论，【可惜】他不是个哲学家，他自己心里也有着极大的冲突，【结果是】出现了极端的两种人性，或极善，或极恶。（BCC）

6.2.3.1.24　超词形式因标 + 连词果标

有的因果式复句，因句用超词形式因标，果句用连词果标，配合使用标示因果关系，例如：

（131）【正是因为】有这个不平等的起点，【所以】我们要寻求道德的公平与心灵的平衡。（CCL）

（132）【正是因为】人过于依赖视觉，急功近利，舍本逐末，【以致于】真正的潜能难以发挥。（CCL）

（133）【怪只怪】她长得太漂亮，抢了所有女同事的光芒，【所以】成了她们的眼中钉、肉中刺，不剔除实在扎得她们不自在。（BCC）

6.2.3.1.25 超词形式因标 + 关联副词果标

有的因果式复句，因句用超词形式因标，果句用关联副词果标，配合使用标示因果关系，例如：

（134）【正是由于】思想上获得大解放，【就】为我们夺取抗日战争和解放战争的胜利，也为我们创立新的中华人民共和国，奠定了深厚的思想基础。（CCL）

（135）【可惜的是】路上淋了几场雨，【就】流起了黑汤，还露出了白色木头底。（CCL）

（136）文学的爱国主义【正是由于】吮吸了人民的乳汁，【才】显得充实、光彩、满含生气。（CCL）

6.2.3.1.26 超词形式因标 + 情态副词果标

有的因果式复句，因句用超词形式因标，果句用情态副词果标，配合使用标示因果关系，例如：

（137）【正是因为】没有好的剧本可拍，他【只好】转向拍电视连续剧。（CCL）

（138）夏时济【无可奈何】，【只好】作罢。（CCL）

6.2.3.1.27 超词形式因标 + 动词果标

有的因果式复句，因句用超词形式因标，果句用动词果标，配合使用标示因果关系，例如：

（139）【正是因为】你的这份大气，【使得】我在你面前活得特别放松，特别没有负担。（CCL）

6.2.3.1.28 超词形式因标 + 超词形式果标

有的因果式复句，因句用超词形式因标，果句用超词形式果标，配合使用标示因果关系，例如：

（140）【正是由于】乳液表面的波基被离子化，产生电荷形成斥力，乳液粒子间相互排斥，【其结果是】保持了系统的稳定性，提高了机械稳定性。（BCC）

6.2.3.2　单因标 + 复果标

有的因果式复句，原因分句使用一个因标，结果分句使用两个或两个以上的果标。

6.2.3.2.1　连词因标 + 复果标

有的因果式复句，原因分句使用连词因标，结果分句使用复果标。

6.2.3.2.1.1　复果标由连词果标和其他果标构成

（141）【由于】蒙古人并没有姓，【因此】【就】【只好】以这样的方式来加以分别。（CCL）

（142）【唯其】张君秋不死学梅兰芳的味儿，【所以】【才】能有个张君秋。（CCL）

（143）这王蔷也是个受压迫的，两个人【因为】有相同感受，【所以】【不免】嘀咕了半日。（CCL）

（144）【因为】他没有记忆力，获悉的消息又总不确切，【所以】【结果是】糟上加糟。（BCC）

（145）今年台湾毕业大学生比往年多，【加上】雇主一般愿意雇佣有经验的工作者，【所以】【导致】青年人的失业率再度飙高。（CCL）

（146）他【因为】对法律程序有些"想当然"，【所以】【才】【导致】了前段时间他与车队的合同纠纷。（CCL）

6.2.3.2.1.2　复果标由关联副词果标和其他果标构成

（147）【因为】我发现好人的名额已经被书上的英雄占满了，【就】【只好】去当坏人。（CCL）

（148）本队【因为】太想赢球，患得患失，压力太大【才】【导致】发挥失常。（CCL）

6.2.3.2.1.3　复果标可以由情态副词果标和动词果标构成

（149）【由于】有这么多的不利因素聚在一起，【难怪】会【造成】1929年的经济大恐慌。（CCL）

（150）【因为】我们刚住进少林寺，而少林就发武林帖，这【难免】会【使】人怀疑到我在作怪。（BCC）

6.2.3.2.1.4　复果标由超词形式和其他果标构成

（151）【因为】岩石整个变成气了，【这样一来】呢，这个小天体带来的铱【就】散布到全球。（CCL）

（152）【因为】那时对快乐最渴望也最向往，【这么一来】，【难免】把快乐形容得精彩万分。（CCL）

6.2.3.2.2　情态副词因标 + 复果标

有的因果式复句，原因分句使用情态副词因标，结果分句使用复果标，例如：

（153）【敢情】她们已经谋划良久，【所以】【才】会如此有把握。（BCC）

（154）【敢情】她家里没有纸笔【所以】【只好】用清水写字了。（BCC）

（155）除了小镇上的熟人之外，那个冬天【可】没见过什么外人来到这里，【所以】绑架一词也【未免】太过牵强。（BCC）

（156）他【毕竟】不是钢铁制的，【所以】【造成】了脚扭到、投保千万美金的小指头骨折、下巴被踹成乌青、身上外加大大小小敲红打肿的紫瘀。（CCL）

（157）生活【毕竟】还是要进行的，这【就】【使】她产生焦虑和恐惧。（CCL）

（158）它【毕竟】不是摄像机，【所以】【就】【只好】在生命本体上留下几道痕迹。（CCL）

（159）大脑【毕竟】受到影响，他这【才】【不得不】放下文学之笔。（CCL）

（160）证件【毕竟】不是能力的代名词，【这样一来】，反而容易【使】在校大学生的考证风愈演愈烈，陷入一个考证误区。（BCC）

6.2.3.2.3　动词因标 + 复果标

有的因果式复句，原因分句使用动词因标，结果分句使用复果标，例如：

（161）我【担心】你受苦，【所以】【就】把你留了下来。（BCC）

（162）志麻似乎是【出于】对妙子的好奇心，【所以】【才】从后面跟了上来。（CCL）

（163）提问题总是【出于】某种看法，【所以】也【难免】会带出一点意见。（CCL）

（164）【怕】你们跑掉，【所以】【只好】成天盯着你们。（BCC）

（165）初学者有恐惧心理作用，距离远，【怕】落不进沙坑，【所以】【造成】屈膝过早。（BCC）

（166）她原本想回老家，又【怕】爸妈问个不停，【就】【只好】在第一广场看着人来人往。（BCC）

（167）石油职工就是【凭着】这种实干的作风，【才】【使得】我国跨入了产油大国的行列，【才】【使】石油行业在物质文明和精神文明建设中形成了自己的特色。（CCL）

（168）是她【生怕】丑事张扬出去，【才】【使】他落到了这样的下场。（BCC）

6.2.3.2.4　形容词因标 + 复果标

有的因果式复句，原因分句使用形容词因标，结果分句使用复果标，例如：

（169）【可惜】使用杀虫剂的人也怕这种药水，【所以】蚊虫【就】天不怕地不怕了。（BCC）

（170）【可惜】你们喜欢投机，【所以】【才】被我有机可乘。（CCL）

（171）【可惜】可沙就是相信他，【所以】【只好】让他俩先行定亲了。（BCC）

（172）【可惜】编导们将故事想简单了，把观众也想简单了，【所以】【导致】不少人观后大失所望。（BCC）

（173）【可惜】昏睡中的他根本没有发表意见的权利，【所以】【就】【只好】任由肯恩这样错下去了。（BCC）

（174）【可惜】王秀媚没有接受他的建议，【所以】【才】会【造成】后来的事发生。（BCC）

6.2.3.2.5　超词形式因标 + 复果标

有的因果式复句，原因分句使用超词形式因标，结果分句使用复果标，例如：

（175）子荣同志【正是因为】他处处正确，【所以】他【就】处处胜利。（CCL）

（176）【只可惜】一个人生气也没什么太大的意思，【所以】她【终于】说了老实话。（CCL）

（177）【正是因为】老魏的幽默和民主，他的课堂上【也就】【免不了】会出现纪律混乱的情况。（CCL）

（178）【正是因为】政治腐朽，【才】【造成】民贫国弱，【才】【导致】外族侵略。（CCL）

（179）一些购房者【就是因为】心疼定金，【而】【不得不】买下自己并不满意的房子。（BCC）

（180）【就是因为】在北京转机时需办理入出境手续太麻烦，【所以】【就】【只好】选乘其他外国航空公司的班机。（CCL）

（181）【就是因为】这样，【所以】我【才】【不得不】去。（BCC）

6.2.3.3　复因标 + 单果标

有的因果式复句，原因分句使用复因标，然后与单个果标配用。

6.2.3.3.1　连词因标 + 情态副词因标 + 单果标

有的因果式复句，原因分句使用连词因标和情态副词因标，结果分句使用连词、副词等单个果标，例如：

（182）【因为】我【毕竟】是全校最好的外语教员，【所以】安排了外宾听我给学生们上外语课。（CCL）

（183）【因为】【毕竟】是有每个人的利害关系在其中，工作上的矛盾【就】开始显露出来了。（BCC）

（184）【因为】【毕竟】过去是同事，【才】说了这么一句话。（BCC）

（185）【因为】她【毕竟】是他的前妻，焘焘的妈妈，他【只好】等筱红期满回来再说。（BCC）

6.2.3.3.2　连词因标 + 动词因标 + 单果标

有的因果式复句，原因分句使用连词因标和动词因标，结果分句使用连词、副词、动词等单个果标，例如：

（186）【因为】【基于】利多消息的预期，【所以】预测证券行市明天会涨。（CCL）

（187）【因为】【考虑到】分数不够【所以】没报贵校。（BCC）

（188）当时【因为】【怕】引起"笔墨官司"，我【只好】"和稀泥"两边都不登。（BCC）

（189）【为了】【生怕】你们泄露我的行藏，【才】把你们带同前来。（CCL）

（190）【因为】【想要】去动手术做双眼皮，【使】她的美国丈夫大生其气。（BCC）

6.2.3.3.3　连词因标 + 超词形式因标 + 单果标

有的因果式复句，原因分句使用连词因标和超词形式因标，结果分句使用连词、副词等单个果标，例如：

（191）【因为】【架不住】大家的劝说，【于是】他答应了。（CCL）

6.2.3.3.4　情态副词因标 + 其他因标 + 单果标

有的因果式复句，原因分句使用情态副词因标和其他因标，结果分句使用连词、副词等单个果标，例如：

（192）那个大汉【原来】是【怕】我们行刺皇上，【因此】出来阻挡！（BCC）

（193）【幸亏】妻子【出于】女人特有的好奇心，他【才】免去了一场浩劫。（BCC）

（194）归根结底，阿郎【毕竟】是【出于】一片善意，自然不便大兴问罪之师，【只好】任由他去，在连声叹息声中离去了。（BCC）

6.2.3.3.5　超词形式因标 + 其他因标 + 单果标

有的因果式复句，原因分句使用超词形式因标和其他因标，结果分句使用连词、副词等单个果标，例如：

（195）【只可惜】【因为】当地警察不准摄影机与记者进入现场，【所以】整个报道都没有画面。（BCC）

（196）我我我……【就是因为】【怕】找不到【所以】许个愿。（BCC）

（197）【由于】住房资金的使用受到限制、利率偏低，【再加上】担心政策的变化，【因而】100 亿资金将在 2001 年内大部分投进市场。（BCC）

（198）以前【就是因为】【考虑到】梅城没有屈臣氏【所以】没有办卡。（BCC）

（199）【只因为】【出于】骄傲他【才】没有跑来跪到她脚前。（CCL）

6.2.3.4 复因标 + 复果标

有的因果式复句，原因分句使用复因标，结果分句使用复果标。

6.2.3.4.1 连词因标 + 情态副词因标 + 复果标

有的因果式复句，原因分句使用连词因标和情态副词因标，结果分句使用复果标，例如：

（200）【因为】【毕竟】是老了，【于是】这本集子，【就】定名为澹定。（BCC）

（201）【因为】【毕竟】没有成婚，【所以】，【才】让妹妹也一同前往的吧。（BCC）

6.2.3.4.2 连词因标 + 动词因标 + 复果标

有的因果式复句，原因分句使用连词因标和动词因标，结果分句使用复果标，例如：

（202）楷书【因为】【怕】"玉"与"王"相混，【所以】【才】加一点写为"玉"了。（CCL）

（203）【因为】【怕】与戴东原遇见，【所以】【只好】不去。（CCL）

6.2.3.4.3 连词因标 + 超词形式因标 + 复果标

有的因果式复句，原因分句使用连词因标和超词形式因标，结果分句使用复果标，例如：

（204）【因为】【架不住】大家的劝说，【于是】他【就】答应了。（CCL）

6.2.3.4.4 情态副词因标 + 动词因标 + 复果标

有的因果式复句，原因分句使用情态副词因标和动词因标，结果分句使用复果标，例如：

（205）【原来】是你自个儿【想】娶我，【所以】【才】编派这一套说辞。（BCC）

（206）【毕竟】亦是【出于】一番善意，【故】她【只好】胡扯一个借口。（BCC）

6.2.3.4.5 超词形式因标 + 其他因标 + 复果标

有的因果式复句，原因分句使用超词形式因标和其他因标，结果分句使用复果标，例如：

（207）我【只是因为】【出于】气愤，渴想报复那些放逐我的人，【所以】【才】到这儿来站在你的面前。（CCL）

（208）【完全是因为】【担心】我的那件事情【所以】她【才】表现得跟平时一样啊！（CCL）

（209）佑德【定是因为】【怕】他【所以】【才】不敢还手。（BCC）

（210）【就是因为】【怕】过这种孤单寂寞的日子，【所以】她【才】会使出高压政策，不择手段逼迫女儿们替儿子找伴侣。（CCL）

6.3　果因式复句的关联标记模式

果因式复句的关联标记模式，有三种：因标、果标、果因标。

6.3.1　果因式复句的因标

果因式复句，可以只使用因标，包括单因标和复因标。

6.3.1.1　单因标

果因式复句的原因分句，有时只使用一个因标，包括连词因标、情态副词因标、动词因标、超词形式因标等。

6.3.1.1.1　连词因标

有的果因式复句，原因分句使用连词因标，例如：

（211）这样的怪异名师还是少点好，【因为】他们在间接地给学生增加负担。（CCL）

（212）西双版纳备受游客的喜爱，【惟其】风景秀美。（CCL）

（213）我们花费这么多时间讨论它，是【因为】它实在太重要了。（CCL）

6.3.1.1.2　情态副词因标

有的果因式复句，原因分句使用情态副词因标，例如：

（214）这么好的企业，效益就是上不去，【原来】厂长是个大蛀虫！（CCL）

（215）高志丹在对这一结果表示满意的同时，也认为中国队不应就此乐观，【毕竟】奥运金牌只有尖子选手才能拿到。（CCL）

6.3.1.1.3　动词因标

有的果因式复句，原因分句使用动词因标，例如：

（216）李小龙有缘认识这位武术界的前辈，【多亏】了严镜海的挚友祖亚伦先生。（CCL）

（217）我坐一回飞机都有点提心吊胆，【生怕】那家伙掉下来。（CCL）

6.3.1.1.4　超词形式因标

有的果因式复句，原因分句使用超词形式因标，例如：

（218）汤显祖被称为东方莎士比亚，【正因】他是历史性的文化巨人。（CCL）

（219）东莱派出所的可贵之处，【就在于】30年红旗不倒，本色不变。（CCL）

（220）两者对同一对象评价完全不同，【就是因为】认知角度不同。（CCL）

（221）想当初你哭哭啼啼回家来，闹着要离婚，【怪只怪】我是个血性汉子，眼见你给他打成那个样子，心有不忍，收留了你。（CCL）

（222）产权改革最后进入角色，【原因是】它面临着空前的难度。（CCL）

（223）我说这孩子怎么直冒傻气呢，【闹了半天】都是让你给教的。（CCL）

6.3.1.2　复因标

果因式复句的原因分句，有时使用复因标，大体有六种。

6.3.1.2.1　连词因标 + 情态副词因标

有的果因式复句，原因分句先后使用连词因标和情态副词因标，例如：

（224）老年人进行游泳要适当掌握运动量，【因为】老年人的体质【毕竟】不如青壮年人。（BCC）

（225）不知为何，对于向他诉说此事，她并不感到排斥，也许是【因为】他昨夜【终究】还是回来了。（BCC）

6.3.1.2.2　连词因标 + 动词因标

有的果因式复句，原因分句先后使用连词因标和动词因标，例如：

（226）我不打算带她去伦敦，【因为】【怕】人家认出她来。（BCC）

（227）后来改用"上海书店"四字，是【因为】【考虑到】上海曾有过一个"上海书店"。（BCC）

6.3.1.2.3　情态副词因标 + 连词因标

有的果因式复句，原因分句先后使用情态副词因标和连词因标，例如：

（228）你也知道，自挞儿生母死后，母后对挞儿一直有一份亏欠感，他母亲【毕竟】是【因为】救我而死。（BCC）

6.3.1.2.4　情态副词因标 + 动词因标

有的果因式复句，原因分句先后使用情态副词因标和动词因标，例如：

（229）他到这种地步【毕竟】是【出于】对我们的忠诚！（CCL）

（230）我其实穿的次数很少，【毕竟】【怕】坏了就买不到了。（BCC）

6.3.1.2.5　超词形式因标 + 动词因标

有的果因式复句，原因分句先后使用超词形式因标和动词因标，例如：

（231）他对西方代议制的批评和指责，反对中国实行代议制，【就是因为】【考虑到】中国人口、地理、经济发展等国情。（BCC）

6.3.1.2.6　超词形式因标＋动词因标＋情态副词因标

有的果因式复句，原因分句先后使用超词形式因标、动词因标和情态副词因标，例如：

（232）教师在上述诸项指标上的赞成程度明显高于学生【的主要原因】【在于】学生【毕竟】对教学规律的把握程度不如教师，具有多年工作经验的教师【毕竟】对专业理论的认识要高于大多数学生。（BCC）

6.3.2　果因式复句的果标

果因式复句，可以只使用果标，包括单果标和复果标。

6.3.2.1　单果标

有的果因式复句，结果分句只使用一个果标，主要是连词果标、情态副词果标。

6.3.2.1.1　连词果标

有的果因式复句，结果分句使用连词果标，例如：

（233）名人，特别是文体名人，【之所以】有名，当然有其过人之处。（语委）

（234）槟城【之所以】成为花县，实有它的社会背景。（语委）

6.3.2.1.2　情态副词果标

有的果因式复句，结果分句使用情态副词果标，例如：

（235）【难怪】不作声，你们在照相。（BCC）

（236）【难怪】让世界充满爱，生活就会更美好，接受一张张容光焕发的脸，总好过对着面目灰暗的黄脸婆。（BCC）

6.3.2.2　复果标

有的果因式复句，结果分句可使用复果标，主要有三种。

6.3.2.2.1　连词果标＋动词果标

有的果因式复句，结果分句先后使用连词果标和动词果标，例如：

（237）这首歌，【之所以】【引起】观众的重视，其实是占了天时和地利：黄金时间、片头以及长长的84集。（BCC）

6.3.2.2.2　情态副词果标 + 动词果标

有的果因式复句，结果分句先后使用情态副词果标和动词果标，例如：

（238）【难怪】【让】你当政治部主任，你这政治，算是做到家了！（BCC）

6.3.2.2.3　情态副词果标 + 情态副词果标

有的果因式复句，结果分句先后使用两种情态副词果标，例如：

（239）【难怪】京城里武林中的男人说起女人时，嘴里总【不免】要提白牡丹、龙舌兰、苏眉这些女子了，倒真是各擅胜场。（BCC）

（240）【难怪】英国【不免】有醋意和恼怒，克林顿在谈及德国未来的"领导作用"时，一扫过去处理与欧洲关系的谨慎态度，大谈德国是美国"决定性的盟国"，称"德国不起领导作用的世界简直是不可能的"，云云。（BCC）

6.3.3　果因式复句的果因标

6.3.3.1　单果标 + 单因标

有的果因式复句，结果分句使用单果标，原因分句使用单因标，配合标示果因关系，主要有十一种。

6.3.3.1.1　连词果标 + 连词因标

有的果因式复句，结果分句使用连词果标，原因分句使用连词因标，例如：

（241）党的基层组织【之所以】重要，【因为】它是训练、教育党员的特殊学校。（语委）

（242）股份制度【之所以】能解决投资量不足的问题，是【因为】它可以从资金盈余或闲置的地方把资金吸引过来。（语委）

（243）【之所以】出现这种状况，是【由于】列强的入侵斩断了中国资本主义的正常发展。（语委）

6.3.3.1.2　连词果标 + 情态副词因标

有的果因式复句，结果分句使用连词果标，原因分句使用情态副词因标，例如：

（244）他【之所以】能残废而练成绝技，【毕竟】有着过人的生命力。（BCC）

（245）那人【之所以】没有动静，【敢情】正在使用"五更迷魂香"一类的迷香。（BCC）

6.3.3.1.3　连词果标 + 动词因标

有的果因式复句，结果分句使用连词果标，原因分句使用动词因标，例如：

（246）这位专家【之所以】能够在祖国医学的浩瀚海洋中学有所成，恐怕【源自】胸中那强烈的中华民族意识、中医意识和时代意识吧。（语委）

（247）我们都知道，导弹【之所以】能上天，全【靠】火箭发动机的尾喷管喷出的射流的反作用力。（语委）

（248）现在想起来，我【之所以】能在这里教你们，也【多亏】了当年我的这位老师用那样的方式对待我。（BCC）

6.3.3.1.4　连词果标 + 超词形式因标

有的果因式复句，结果分句使用连词果标，原因分句使用超词形式因标，例如：

（249）绝对理念【之所以】成为绝对理念，【就是因为】它在精神上讲是发展到了极点。（语委）

（250）《孙子》【之所以】强调进攻速胜，【正是出于】对战略全局利害关系的考虑。（CCL）

（251）正确的思想【之所以】可贵，【就在于】它能指导我们正确地进行变革现实的实践。（语委）

（252）我此次【之所以】决心访问中国，【究其原因】，中国在经济、政治方面的影响力太巨大了。（CCL）

（253）后来，公理化方法形式化【之所以】能取得成功，在很大程度上【得力于】康托创始的抽象集合论。（语委）

（254）张生和莺莺的故事【之所以】能家喻户晓、影响深远，主要功绩应该【归之于】王实甫的《西厢记》。（语委）

（255）社会主义工业化【之所以】比资本主义工业化优越，主要【决定于】生产资料的所有制。（语委）

（256）深圳人保寿险公司在近几年【之所以】能取得如此奇迹，看来这【与】杨森荣的市场竞争思想也【是分不开的】。（CCL）

（257）当铺生意【之所以】兴隆，【与】去年抢购风潮【有很大关系】。（语委）

（258）各位观众，纵观前四十多分钟比赛情况，大江队【之所以】能够连中三元，【主要是】他们努力掌握现代足球全攻全守的踢法，这要求灵活的战术、高超的技术和充沛的体力。（语委）

（259）按劳分配【之所以】要借助于价值形式来实现，正如社会主义社会【之所以】要保持商品交换和实行按劳分配一样，也【是由】社会主义所有制的性质【所决定的】。（语委）

（260）【之所以】会有这个结果，也许【是】他潜意识中刻意【造成的】。（BCC）

6.3.3.1.5　情态副词果标 + 连词因标

有的果因式复句，结果分句使用情态副词果标，原因分句使用连词因标，例如：

（261）她【难怪】会提出这个问题来，【因为】他的脸色像她的衣服那么苍白。（CCL）

6.3.3.1.6　情态副词果标 + 情态副词因标

有的果因式复句，结果分句使用情态副词果标，原因分句使用情态副词因标，例如：

（262）【难怪】人家敢来挑重担，【原来】早已胸有成竹！（CCL）

（263）【怨不得】我们太太说这林姑娘和你们宝二爷是一对儿，【原来】真是天仙似的。（CCL）

6.3.3.1.7　情态副词果标 + 动词因标

有的果因式复句，结果分句使用情态副词果标，原因分句使用动词因标，例如：

（264）【难怪】急急忙忙地要赶我们走，是【怕】我们碍着你们、浪费你们小两口的时间。（BCC）

（265）【怪不得】一直没听你讲，是【怕】别个抢了去吧。（BCC）

6.3.3.1.8　情态副词果标 + 超词形式因标

有的果因式复句，结果分句使用情态副词果标，原因分句使用超词形式因标，例如：

（266）【难怪】公孙楼时好时坏，【原因就在】此。（BCC）

6.3.3.1.9　动词果标 + 连词因标

有的果因式复句，结果分句使用动词果标，原因分句使用连词因标，例如：

（267）平淡而闭塞的生活，久而久之对一个最开朗、最乐观的人也【免不了】有影响，【因为】人总是要适应自己生存的环境，学会忍受生活的平庸。（CCL）

6.3.3.1.10　动词果标 + 情态副词因标

有的果因式复句，结果分句使用动词果标，原因分句使用情态副词因标，例如：

（268）科芙娜【免不了】有点不大自然，【毕竟】不习惯。（BCC）

6.3.3.1.11　动词果标 + 超词形式因标

有的果因式复句，结果分句使用动词果标，原因分句使用超词形式因标，例如：

（269）【造成】这种错觉，【主要是因为】人们没有摆正学生在教育中的地位。（BCC）

6.3.3.2　单果标 + 复因标

有的果因式复句，结果分句使用单果标，原因分句使用复因标，主要有十三种。

6.3.3.2.1　连词果标 + 连词因标 + 情态副词因标

有的果因式复句，结果分句使用连词果标，原因分句先后使用连词因标和情态副词因标，例如：

（270）我【之所以】称你为“孩子”，是【因为】【毕竟】我比你的年龄大得多。（BCC）

6.3.3.2.2　连词果标 + 连词因标 + 动词因标

有的果因式复句，结果分句使用连词果标，原因分句先后使用连词因标和动词因标，例如：

（271）其中一些人【之所以】紧张，多半是【因为】【考虑到】个人得失。（BCC）

（272）【之所以】这样做是【因为】【想】【使】这一系列活动真正成为“普及运动”，能够掀起一场千兆以太网的应用普及高潮。（BCC）

6.3.3.2.3　连词果标 + 情态副词因标 + 连词因标

有的果因式复句，结果分句使用连词果标，原因分句先后使用情态副词因标和连词因标，例如：

（273）他【之所以】要那样做，【毕竟】是【由于】关心她的所作所为。（BCC）

6.3.3.2.4　连词果标 + 情态副词因标 + 动词因标

有的果因式复句，结果分句使用连词果标，原因分句先后使用情态副词因标和动词因标，例如：

（274）他【之所以】会不希望钟钰董成为模特儿，【终究】是私心【作祟】。（BCC）

（275）才半天，宦楣发觉宦宅【之所以】一直富丽堂皇，闪闪生辉，【原来】【全仗】一班帮佣努力维修打扫。（BCC）

6.3.3.2.5　连词果标 + 情态副词因标 + 超词形式因标

有的果因式复句，结果分句使用连词果标，原因分句先后使用情态副词因标和超词形式因标，例如：

（276）多少年来，我【之所以】不能再爱别人，【原来】也是【受】了这维特【的影响】，【受】了这种所谓从一而终、矢志不移的爱情观【的毒害】。（BCC）

6.3.3.2.6 连词果标 + 超词形式因标 + 连词因标

有的果因式复句，结果分句使用连词果标，原因分句先后使用超词形式因标和连词因标，例如：

（277）六七十年代正是台湾农村工业迅速发展的时期，在工业化过程中，联合家庭【之所以】会大幅度增长，他认为【主要原因】是【因为】这种家庭更能够适应农村工业发展的需要，具有使家庭致富的最佳机能。（BCC）

6.3.3.2.7 连词果标 + 超词形式因标 + 情态副词因标

有的果因式复句，结果分句使用连词果标，原因分句先后使用超词形式因标和情态副词因标，例如：

（278）我们【之所以】要在该楼中运用这一系统，【主要是】一种探索性的尝试，【毕竟】在中国办公建筑中利用太阳能发电这还是第一次。（BCC）

6.3.3.2.8 连词果标 + 超词形式因标 + 动词因标

有的果因式复句，结果分句使用连词果标，原因分句先后使用超词形式因标和动词因标，例如：

（279）我兄弟的信【之所以】空洞，【并非由于】他本人灵魂低下，【其原因】盖【出于】偏见。（BCC）

6.3.3.2.9 连词果标 + 超词形式因标 + 连词因标 + 情态副词因标

有的果因式复句，结果分句使用连词果标，原因分句先后使用超词形式因标、连词因标和情态副词因标，例如：

（280）她【之所以】一直未对柳逸轩兴师问罪，【主要的原因】，也是【因为】心中【不免】认为，说不定一切真的只是周红颖一个人在搞鬼。（BCC）

6.3.3.2.10 连词果标 + 超词形式因标 + 超词形式因标

（281）马克思和恩格斯【之所以】在一系列理论问题上能做出重大建树，【一个极为重要的原因】，【就在于】创造性地运用了唯物主义的辩证方法。（语委）

6.3.3.2.11 情态副词果标 + 情态副词因标 + 动词因标

有的果因式复句，结果分句使用情态副词果标，原因分句先后使用情态副词因标和动词因标，例如：

（282）【难怪】他落荒而逃，【原来】是【怕】你抓他回去。（BCC）

（283）【难怪】他不把消毒巾扔纸篓里，【敢情】是【怕】我们三个刚才一眼发现了张扬出去呀！（BCC）

6.3.3.2.12 动词果标 + 连词因标 + 情态副词因标

有的果因式复句，结果分句使用动词果标，原因分句先后使用连词因标和情态副词因标，例如：

（284）方一甲一听，就【免不了】脸红心跳，【因为】这【毕竟】是十分鬼祟的行为。（BCC）

6.3.3.2.13 动词果标 + 动词因标 + 超词形式因标

有的果因式复句，结果分句使用动词果标，原因分句先后使用动词因标和超词形式因标，例如：

（285）【造成】前世以及今世的困扰，全是【源自】你们对"官荻兰跳崖死亡"这一事件【所造成】的"遗憾和痛苦"的记忆。（BCC）

6.3.3.3 复果标 + 单因标

有的果因式复句，结果分句使用复果标，原因分句使用单因标，主要有五种。

6.3.3.3.1 连词果标 + 动词果标 + 连词因标

有的果因式复句，结果分句先后使用连词果标和动词果标，原因分句使用连词因标，例如：

（286）【之所以】【造成】"空警培训"的失实报道，是【因为】一家媒体一名记者前来采访具体经办人员后，擅自发出的报道。（BCC）

（287）他，这个陌生人【之所以】【引起】我的注意，只是【由于】他不断地闯进我的视野。（BCC）

（288）现在我【之所以】【不得不】把他的罪恶勾当和盘托出，这是【由于】那些枉费心机的辩护士们妄想用攻击福尔摩斯的手段来纪念莫里亚蒂，而我永远把福尔摩斯看作我所知道的最好的人、最明智的人。（CCL）

6.3.3.3.2 连词果标 + 动词果标 + 动词因标

有的果因式复句，结果分句先后使用连词果标和动词果标，原因分句使用动词因标，例如：

（289）【之所以】【造成】自己的"无知"，【源于】当今国际泳坛没有一个很好的交流空间，各自为政，没有形成互相学习、共同发展的良好氛围。（BCC）

（290）世界通信丑闻【之所以】【引起】世界震动，还【在于】它所揭示的大公司假账

行为与规模令人瞠目结舌。（BCC）

（291）我们【之所以】【不得不】到这儿来，责任全【在】你。（BCC）

6.3.3.3.3　连词果标 + 动词果标 + 超词形式因标

有的果因式复句，结果分句先后使用连词果标和动词果标，原因分句使用超词形式因标，例如：

（292）近年来，在一些地方出现的公共危机事件【之所以】【造成】了巨大的破坏，【一个重要原因就是】有关部门不严格依法、依令办事，相互扯皮、推诿，贻误了解决问题的最佳时机，人为扩大了事件的消极后果。（BCC）

（293）他的死【之所以】【引起】如此大的反响，【与】他在德国政坛的影响力和争议【有关】。（BCC）

6.3.3.3.4　情态副词果标 + 动词果标 + 连词因标

有的果因式复句，结果分句先后使用情态副词果标和动词果标，原因分句使用连词因标，例如：

（294）此条的规定【容易】【造成】理解上的分歧，【因为】承租得来的住房是不会也不能成为夫妻共同财产的。（CCL）

6.3.3.3.5　情态副词果标 + 动词果标 + 情态副词因标

有的果因式复句，结果分句先后使用情态副词果标和动词果标，原因分句使用情态副词因标，例如：

（295）现在她出现在冷氏的舞会上，【难怪】会【引起】骚动，【怕是】所有人都等着看热闹吧！（CCL）

6.3.3.4　复果标 + 复因标

有的果因式复句，结果复句先后使用连词果标和动词果标，原因分句先后使用超词形式因标和连词因标，例如：

（296）【之所以】【造成】螺栓被锡侵蚀，【其原因是】【由于】底砖螺栓孔的上下两头密封不严。（BCC）

（297）【之所以】【造成】今年就业压力大，【主要是】【由于】大学生就业目标集中在经济发达的北京、上海、广州及东南沿海等地的大中城市或国有大型企业、外企和政府机关。（BCC）

6.4　本章小结

因果复句关联标记，包括因标和果标，它们在语法实体上又有不同的类型。因标类型包括连词因标、副词因标、动词因标、形容词因标和超词形式因标。果标类型包括连词果标、副词果标、动词果标、超词形式果标。

因果式复句的关联标记模式有三种：因标、果标、因果标。因果式的因标可以是单因标或复因标。因果式单因标包括连词单因标、副词单因标、动词单因标、形容词单因标、超词形式单因标。复因标主要有六种类型：连词因标＋连词因标、连词因标＋情态副词因标、连词因标＋动词因标、情态副词因标＋连词因标、情态副词因标＋动词因标、超词形式因标＋连词因标。因果式单果标包括连词单果标、副词单果标、动词单果标和超词形式单果标。

因果式复果标主要有十三种：连词果标复用、连词果标＋副词果标、连词果标＋动词果标、连词果标＋超词形式果标、关联副词果标＋情态副词果标、关联副词果标＋动词果标、关联副词果标＋连词果标、情态副词果标＋动词果标、关联副词果标＋情态副词果标＋动词果标、超词形式果标＋关联副词果标、超词形式果标＋情态副词果标、超词形式果标＋动词果标、连词果标＋超词形式果标＋关联副词果标。

因果式的因果标共有四种类型：单因标＋单果标；单因标＋复果标；复因标＋单果标；复因标＋复果标。

单因标＋单果标主要有二十八种：连词因标＋连词果标、连词因标＋关联副词果标、连词因标＋情态副词果标、连词因标＋动词果标、连词因标＋超词形式果标、关联副词因标＋关联副词果标、关联副词因标＋动词果标、关联副词因标＋超词形式果标、情态副词因标＋连词果标、情态副词因标＋关联副词果标、情态副词因标＋情态副词果标、情态副词因标＋动词果标、情态副词因标＋超词形式果标、动词因标＋连词果标、动词因标＋关联副词果标、动词因标＋情态副词果标、动词因标＋动词果标、动词因标＋超词形式果标、形容词因标＋连词果标、形容词因标＋关联副词果标、形容词因标＋情态副词果标、形容词因标＋动词果标、形容词因标＋超词形式果标、超词形式因标＋连词果标、超词形式因标＋关联副词果标、超词形式因标＋情态副词果标、超词形式因标＋动词果标、超词形式因标＋超词形式果标。

单因标＋复果标主要有连词因标＋复果标、情态副词因标＋复果标、动词因标＋复果标、形容词因标＋复果标、超词形式因标＋复果标。

复因标＋单果标主要有连词因标＋情态副词因标＋单果标、连词因标＋动词因标＋单果标、连词因标＋超词形式因标＋单果标、情态副词因标＋其他因标＋单果标、超词形式因标＋

其他因标 + 单果标。

　　复因标 + 复果标主要有连词因标 + 情态副词因标 + 复果标、连词因标 + 动词因标 + 复果标、连词因标 + 超词形式因标 + 复果标、情态副词因标 + 动词因标 + 复果标、超词形式因标 + 其他因标 + 复果标。

　　果因式复句的关联标记模式有三种：因标、果标、果因标。

　　果因式复句的因标模式包括单因标和复因标。果因式复句的单因标包括连词因标、情态副词因标、动词因标、超词形式因标等。果因式复句的复因标大体有六种：连词因标 + 情态副词因标、连词因标 + 动词因标、情态副词因标 + 连词因标、情态副词因标 + 动词因标、超词形式因标 + 动词因标、超词形式因标 + 动词因标 + 情态副词因标。

　　果因式复句的果标模式包括单果标和复果标。果因式复句的单果标主要是连词果标、情态副词果标。果因式复句的复果标主要有三种：连词果标 + 动词果标、情态副词果标 + 动词果标、情态副词果标 + 情态副词果标。

　　果因式复句的单果标 + 单因标主要有十一种：连词果标 + 连词因标、连词果标 + 情态副词因标、连词果标 + 动词因标、连词果标 + 超词形式因标、情态副词果标 + 连词因标、情态副词果标 + 情态副词因标、情态副词果标 + 动词因标、情态副词果标 + 超词形式因标、动词果标 + 连词因标、动词果标 + 情态副词因标、动词果标 + 情超词形式因标。

　　果因式复句的单果标 + 复因标主要有十三种：连词果标 + 连词因标 + 情态副词因标、连词果标 + 连词因标 + 动词因标、连词果标 + 情态副词因标 + 连词因标、连词果标 + 情态副词因标 + 动词因标、连词果标 + 情态副词因标 + 超词形式因标、连词果标 + 超词形式因标 + 连词因标、连词果标 + 超词形式因标 + 情态副词因标、连词果标 + 超词形式因标 + 动词因标、连词果标 + 超词形式因标 + 连词因标 + 情态副词因标、连词果标 + 超词形式因标 + 超词形式因标、情态副词果标 + 情态副词因标 + 动词因标、动词果标 + 连词因标 + 情态副词因标、动词果标 + 动词因标 + 超词形式因标。

　　果因式复句的复果标 + 单因标主要有五种：连词果标 + 动词果标 + 连词因标、连词果标 + 动词果标 + 动词因标、连词果标 + 动词果标 + 超词形式因标、情态副词果标 + 动词果标 + 连词因标、情态副词果标 + 动词果标 + 情态副词因标。

　　果因式复句的复果标 + 复因标主要是：连词果标 + 动词果标 + 超词形式因标 + 连词因标。

第七章　因果句群的关联标记模式

本章考察因果句群的关联标记模式。因果句群分为因果式句群和果因式句群，它们的关联标记模式都是由因标和果标配合使用而构成的。其中，因果式句群和果因式句群的因标和果标有同有异，因果式句群和果因式句群的关联标记模式则有所不同。

7.1　因果句群的关联标记类型

因果式关联标记的类型分为因标类型和果标类型。

7.1.1　因果句群的因标类型

因果句群的因标，主要有连词因标、副词因标、动词因标、形容词因标和超词形式因标。连词因标，主要有"因为"；情态副词因标主要有"敢情、原来、毕竟、到底、究竟"等，关联副词因标主要有"就、便、才"；动词因标主要有"在于、想、怕、生怕、担心、唯恐、多亏、有幸"等；形容词因标主要有"可惜"；超词形式因标主要有"是因为……（的原因 / 结果 / 关系）、正 / 就因为、正 / 就是因为、这是因为、是由于、正 / 就由于、正 / 就是由于、（其）原因是（因为）、究其原因、其（主要）理由是、之所以如此、其原因就是因为、是因为……还是因为、是因为……而不是因为、不是因为……而是因为"等。

7.1.2　因果句群的果标类型

因果句群的果标，主要有连词果标、副词果标、动词果标和超词形式果标。连词果标主要有"所以、因此、因之、于是、因而、从而、故、故而、故此、为此、结果、以致于、以致、以至于、以至"；情态副词果标主要有"只好、难怪、怪不得、怨不得、无怪乎、不免、未免、难免"，关联副词主要有"就、便、才"；情态动词果标主要有"只得、不得不、只能"，致使动词果标主要有"导致、致使、致令、使、使得"等；疑问代词主要有"为什么、怎么"等；超词形式果标主要有"正因为如此、正因如此、（有）鉴于此、唯其如此、有鉴于此、基于……

原因、因此一来、如此一来、这样一来、其结果（是）、结果是、这就是（为什么）……的原因／缘故／理由、不可避免（地）"。

表 7-1：因果句群的因标和果标

		因标	果标
连词		因为	所以、因此、因之、于是、因而、从而、故、故而、故此、为此、结果、以致于、以致、以至于、以至
副词	关联		就、便、才
	情态	敢情、原来、毕竟、到底、究竟	只好、难怪、怪不得、怨不得、无怪乎、不免、未免、难免、容易
动词	情态		只得、不得不、只能
	致使		使、使得、致、致使、导致、造成、引起、引发、免不了
	基源	在于	
	认知心理	想、怕、生怕、担心、唯恐	
	亏怪	多亏、有幸	
形容词		可惜	
疑问代词			为什么、怎么
超词形式		是因为……（的原因／结果／关系）、正／就因为、正／就是因为、这是因为、是由于、正／就由于、正／就是由于、（其）原因是（因为）、究其原因、其（主要）理由是、之所以如此、其原因就是因为、是因为……还是因为、是因为……而不是因为、不是因为……而是因为	正因为如此、正因如此、（有）鉴于此、唯其如此、有鉴于此、基于……原因、因此一来、如此一来、这样一来、其结果（是）、结果是、这就是（为什么）……的原因／缘故／理由、不可避免（地）

7.2　因果式句群的关联标记模式

因果式句群的关联标记模式有因标、果标和因果标。

7.2.1　因果式句群的因标

有的因果式句群，只使用因标，往往是原因句使用单个因标，主要是情态副词因标和形容词因标。

7.2.1.1　情态副词因标

有的因果式句群使用情态副词因标，如"好在、多亏、幸亏、幸好、幸而、幸得、亏得"

等，例如：

（1）【幸亏】今天去了。我在那里见到了妙子！（CCL）

（2）【好在】1984 年她又有了一个活泼可爱的女儿。家里终于有了一点欢笑。（BCC）

7.2.1.2　形容词因标

有的因果式句群，使用形容词因标，主要是"可惜"，例如：

（3）【可惜】，陈洁如毕竟还是年龄太小，不会撒谎。她报给蒋介石的假地址不全是假的，只是故意把"33 号"说成了"88"号，而"西藏路"这个大方向并没有错报。（CCL）

7.2.2　因果式句群的果标

有的因果式句群，只使用果标，结果句使用一个或两个果标。

7.2.2.1　单果标

有的因果式句群，结果句只使用一个果标。主要包括结果连词、结果副词、结果动词、结果超词形式。

7.2.2.1.1　连词果标

有的因果式句群，在结果句使用连词果标，如："所以、因此、因之、于是、因而、从而、故、故而、故此、为此、结果、以致于、以致、以至于、以至"等，例如：

（4）恶人围困义人。【所以】公理显然颠倒。（CCL）

（5）现才正鼓励劳工回乡生产。【所以】现在上海街上三轮车夫都少了许多，黄包车夫是完全绝迹了。（张爱玲《秧歌》）

（6）这艘船没办法转弯。【因此】船首看起来和船尾一样。（CCL）

（7）自工业革命以后，机器取代人力，甚且重机器而轻人力，劳资双方壁垒分明。【因之】，形成了严重的劳工问题。（CCL）

（8）也许那边另有打算。【于是】我跑了。（CCL）

（9）天下是没有卖后悔药的。【因而】人的一生时时事事要谨慎、珍重。（CCL）

（10）宋玉的叛变，反衬婵娟的坚贞。【从而】为第五幕高潮的到来烘托了气氛。（CCL）

（11）现在看来，尚未完全。【故】不揣浅陋，以为补遗。（CCL）

（12）且正值年老之人，无语可藏于心。【故而】毫不犹豫，竟将此事俱告弘徽太后。（CCL）

（13）考期多在春季的二、三月。【故此】会试又称"礼闱"、"春闱"。（CCL）

（14）中毒人数超过 1 万人。【为此】，该厂已被勒令停止生产。（CCL）

（15）市民们纷纷投徐虎的票。【结果】，徐虎获得了一等奖。（CCL）

（16）我天天看。在窗口，一动不动。【以致于】他们也习惯了我。（CCL）

（17）可一些人出汗后就赶快洗澡。【以致】在洗澡时再次受寒，使病情加重。（CCL）

（18）独此数篇，莫能引其字句。【以至于】今，传写讹错，更难勾乙。（CCL）

（19）他跟陈南燕跟得那么贴身。【以至】屡屡踩到陈南燕的后脚跟。（CCL）

7.2.2.1.2 情态副词果标

有的因果式句群，结果句使用情态副词果标，主要有"只好、难怪、怪不得、怨不得、无怪乎、不免、未免、难免"等，例如：

（20）他们二人坚持斗争，敌人又失败了，毫无所获。【只好】又把他转押至草岚子监狱。（CCL）

（21）他敢大胆地负起责任，制止对方的阴谋。【难怪】李鸿章从此看重他，派他作驻高丽的总代表。（CCL）

（22）据同行的朋友讲，他们的舞步是由西班牙民间舞和拉丁土著舞演化而来的。【怪不得】他们奇怪而飞快的步法怎么也学不上来。（CCL）

（23）封面上写着我的名字。【怨不得】看着它眼熟呢。（CCL）

（24）丛书之风，大有愈演愈烈之势。【无怪乎】，有读者惊呼：丛书成灾，套书泛滥，购书者要谨防上当。（CCL）

（25）依此说来，《简明不列颠百科全书》似乎只是一部翻译书罢了。【难免】有个别自称守一、不知有二的人，不懂劳动和人事的人，在琼楼玉宇里会扁嘴一笑说，这不过是"简单的重复劳动"，抱一本英汉字典就能干。（CCL）

（26）倒不是怕自己搞不好群众关系，主要是怕这种不卫生习惯。【难免】不影响毛泽东的健康。（CCL）

（27）他见这老尼姑面貌肃然，气度高雅，心中大失坦然。【不免】畏缩起来，要说的言语，只是闷在胸中，开不得口。（CCL）

7.2.2.1.3 关联副词果标

有的因果式句群，结果句使用关联副词果标，主要有"就、才"等，例如：

（28）众所周知，隋唐时代是继秦汉之后，在我国封建社会各种制度上做出又一次较大革新和创建的时期。无论是在土地制度、赋税制度、政治制度，还是考试制度等方面，都十分突出。这【就】必然地要求能够从历史上得到借鉴，从而使得这些革新更加合理与完善。（CCL）

（29）詹姆士很注意利用经济因素来激励员工，他定期地在员工中拍卖本公司的股票，目前，几乎公司的每个员工都拥有公司的股票。这样【就】大大地激发了大家为公司努力工作的热情。（CCL）

（30）应当说清楚，这并不是梁大伯设法转变了他的脾气，只是梁大伯性情好，黄全宝办了点难见人的事，梁大伯也不惹他，远远躲开。这样【才】稳住了黄全宝的心。（CCL）

7.2.2.1.4　动词果标

有的因果式句群，结果句使用动词果标，主要有"只得、不得不、导致、致使、致令、使、使得"等，例如：

（31）她这才想起，根本就没调焦距。她【只得】返回现场重拍。（CCL）

（32）祁东籍战士陈国友却被当作包袱，扔来甩去，工作仍无着落。【只得】重返部队寻求帮助。（CCL）

（33）4 日下午，三名巴勒斯坦武装人员在耶路撒冷法兰西山附近持枪拦截一辆以色列公交汽车并向车上乘客射击。【导致】2 名以色列人丧生，42 人受伤。（CCL）

（34）回返的路上，那两个自认为消耗了气力的老兄一人给了卢小波一大脚。【致使】卢小波腿上的青斑两个月不褪。（CCL）

（35）廖冰兄善写打油诗词。【使】漫画的表现手段更加开阔。（CCL）

7.2.2.1.5　超词形式果标

有的因果式句群，结果句使用超词形式果标，主要有"正因为如此、正因如此、（有）鉴于此、唯其如此、有鉴于此、基于……原因、因此一来、如此一来、这样一来、其结果（是）、结果是、这就是（为什么）……的原因 / 缘故 / 理由"等，例如：

（36）首都电信越来越明显地发挥着先导作用。【正因为如此】，我们抓住机遇，利用北京电信作为国际出入口局及全国长途的得天独厚的条件，广泛引进和采用信息通信的各类新技术，不断延伸和扩展国家通信网骨干网络。（CCL）

（37）每到一地他都要拍照记录。【正因如此】，他留下了许多珍贵的历史镜头。（CCL）

（38）改革是勇敢者的事业。【有鉴于此】，他们按照邓小平提出的"杀出一条血路"的要求，"摸着石头过河"，克服前进中的困难，探索改革创新之路。（CCL）

（39）毛在孩提时代便与王十分熟悉。【基于上述种种原因】，毛泽东在省城就学期间颇得王季范的照拂和帮助，于学业亦多受王的指点。（CCL）

（40）石头吸引石头，花朵吸引花朵。【如此一来】，会有一种优雅的、美妙的、充满祝福的关系存在。（CCL）

（41）兵士们粗粗一点，竟有几十万支。【这样一来】，城里的箭就不用愁啦！（CCL）

（42）这种戒律实在偏激得可爱。【其结果】，无辜的爱情便与所谓封、资、修一道蒙受恶谥、幽禁冷宫。（CCL）

（43）她是没有父母的孤儿，她需要我。【这就是为什么】我爱她【的原因】。（CCL）

7.2.2.2 复果标

有的因果式句群，结果句使用两个果标，主要有十四种。

7.2.2.2.1 连词复果标

有的因果式句群，结果句先后使用两个不同的连词果标，例如：

（44）我们分析就是在我们中国的历史上，就是在小农经济的社会，在计划经济的时代，由家庭保障过渡到单位保障，由家庭人发展到单位人，其实大家都是寻求安全和有保障来作为出发点的，得到他的归宿，也是如此。【所以】【因此】呢，在计划经济时代，我们可以说我们是有保障的时代，但是我们说计划经济时代的那种有保障，是一个缺乏效率，而且最终也会使资源枯竭的时代。（CCL）

（45）尽管表面上没有写得一清二楚，但是埃利亚德悄悄地但确确实实地把该思想提示于同一日记的下述叙说之中，这是我从他的日记中读到的。【于是】【因此】也把我前面提到的陷进烦恼的自己治好了。（CCL）

7.2.2.2.2 连词果标 + 情态副词果标

有的因果式句群，结果句先后使用连词果标和情态副词果标，例如：

（46）诗人觉得，读诗和做诗一定要有很高的思想的。基本上只有诗人自己能做到这点。【所以】【只好】内部流通。（CCL）

（47）这事的原委是这样的：红拂的私房钱，除了给女儿的，都放在魏老婆子这里，讲好了红拂一死，就归魏老婆子。这时用得越多，最后剩得越少。【所以】【难怪】她有意见，又敢怒不敢言。（王小波《怀疑三部曲》）

（48）中国所谓的白领则普遍素质较差。中国企业内耗严重。人人相轻，人人顽固。【所以】【难怪】外资企业一进入中国大陆市场就开始惊呼："在中国办企业招不到人！"（CCL）

7.2.2.2.3 连词果标 + 关联副词果标

有的因果式句群，结果句先后使用连词果标和关联副词果标，例如：

（49）我吓坏了，不知怎么办才好。【所以】【就】躲到这里来了。（CCL）

（50）这个项目的规则今年才变，只有前6名才能进入决赛。【所以】【才】会出现赛后有记者错套近乎的一幕。（CCL）

7.2.2.2.4 连词果标 + 动词果标

有的因果式句群，结果句先后使用连词果标和动词果标，例如：

（51）现在国家到这地步，调兵调到我，拉夫拉到我，我没有法子逃。【所以】【不得不】去做一年半年的大使。（CCL）

（52）我上辈子绝对是住在火山里的。【所以】【导致】我那么怕冷。（BCC）

（53）苦力贩子为多装苦力，多得利润，苦力实际舱位不到 8 平方英尺。【所以】【造成】苦力船上拥挤不堪，苦力"日则并肩叠膝而坐，夜则交股架足而眠。"（BCC）

7.2.2.2.5 连词果标 + 超词形式果标

有的因果式句群，结果句先后使用连词果标和超词形式果标，例如：

（54）如果地中海食蝇要有的话，我想我们国家苹果、梨的价格可能上涨 30％不为过，它需要大量人力物力来进行消灭害虫的工作。【所以】【这样一来】，一个很小的事情就有可能出现大量的问题。（BCC）

（55）只有六个人知道她人在纽约，但她不曾和他们谈论过工作或男朋友的事。【所以】【结果是】一无所获。（BCC）

7.2.2.2.6 情态副词果标 + 关联副词果标

有的因果式句群，结果句先后使用情态副词果标和关联副词果标，例如：

（56）《持故小集》收了高旅的杂文共七十篇，如果要篇篇谈到，那就得做七十篇文章，哪里办得到。【只好】【就】从这篇《唐代的贬官》结尾的考"迁"攻过去。（CCL）

7.2.2.2.7 情态副词果标 + 动词果标

有的因果式句群，结果句先后使用情态副词果标和动词果标，例如：

（57）许多文章藉以立论的基本概念不但彼此重复，而且数量有限。这【难免】【使】人产生一种印象，似乎作文者手里只有数目固定且形状颜色又相当单调的积木，虽然颠之倒之，力求诸般变化，却无论如何逃不开千篇一律。（CCL）

（58）人们知道她是电影圈子里的人了。这【不免】【使】她产生一种自豪感。（CCL）

（59）项羽只有一个范增谋士，他还不大听从他的建议。【终于】【导致】兵败境下，乌江自刎。（CCL）

7.2.2.2.8 关联副词果标 + 情态副词果标

有的因果式句群，结果句先后使用关联副词果标和情态副词果标，例如：

（60）这些传到王采玉和蒋赛凤耳朵里时，早已经过了大量的民间"艺术加工"，甚至连蒋瑞元与毛阿春桑前月下偷偷约会、海誓山盟拥抱接吻的"细节"都被传扬得活灵活现。这也【就】【难怪】蒋母伤心、毛母生气了。（CCL）

（61）一些工程人员则缺乏人文视野与思考。这【就】【不免】陷入一味追求时髦和简单的相互抄袭。（CCL）

7.2.2.2.9　关联副词果标＋动词果标

有的因果式句群，结果句先后使用关联副词果标和动词果标，例如：

（62）王芸生争取再三，仍告无效。【就】【只得】赴文化部学习了一段。（CCL）

（63）有关部门对会计师事务所的违法行为所进行的裁决和处理偏重于行政处罚。这【就】【造成】在违规成本很低的情况下，会计师不惜以身试法。（CCL）

7.2.2.2.10　超词形式果标＋情态副词果标

有的因果式句群，结果句先后使用超词形式果标和情态副词果标，例如：

（64）人的社会性生命主要体现在意识情感倾向、人品道德以及学识能力在服务社会中发挥的几个方面，而这些方面的有机发展涉及个人生活时空的不确定因素以及社会化的庞杂内容，很难准确把握每个人的最初方面、相关方面的起点以及相应的最佳路径及其内容、方式、时机。大概【正因为如此】，学校通常【只好】就礼仪、规范以及学会什么知识等可见行为来予以教授引导。（BCC）

7.2.2.2.11　超词形式果标＋关联副词果标

有的因果式句群，结果句先后使用超词形式果标和关联副词果标，例如：

（65）群众工作部的工作琐碎、繁重，有一定的难度，很多工作是默默无闻的。【正因如此】，【就】更加要求党报编辑、记者要有责任心和党性原则。（CCL）

（66）我们的各级干部是人民的公仆，以人民的利益为利益，人民的意志为意志。【正因如此】，【才】有力量，【才】能代表人民，团结人民，率领人民群众前进。（CCL）

7.2.2.2.12　超词形式果标＋动词果标

有的因果式句群，结果句先后使用超词形式果标和动词果标，例如：

（67）这些东西都只有在实践中出现和存在，在实践中起作用。【正因如此】，【使得】我们可以对社会现象做出新的认识和解释。（CCL）

（68）各队的目标是，在50年后能用机器人队击败人类足球世界杯冠军队。【正因如此】，本届机器人足球世界杯【引起】人们广泛关注。（CCL）

7.2.2.2.13　连词果标 + 关联副词果标 + 情态副词果标

有的因果式句群，结果句先后使用连词果标、关联副词果标和情态副词果标，例如：

（69）听别人说，这就是曹聚仁。【因此】【就】【不免】刮目相看了，这是我已经知道的一个作家兼教授的名字。（CCL）

7.2.2.2.14　超词形式果标 + 关联副词果标 + 动词果标

有的因果式句群，结果句先后使用超词形式果标、关联副词果标和动词果标，例如：

（70）她拒绝了那些人的邀请，说她动弹不了。【正因如此】，这【便】【足以】【叫】她讨厌那个说出这些话的小伙子的面孔和嗓音了。（CCL）

（71）当时法国登记选民高达近 30% 的人没有去投票。【其结果】【便】是【导致】若斯潘的"出局"。（BCC）

7.2.3　因果式句群的因果标

有的因果式句群，原因句有因标，结果句有果标。

7.2.3.1　单因标 + 单果标

有的因果式句群，原因句使用单因标，结果句使用单果标，主要有八种。

7.2.3.1.1　连词因标 + 连词果标

有的因果式句群，原因句使用连词因标，结果句使用连词果标，例如：

（72）【因为】在此之前他们一点没有看出她照顾过疯子的种种迹象。【所以】当她在这一天突然牵着疯子的手出现时他们自然惊愕不已。（余华《河边的错误》）

（73）【因为】山狗子的尿有毒啊。【所以】什么野兽都怕山狗子的尿。（CCL）

（74）【因为】这个国家重视小孩子嘛。【所以】他就治小孩子的病。（CCL）

（75）【因为】NBA 有世界上最好的篮球选手。【所以】我到 NBA 打球是为了和最好的队员比赛。（CCL）

（76）【因为】我对好人总是很留恋的。【因此】，第二天，当我又看见他时，甭提心里有多高兴了。（CCL）

（77）【因为】，整个非洲大陆没有一个统一的"新年"。【因此】，要问非洲人如何过年，首先要知道是指的哪一个非洲，是北非还是南非，是阿拉伯非洲，还是撒哈拉以南非洲。（CCL）

（78）【因为】她觉得老赵的回头一瞥可能是暗示在场院屋里还有什么没有办理完的事情。【于是】，她以慌乱的脚步，顺着他们刚才下来的山路，向着山坡上的场院屋跑去。

（峻青《党员登记表》）

（79）【由于】各级各类学校的性质和任务不同，在实现教育目的时也各有自己的特点。【因此】，为在普通中小学实现教育目的，首先就要明确这种教育的性质和任务。（CCL）

（80）【因为】帝国的民众要的并不是民主的过程。【结果】，帝国的民众就在自己不费吹灰之力的情况下获得了民主政治的结果。（CCL）

（81）【惟其】不能知天。【故】竟以天下为己任。（BCC）

7.2.3.1.2　连词因标 + 关联副词果标

有的因果式句群，原因句使用连词因标，结果句使用关联副词果标，例如：

（82）【因为】二者本来就是互相依存的。这【就】要求哈佛经理在制订公共关系计划时，必须使其富有弹性，以便随着环境变化而及时进行调整。（CCL）

7.2.3.1.3　连词因标 + 动词果标

有的因果式句群，原因句使用连词因标，结果句使用动词果标，例如：

（83）【因为】当场宣读，读到中间对方会捣乱。【使】人无法听下去。（CCL）

7.2.3.1.4　连词因标 + 超词形式果标

有的因果式句群，原因句使用连词因标，结果句使用超词形式果标，例如：

（84）【因为】盗版者通常使用过期的电子地图与 GPS 导航产品简单相加。【其结果是】，地图精准度不够，很多地方错绘、漏绘，消费者更无法享受电子地图每年升级的售后服务。（BCC）

7.2.3.1.5　情态副词因标 + 连词果标

有的因果式句群，原因句使用情态副词因标，结果句使用连词果标，例如：

（85）【幸亏】困惑总是自相矛盾的。【所以】我虽惶然，却仍在读书，也依然在希望自己和别人读书能得更大的收益。（CCL）

（86）【幸而】我从年轻的时候就懂得水性，游泳的各种方式，我都十分娴熟。【所以】，我犹如回到了自己的家里那样，即使在这惊涛骇浪中，我也是这样的自由自在，呀，在我看来，我目前的环境仿佛在天国里一般。（CCL）

（87）【好在】那片自我痛责，也同样集中针对着他一生这最后四年。【所以】，我们不妨从这片自我痛责来解读一下这"无字天书"之真义所在。（CCL）

（88）【反正】人家有军权有实力，武汉政府没有。【因此】贤侄你的工作肯定要有困难，而且困难还很大。（CCL）

（89）【毕竟】，他是个 30 多年党龄的农村老党员。【所以】，当镇委领导找他谈话时，他已心中有数。（CCL）

7.2.3.1.6　情态副词因标 + 情态副词果标

有的因果式句群，原因句使用情态副词因标，结果句使用情态副词果标，例如：

（90）【原来】是他去检举邀功。【怪不得】二婶临走的时候那么生气。（CCL）

（91）【原来】只便宜了五六块钱。【难怪】总有人怀疑这些宣称"平均降价百分之四十几、百分之五十几"药店的进货渠道、价格欺骗伎俩。（BCC）

7.2.3.1.7　超词形式因标 + 连词果标

有的因果式句群，原因句使用超词形式因标，结果句使用连词果标，例如：

（92）【正由于】资本家使货币为自己带来了剩余价值，货币变成了资本。【因此】，可以对"资本"下这样的定义：资本是能够带来剩余价值的价值。（CCL）

（93）【就因为】不自由恋爱的婚姻没有爱情，不好。【所以】"五四"之后就出现了写没有爱情的婚姻是如何让人感到痛苦的作品。（CCL）

7.2.3.1.8　超词形式因标 + 动词果标

有的因果式句群，原因句使用超词形式因标，结果句使用动词果标，例如：

（94）其中最重要的危害之一，【就是因为】大雪覆盖了草地，当地又没有相当的饲草储备。【致使】大量的牲畜因无饲料可食而饿死、冻死。（BCC）

7.2.3.2　单因标 + 复果标

有的因果式句群，原因句使用单因标，结果句使用复果标，主要有三种。

7.2.3.2.1　连词因标 + 连词果标 + 情态副词果标

有的因果式句群，原因句使用连词因标，结果句先后使用连词果标和情态副词果标，例如：

（95）【因为】你一开口很多人都大伤脑筋。【所以】【只好】让你在南湾市的便宜酒店里跟个妓女一起送命。（BCC）

（96）燕西道："早先原没有打算现在结婚。【因为】现在突然要结婚。【所以】【不得不】来求你给我说情。"（张恨水《金粉世家》）

7.2.3.2.2　超词形式因标 + 连词果标 + 关联副词果标

有的因果式句群，原因句使用超词形式因标，结果句先后使用连词果标和关联副词果标，例如：

（97）【主要是因为】我有了一项发现。【所以】【才】决定留下不走。（村上春树《世界尽头与冷酷仙境》）

7.2.3.2.3 连词因标 + 关联副词果标 + 情态副词果标 + 动词果标

有的因果式句群，因句使用连词因标，果句先后使用关联副词果标、情态副词果标、动词果标，例如：

（98）【因为】诗评家的笔下，能开出诗歌追求者的梦境之花。这【就】【容易】【造成】这样一种畸形现象出现："著名"的往往不是最优秀的；最优秀的，却不是著名的。（CCL）

7.2.3.3 复因标 + 单果标

有的因果式句群，原因句使用复因标，结果句使用单果标，主要有两种。

7.2.3.3.1 连词因标 + 情态副词因标 + 连词果标

有的因果式句群，原因句先后使用连词因标和情态副词因标，结果句使用连词果标，例如：

（99）【因为】【毕竟】同样学历，同样工作经历的人很多。【所以】对求职来讲，沟通能力是非常重要的。（CCL）

7.2.3.3.2 连词因标 + 情态副词因标 + 情态副词果标

有的因果式句群，原因句先后使用连词因标和情态副词因标，结果句使用情态副词果标，例如：

（100）【因为】【毕竟】我这个人性格不是那种朋友丢脸还拼命安慰的。【当然】是嘲笑一下才爽嘛！（BCC）

7.2.3.4 复因标 + 复果标

有的因果式句群，原因句使用复因标，结果句使用复果标，主要有两种。

7.2.3.4.1 连词因标 + 情态副词因标 + 连词果标 + 情态副词果标

有的因果式句群，原因句先后使用连词因标和情态副词因标，结果句先后使用连词果标和情态副词果标，例如：

（101）【因为】【毕竟】无法预料到上海本地股还会如此群起狂飙。【因此】这【难免】是周账户操作的一个遗憾。（BCC）

7.2.3.4.2　连词因标 + 情态副词因标 + 连词果标 + 关联副词果标

有的因果式句群，原因句先后使用连词因标和情态副词因标，结果句先后使用连词果标和关联副词果标，例如：

（102）【因为】【毕竟】幼儿园与家长当中的一个人的上班地点是一致的，并且家长能
　　　　有更多机会与幼儿园的老师交谈，了解宝宝在幼儿园的情况。【因此】【就】可
　　　　以考虑上家长所在单位的幼儿园。（BCC）

7.3　果因式句群的关联标记模式

果因式句群的关联标记模式，大致有三种：因标、果标、果因标。

7.3.1　果因式句群的因标

果因式句群，可以只在原因句使用因标，包括单因标和复因标。

7.3.1.1　单因标

有的果因式句群，在原因句只使用一个因标，主要是连词因标、情态副词因标、动词因标、超词形式因标等。

7.3.1.1.1　连词因标

有的果因式句群，原因句使用连词因标，主要有"因为"，例如：

（103）遗传不能最终决定个体发展的方向、内容和水平。【因为】个体身心的最终发展方
　　　　向、内容和水平，是在遗传的基础上，由后天的环境和教育作用的结果。（CCL）

（104）没有这种外化，教育过程就不可能进行。【因为】只有当文化可以传递时，才可
　　　　以保存，并使之世代相传。（CCL）

（105）当然，实际说话的时候，句子是不会太长的。【因为】太长了，说话的人（或听
　　　　话的人）说（或听）到后来会忘记前面说过（或听过）的内容。（CCL）

7.3.1.1.2　情态副词因标

有的果因式句群，原因句使用情态副词因标，主要有"敢情、原来、毕竟、到底、究竟"等，例如：

（106）稍许，小太监掀开舆帘，抱琴过来挽扶。【敢情】是已到了临时驻跸之所。（CCL）

（107）久病独居的 68 岁老人唐少华身边来了一群充满活力的孩子，他们与老人交谈解
　　　　闷，为老人做好事，这可乐坏了唐少华，连连示意感谢。【原来】，这是晋安区

王庄街道砌池社区"邻里守望"帮扶老人行动中的新内容——"孝亲敬老"活动，让社区孩子参与到帮扶老人的行动中来，促使他们从小树立尊老爱老观念。（BCC）

（108）到现在，尽管很多人对教改抱怨连连，但这一宗旨始终受到广泛支持。【毕竟】"十年寒窗苦"，给多少人留下心理阴影。（BCC）

（109）现在需要气派，要反复不厌其详，要对读者下倾盆大雨。【到底】是时代不同了。（CCL）

7.3.1.1.3 动词因标

有的果因式句群，原因句使用动词因标，例如：

（110）浙江三狮集团的成功，不是偶然的。其辉煌【在于】始终坚持实事求是的原则，有退有进、分步实施、重点突破、稳步推进。【在于】着眼于创造和发挥综合优势，由有效扩张规模来寻求发展、重点突破，并通过技术创新和制度创新最终把企业做强。（BCC）

（111）每当这个时候，他就赶忙离开她。【生怕】他的笨拙给她留下不好的印象，或者引起她的另外一些不好的猜疑。（路遥《夏》）

7.3.1.1.4 超词形式因标

有的果因式句群，原因句使用超词形式因标，主要有："是因为……（的原因/结果/关系）、正因为、正是因为、这是因为、是由于、正由于、正是由于、（其）原因是（因为）、究其原因、其（主要）理由是、之所以如此、其原因就是因为、是因为……还是因为、是因为……而不是因为、不是因为……而是因为"等，例如：

（112）不知道"将来"什么时候才来，似乎是近一步就远一步，永远到不了的。【是因为】那时间实在是太长太长，没有个头的。（BCC）

（113）她看见一切。【就因为】"看见"他伤心了。（沈从文《新与旧》）

（114）站了一会，听到远处天际有飞机声，也有炸弹隆隆的爆炸声，但人体和地面并不感到震动。【是因为】离得远【的原因】吗？（BCC）

（115）有人说，这些跟冰鞋毫不相干。【是因为】我养腿伤的时候，在医院里躺着【的结果】！（BCC）

（116）下巴左右长起了茧子啦。要是再硬的话，该用砂皮纸打磨了。【是因为】练习小提琴【的关系】哟。（CCL）

（117）他们的理论未能阻止地理学的分化。【这是由于】地理学的发展不是孤立的，而是与科学技术总体的发展水平、社会对地理学的需求紧密相连的。（CCL）

（118）当时，该县经济基础薄弱，生产条件较差。【究其原因主要是】，"无边无海亦无路"的环境严重制约着经济发展。（CCL）

（119）加热功率很小时，会对电网产生极大干扰，加热装置无法正常工作。【其原因是因为】此时仪表所控制的是变压器原边线圈，属感性负载。（BCC）

（120）中国的软磁盘业起步晚，处境艰难。【其主要原因是】中国市场长期被国外品牌所垄断，国内品牌无法与之抗衡。（BCC）

（121）至少，在星期三上午离开之前，她是打算和贵志道别，直接回家，可是，心情却忽然改变了。【是因为】贵志硬是不让自己独自回家，拦下计程车送自己吗？【还是因为】在昏暗的车上，感受到贵志就在身旁？（BCC）

（122）八十多个日日夜夜里，我们曾经流过太多的泪。【不是因为】吃了太多的苦，【而是因为】我们经受了太多感动，承接了太多太重的爱。（CCL）

7.3.1.2　复因标

有的果因式句群，原因句使用复因标，主要有四种。

7.3.1.2.1　连词因标 + 情态副词因标

有的果因式句群，原因句先后使用连词因标和情态副词因标，例如：

（123）他现在每一分精力都很宝贵。【因为】【毕竟】多一份力量，就多一份活下去的希望。（BCC）

（124）我们并没有力量能够阻止被圣杯选上的主人。【因为】【毕竟】是个能实现愿望的杯子。（BCC）

7.3.1.2.2　连词因标 + 动词因标

有的果因式句群，原因句先后使用连词因标和动词因标，例如：

（125）夏季来临后，家用电器损坏率倍增。这都是【因为】酷热下使用不当【引起】的。（BCC）

7.3.1.2.3　情态副词因标 + 连词因标

有的果因式句群，原因句先后使用情态副词因标和连词因标，例如：

（126）第二天送来的时候，东西全没有盖，而是盖着一层绿蝇。【原来】【因为】告诉大蝎去嘱咐送饭的仆人，使大蝎与仆人全看不起我了。（BCC）

（127）2002年下半年，家庭轿车购买力出现一次大释放。【原来】【因为】定价太高卖不出去的车型，突然出现抢购狂潮。（BCC）

7.3.1.2.4　情态副词因标 + 超词形式因标

有的果因式句群，原因句先后使用情态副词因标和超词形式因标，例如：

（128）他蹙眉心疼地捧起她的脸蛋，看进她眼里深处。【原来】【是因为】我长得像你的钊云！（BCC）

（129）看完了，他心怀憎恶，把书摔到屋子另一头去了。【原来】【是因为】他上了卑鄙龌龊的书评家的当，白花了一块半美元，买了本"宗教与道德训示集"。（BCC）

（130）"大话西游二大圣娶亲"看完了一没理由不看二啊。【原来】【是由于】一些事错过了，现在再重新品味一下。（BCC）

（131）话说 ABO 我也就只萌这个，这个设定其实还是很萌哒。【毕竟】【是因为】爱【而不是因为】荷尔蒙。（BCC）

7.3.2　果因式句群的果标

有的果因式句群只用果标，包括单果标和复果标。

7.3.2.1　单果标

有的果因式句群在结果句使用单果标，主要有两种：情态副词果标、疑问代词果标。

7.3.2.1.1　情态副词果标

有的果因式句群，在结果句使用情态副词果标，例如：

（132）【难怪】有人称誉巴黎为现代文明的发祥地。塞纳河孕育了巴黎，诞生了法兰西。（CCL）

7.3.2.1.2　疑问代词果标

有的果因式句群，在结果句使用疑问代词果标"怎么、为什么"，例如：

（133）【为什么】只有他成功了呢？这个人是个瞎子，他看不到其他东西，他只有这一个目标，他锁定了这个目标，坚持就做成了。（CCL）

（134）【怎么】会在日本出现呢？后来我才知道，甲午战争中一个日本军官得到了这件战利品，把它运到日本，卖给了古董店，辗转流传又到了收藏文物出名的浩的外祖母家。（CCL）

7.3.2.2　复果标

有的果因式句群，结果句使用复果标，主要是先后使用疑问代词果标和动词果标，例如：

（135）这些外来物种【为什么】【造成】这么大的危害？它都有特殊性，它没点特殊的

本领的话，它早就灭绝了，它不会这样。（CCL）

（136）足球比赛因赛场秩序混乱，发生违规违纪甚至违法事件，曾经有过教训，【为什么】没有【引起】有关地方和部门足够的重视？管理松懈、处罚不严的情况早就存在，一直没有得到有效的纠正。（CCL）

7.3.3　果因式句群的果因标

有的果因式句群，同时使用因标和果标，这又有两种情况：一种是因标用于原因句，果标用于结果句；另一种是因标和果标都用于原因句。

7.3.3.1　果句用果标，因句用因标

果因式句群的果句用果标，因句用因标，大体包括：单果标＋单因标、单果标＋复因标、复果标＋单因标、复果标＋复因标。

7.3.3.1.1　单果标＋单因标

果因式句群的单果标＋单因标，主要有七种。

7.3.3.1.1.1　疑问代词果标＋连词因标

有的果因式句群，结果句用疑问代词果标，原因句用连词因标，例如：

（137）【为什么】我要尊重他？【因为】他有客观的地位。（CCL）

（138）【为什么】我会突然改变自己的态度呢？【因为】我听信了别人的话。（CCL）

（139）【为什么】以发展为主题？【因为】"十五"计划本身就是一个发展的计划，发展是硬道理，是解决中国矛盾和问题的关键。（CCL）

7.3.3.1.1.2　疑问代词果标＋情态副词因标

有的果因式句群，结果句用疑问代词果标，原因句用情态副词因标，例如：

（140）她是谁，【为什么】会引起如此强烈反应？【原来】她就是一度显赫田坛、为田径运动作出重大贡献、为波兰争得不少荣誉的著名田径运动员斯坦尼斯拉娃·瓦拉谢维奇。（CCL）

（141）【怎么】那么容易的东西都会想不起来呢？【原来】，疲倦的大脑拒绝再继续工作了。（CCL）

7.3.3.1.1.3　疑问代词果标＋动词因标

有的果因式句群，结果句用疑问代词果标，原因句用动词因标，例如：

（142）这个方案虽然很好，也非常合理，确实是一项利国利民的大好事，可是【为什么】长期以来，没有提出来呢？关键【在于】技术。（科技文献）

7.3.3.1.1.4 疑问代词果标 + 超词形式因标

有的果因式句群，结果句用疑问代词果标，原因句用超词形式因标，例如：

（143）【为什么】说做官的对头多，老板仇人多，文人朋友多？【就因为】文人讲人情，懂人心……（陈世旭《救灾记》）

（144）本来是因情爱结成一家的人，【为什么】造成矛盾、添加仇恨呢？【就是由于】没有共识，没有沟通，彼此没有爱心，彼此是用成见来看对方的。（CCL）

（145）【为什么】罗威廉要把麻城作为他研究的对象？很清楚，【是由于】作为共产主义革命根据地大别山的特殊地位。（CCL）

（146）高清晰度电视【为什么】能够引起世界工业国家如此激烈的竞争呢？【主要原因是】高清晰度电视是一项"战略技术"，在新一代消费类电子产品中占有很大比重，因而成为该行业中大企业或跨国公司战略发展和政府部门战略决策的重要目标。（CCL）

7.3.3.1.1.5 情态副词果标 + 连词因标

有的果因式句群，结果句用情态副词果标，原因句用连词因标，例如：

（147）明、清两代是把地方高级政府再派到低级去，这便是监司官。这也【难怪】。【因为】省区大，事情多。不得已，才有分司分道之制。（CCL）

7.3.3.1.1.6 情态副词果标 + 情态副词因标

有的果因式句群，结果句用情态副词果标，原因句用情态副词因标，例如：

（148）舍身崖，【难怪】叫它舍身崖。【原来】美丽到了极致，竟成为一种危险的诱惑，让人产生想飞的渴想。（CCL）

（149）【无怪】自己的乾坤大挪移心法一点施展不上。【原来】西域最精深的武功，遇上了中土最精深的学问。（CCL）

7.3.3.1.1.7 情态副词果标 + 动词因标

有的果因式句群，结果句用情态副词果标，原因句用动词因标，例如：

（150）【难怪】做父亲的悔恨交加。要知道，家长一"怒"之下，很可能【使】孩子一"气"走了。（CCL）

（151）她不招待的，我【只好】去。我【怕】男人。（CCL）

7.3.3.1.2 单果标 + 复因标

有的果因式句群，结果句用单果标，原因句用复因标，主要是"疑问代词果标 + 情态副词因标 + 超词形式因标"，例如：

（152）【为什么】在那样日子喊叫。【原来】【是因为】那时灶王爷上天去了，火烛没人管了。（CCL）

（153）【为什么】神仙要选"四不像"当坐骑？【原来】【是因为】它有能驮善跑的本领，无论是茂密的森林，还是陡峭的山崖；无论是松软的草甸，还是嶙峋的河滩，它都能够奔走如飞。（BCC）

（154）我们一直很奇怪你全身都是擦伤，【为何】独独脸上一点伤痕都没有。【原来】【是因为】你每次跌倒时都会去遮你的脸啊！（BCC）

（155）他和龚侠怀比拼的时候，【为何】明明在岌岌可危之时龚侠怀却收了刀。【原来】【是因为】对方不想取胜，也不想使自己当众惨败。（BCC）

7.3.3.1.3　复果标 + 单因标

有的果因式句群，结果句使用复果标，原因句使用单因标，主要有三种。

7.3.3.1.3.1　疑问代词果标 + 动词果标 + 连词因标

有的果因式句群，结果句先后用疑问代词果标和动词果标，原因句用连词因标，例如：

（156）书是教人学问、教人聪明、教人高尚的，【为什么】书也会【使】某些人蠢起来呢？【因为】书与实践、与现实、与生活之间并非没有距离。（BCC）

7.3.3.1.3.2　疑问代词果标 + 动词果标 + 动词因标

有的果因式句群，结果句先后用疑问代词果标和动词果标，原因句用动词因标，例如：

（157）社会分工的问题【为什么】【引起】资本主义国家和发达国家的普遍重视？其奥妙【在于】"由协作和分工产生的生产力，不费资本分文"。（BCC）

7.3.3.1.3.3　疑问代词果标 + 动词果标 + 超词形式因标

有的果因式句群，结果句先后用疑问代词果标和动词果标，原因句用超词形式因标，例如：

（158）本来是因情爱结成一家的人，【为什么】【造成】矛盾、添加仇恨呢？【就是由于】没有共识，没有沟通，彼此没有爱心，彼此是用成见来看对方的。（CCL）

（159）热浪【为什么】容易【引起】心脏病发作呢？研究认为，人体任何形式的散热都【与】心脏和循环功能密切【相关】。（CCL）

（160）这是一张什么样的邮票？【为什么】【引起】了日本政府的强烈抗议？【归根结底】还是一个老话题：这张邮票涉及了两国政府对二战的性质和使用原子弹看法上的许多分歧。（BCC）

（161）环卫工作【为什么】【引起】那么多下岗职工的兴趣？【有人分析说】，城市环卫部门是事业编制，职业和收入稳定，无再下岗之忧。（BCC）

7.3.3.1.4　复果标 + 复因标

有的果因式句群，结果句用复果标，原因句用复因标，主要是："疑问代词果标 + 动词果标 + 超词形式因标 + 情态副词因标"，例如：

（162）【为什么】【引起】了人们的厌倦呢？原因也很多。【其中之一】【怕是】我们听到的往往是大同小异的故事，因为开掘不深，所以渐渐出现了公式化。（CCL）

7.3.3.2　因句用果标和因标

有的果因式句群，果标和因标都出现在原因句，大体有两种情况：

第一，"……之所以如此 / 这样，是因为……"，例如：

（163）今天读来仍感一股浩然正气；令人肃然起敬。【之所以如此】，【是因为】今天我们有的地区、部门的领导同志还常常做不到这一点，甚至相反。（BCC）

第二，"……为什么（这样），因为……"，例如：

（164）真是一纸抵万金啊。【为什么】，【因为】我们拿不出 ISO9000 证书。（BCC）

7.4　本章小结

因果句群的因标，主要有连词因标、副词因标、动词因标、形容词因标和超词形式因标。因果句群的果标，主要有连词果标、副词果标、动词果标、疑问代词果标和超词形式果标。

因果式句群的关联标记模式有因标、果标和因果标。

因果式句群的因标，主要是情态副词因标和形容词因标。因果式句群的果标，包括单果标和复果标。

单果标主要包括结果连词、结果副词、结果动词、结果超词形式。复果标主要有十四种：连词复果标、连词果标 + 情态副词果标、连词果标 + 关联副词果标、连词果标 + 动词果标、连词果标 + 超词形式果标、情态副词果标 + 关联副词果标、情态副词果标 + 动词果标、关联副词果标 + 情态副词果标、关联副词果标 + 动词果标、超词形式果标 + 情态副词果标、超词形式果标 + 关联副词果标、超词形式果标 + 动词果标、连词果标 + 关联副词果标 + 情态副词果标、超词形式果标 + 关联副词果标 + 动词果标。

因果式句群的因果标，包括单因标 + 单果标、单因标 + 复果标、复因标 + 单果标、复因标 + 复果标。单因标 + 单果标主要有八种：连词因标 + 连词果标、连词因标 + 关联副词果标、连词因标 + 动词果标、连词因标 + 超词形式果标、情态副词因标 + 连词果标、情态副词因标 + 情态副词果标、超词形式因标 + 连词果标、超词形式因标 + 动词果标。单因标 + 复果标主要有三种：连词因标＋连词果标＋情态副词果标、超词形式因标＋连词果标＋关联副词果标、连词因标＋关联副词果标＋情态副词果标＋动词果标。复因标＋单果标主要有两种：连词因标＋情态副词因标＋连词果标、连词因标＋情态副词因标＋情态副词果标。复因标＋复果标主要有两种：连词因标＋情态副词因标＋连词果标＋情态副词果标、连词因标＋情态副词因标＋连词果标＋关联副词果标。

果因式句群的关联标记模式有因标、果标和果因标。果因式句群因标包括单因标和复因标。果因式句群的单因标主要是连词因标、情态副词因标、动词因标、超词形式因标等。果因式句群的复因标主要有四种：连词因标＋情态副词因标、连词因标＋动词因标、情态副词因标＋连词因标、情态副词因标＋超词形式因标。

果因式句群果标，包括单果标和复果标。单果标主要有两种：情态副词果标、疑问代词果标。复果标主要是先后使用疑问代词果标和动词果标。

果因式句群的果因标，有两种情况：一种是因标用于原因句，果标用于结果句；另一种是因标和果标都用于原因句。

果句用果标，因句用因标，包括单果标＋单因标、单果标＋复因标、复果标＋单因标、复果标＋复因标。其中，单果标＋单因标主要有七种：疑问代词果标＋连词因标、疑问代词果标＋情态副词因标、疑问代词果标＋动词因标、疑问代词果标＋超词形式因标、情态副词果标＋连词因标、情态副词果标＋情态副词因标、情态副词果标＋动词因标。单果标＋复因标，主要是疑问代词果标＋情态副词因标＋超词形式因标。复果标＋单因标主要有三种：疑问代词果标＋动词果标＋连词因标、疑问代词果标＋动词果标＋动词因标、疑问代词果标＋动词果标＋超词形式因标。复果标＋复因标，主要是疑问代词果标＋动词果标＋超词形式因标＋情态副词因标。

因句用果标和因标，大体有两种情况："……之所以如此／这样，是因为……""……为什么（这样），因为……"。

第八章　因果句的套层机制和焦点层构

句联有不同类型的逻辑语义关系，不同关系的句联在相互套层的能力上有差异，套层形成的句序类型和构式也会有所不同。句联的套层结构是焦点层构，因果复句的焦点可以用"否则"进行焦点投射。

8.1　因果句套然否对照句

因果句是套层能力很强的一种句联，在句序上有"因—果"式和"果—因"式两种构式。然否对照是字句的肯定式和否定式形成的一种句联，有然否式对照和否然式对照两种句序构式。本研究考察两种因果句序对于两种然否对照句序的套层句序类型和构式，以期探讨句联套层的句序类型和构式的有关规律。

因果句套然否对照句，有三种类型：一是因果句前套然否对照句；二是因果句后套然否对照句；三是因果句前后套然否对照句。

8.1.1　因果句前套然否对照句

因果句前套然否对照句大致有四种格式：一是"因—果"式前套然否式；二是"因—果"式前套否然式；三是"果—因"式前套然否式；四是"果—因"式前套否然式。

8.1.1.1　"因—果"式前套然否式

"因—果"式的前因句套然否式的时候，有的后果句没有套层，而有的后果句也有套层。有的配合使用因标和果标，例如：

（1）正是因为文本的意蕴是包含于文学形象之中的，‖【对照】而不是直接显豁地言说出来的，|【因果】所以才使文学文本的意蕴显得意味深长。（王先霈、孙文宪《文学理论导引》）

（2）大学生大多由于高考考试分数的驱使，‖【对照】不是基于自己真正的兴趣而选择大学的专业，|【因果】所以从踏入大学的那一刻起，已经注定欠缺主动积极求学意愿

的命运。（郝明义《读书，你比美国大学生落后几步》，《青年文摘·彩版》2008
年第 5 期）

有的只使用因标，不使用果标，例如：

（3）由于大部分资金用于基础建设，‖【对照】而不是与生活直接相关的项目，|【因果】
中国大多数民众对日元 ODA 的具体情况，缺乏了解。（关林《中国经济告别"日元
贷款"》，《特别关注》2008 年第 2 期）

有的只使用果标，不使用因标，例如：

（4）在美国单栋房子论"套"卖，‖【对照】而不是按"平方英尺"出售，|【因果】所以
一般人不会为一两个平方英尺较劲。（魏道培《"美国人"是这样买房的》，《读者》
2006 年第 3 期）

（5）BOB 面对的是全世界的广播电视机构，‖【对照】而不是专门针对某一个国家、地区
的观众，|【因果】因此 BOB 提供的赛事信号和平常观众在电视上看到的经过包装的
电视信号有所不同。（颜美惠、陈国强《BOB 的四组关键词》，《中国电视》2008
年第 4 期）

有的既不使用因标，也不使用果标，例如：

（6）枪子炮弹劫掠放火都是真家伙，‖【对照】不是耍的，|【因果】到底要多打听多走门
路才行。（叶圣陶《潘先生在难中》）

8.1.1.2　"因—果"式前套否然式

有的只使用因标，不使用果标，例如：

（7）因为不那么关注描绘外在的生活现象，‖【对照】而是要表现人的心理生活特别是潜
意识心理活动，|【因果】现代主义文学在艺术表现上更多地采用了隐喻性的表现方式。
（王先霈、孙文宪《文学理论导引》）

有的只使用果标，不使用因标，例如：

（8）我们不是姑嫂，‖【对照】只是单纯的朋友关系，|【因果】所以只考虑做邻居可以得
到的那种便利。（朴婉绪《梦中的育婴器》，薛舟、徐丽红译）

有的否然式有所扩展，大致有五种情况。

8.1.1.2.1　第二层是对照，第三层是平列

（9）评论员走"进"新闻，不是为了叙述事实，‖‖【平列】也不是为了发表感想，‖【对

照】而是为了出"观点"、出"思想"，|【因果】这就需要把握好走"进"的方式方法。（易其洋《走"进"新闻写评论》，《新闻战线》2008 年第 1 期）

8.1.1.2.2 第二层是对照，第三层是平列

（10）历史主义所作的肯定不是无条件的肯定，‖【对照】而是和具体历史条件联系在一起的，‖【平列】这种肯定同时也就是一种限制，|【因果】所以鲁迅称历史主义本身就是一种可以圈住虎豹的"栅栏"。（严家炎《新时期十五年的中国现代文学研究》，《中国文学研究丛刊》1995 年第 1 期）

8.1.1.2.3 第二层是对照，第三层是递进

（11）这些剧作家被重新提起，重新发现，重新评估，就不是个别人物的问题，‖【对照】而是大大地改变了话剧史的面貌，‖【递进】并发现了新的思潮流派，|【因果】从而对中国话剧史的发展特点和规律的探讨起了不可忽略的作用。（日本相《话剧研究之回顾》，《中国文学研究丛刊》1995 年第 1 期）

8.1.1.2.4 前第二层是对照，第三层是平列；后第二层是因果

（12）那块被雕成英雄像的石头既不是圣人，‖【平列】又不是傻子，‖【对照】只是一块石头，|【因果】看见人们这样尊敬他，‖【因果】当然就禁不住要骄傲了。（叶圣陶《古代英雄的石像》）

8.1.1.2.5 第二层是对照，前第三层是平列，后第三层是递进，第四层是解注

（13）由于这段音乐既不是乐器演奏出来的，‖【平列】也不是半导体播放出来的，‖【对照】而是从一个少女口中模拟出来的，‖【递进】这少女是人们所熟悉的，‖【解注】无论怎样的人随便都可以轻佻一下的，|【因果】所以这种表演便具有了一种特殊的吸引力。（梁晓声《苦艾》，《北方文学》2008 年第一、二期合刊）

有的然否对照是否定原因与肯定原因形成的，例如：

（14）不是因为年轻人没钱，‖【对照】而是因为他们太爱乱花钱，|【因昊】所以，如今美国许多大学将消费性负债作为学生退学的评量因素之一。（陈雅玲《你的孩子有童年富裕病吗》，《读者》2006 年第 18 期）

8.1.1.3 "果—因"式前套然否式

（15）第一个差别说的是着重点，‖【对照】不是排除共同点，|【因果】因为人格心理学

家对于人格的其他方面或规律也是要进行研究的。（语委）

8.1.1.4　"果—因"式前套否然式

（16）不，小鹰在夜里是看不清东西的，它不是"看"到，‖【对照】而是想到小猫在舔嘴儿，|【因果】因为，猫是最爱舔嘴儿的。（语委）

（17）他要的不是一时走红，‖【对照】而是流传不朽，|【因果】因为"只有文章能穿梭千年"。（格林《方文山：我用汉字我骄傲》，《青年文摘》2008年第10期）

有的否然式有所扩展，主要是：第二层是对照，第三层是平列。例如：

（18）意映没有选择离开，‖【平列】没有选择视线外的那许许多多倾慕者，‖【对照】而是追随林觉民而去，|【因果】只因为有一种爱叫不可代替。（王艳《有一种爱叫不可代替》，《青年文学家》2008年第3期）

8.1.2　因果句后套然否对照句

8.1.2.1　"因—果"式后套然否式

有的配合使用因标和果标，例如：

（19）电影艺术则由于拥有机械性的媒介工具而能够复现现实物象本身，|【因果】因此它的特征在于其现实本源性，‖【对照】而不在于其逼真性。（李显杰、修倜《电影媒介与艺术论》）

有的只使用因标，不使用果标，例如：

（20）由于理念的尖锐、峻急和容量的狭隘，|【因果】鲁迅适合作为一个批判社会的精神导师来供奉，‖【对照】而不宜于作为一个生活中的朋友来加以亲近。（孔见《于无所希望中得救——鲁迅未能完成的革命》，《天涯》2006年第5期）

有的只使用果标，不使用因标，例如：

（21）她一定已经走过了漫长的路程，|【因果】所以现在她只是走，‖【对照】并不问速度和其他。（周佩红《空巷》）

（22）知识分子关心的是如何在媒体上扩大自己的影响力和形象，|【因果】因而他们的最终目的是自己社会关系的扩大再生产，‖【对照】而不是自由的文化价值的再生产。（张建永、林铁《媒体知识分子与经典的危机》，《文艺评论》2008年第1期）

8.1.2.2 "因—果"式后套否然式

有的同时使用因标和果标，例如：

（23）因为此时，电视要表现的是对象的个性，|【因果】所以"口述历史"者进入到电视传播环节后，重要的功能已经不是作为史学家的研究方法，‖【对照】而是作为一种传播手段被电视人所运用。（许行明、王丽丽《影像还原的历史——山东电视台〈数风流人物〉表现手法分析》，《中国电视》2008年第1期）

有的只使用果标，不使用因标，例如：

（24）这些被他轻视的画家，基本上都是画院画家，|【因果】所以，实质上他反对的并不是某一个画家，‖【对照】而是这些画家所代表的士大夫画家以外的画院的所谓的"富丽精工"的画风。（赵梓钧《谈米芾的绘画美学思想》，《电影评介》2007年第1期）

有的不使用因标和果标，例如：

（25）父亲终于坚持不住了，|【因果】这一次，他没有能坐到终点站，‖【对照】而是在半路上的一站下了车。（周昭义《迷失》，《小说选刊》2008年第6期）

有的否然式对照有所扩展，主要有七种情况。

8.1.2.2.1 第二层是对照，第三层是递进

（26）因为我算是贵宾，|【因果】不必在楼下柜台办入住手续，‖【对照】而是由旅馆人员直接带到房间，‖【递进】并在房间里"办登记"。（刘墉《说到"坐"到》，《文苑（经典美文）》2008年第5期）

8.1.2.2.2 第二层是对照，第三层是平列

（27）由于西藏地理文化的相对独立性，|【因果】西藏电影既不同于其他民族的电影，‖【平列】也不同于其他地区的藏民族电影，‖【对照】具有独特的地域特征和民族个性。（李晓灵《西藏电影的当代文化境遇与出路》，《电影文学》2008年第2期）

8.1.2.2.3 第二层是对照，第三层是目的

（28）正医为作见证认可的是这样一种人的存在方式，|【因果】见证的意义就不仅仅在于见证者说出自己个人的往昔苦难，‖【对照】而在于站在人类的普遍立场上，把

自己的苦难遭遇当作一个来自非正义世界的真实例证，‖【目的】摆出来警示所有的公众。（徐贲《"记忆窃贼"和见证叙事的公共意义》，《外国文学评论》2008年第1期）

8.1.2.2.4　第二层是对照，第三层是递进

（29）正因为这样，|【因果】他给自己定下的目标就不仅仅是"保存"那么简单了，‖【对照】而是要让人们从这些保存下来的史料当中，了解"这文学所以写作的动机，和在发表时间上的重要"，‖【递进】乃至"可见当时文运是在如何地向前发展"。（陆成《阿英的史料学思想》，《中国现代文学研究丛刊》2005年第1期）

8.1.2.2.5　第二层是对照，第三层是解注

（30）对他的情况我也略有所闻，|【因果】因此他成为这个样子倒不使我感到意外，‖【对照】只是暗暗服膺，‖【解注】真是什么样的命运便会造就出什么样的人来。（石舒清《黄昏》，《朔方》2008年第2期）

8.1.2.2.6　第二层是对照，第三层是因果，第四层是解注

（31）语言文字因直接表达概念，|【因果】读者无法通过感觉器官直接感受领悟其中的文化内涵，‖【对照】而必须绕过感觉器官而直接诉诸理智，对它的接受必然结合对一定语词的理解、组织、选择而进行，‖【解注】即先由概念的领悟再转而联想到具体的情景意味，‖【因果】因此也必然更多地与理性和反思联系在一起。（周海峰《影像的盛典——论大众传媒文化的特征及审美取向》，《电影文学》2008年第10期）

8.1.2.2.7　第二层是对照，第三层是解注，第四层是平列

（32）马克思哲学由于运用辩证法，|【因果】不是把研究的对象仅仅当作一个静止、孤立的实体性存在，‖【对照】而是把它置于历史发展过程中，把它看成一个动态的过程，‖【解注】在不断发展中审视对象，‖【平列】从其生产发展的具体过程中来予以研究。（杨杰《历史的与美学的观点：当代文学批评的科学武器》，《文学理论研究》2008年第1期）

8.1.2.3　"果—因"式后套然否式

这种套层格式，一般使用因标"因为"，例如：

（33）这种对峙对个人来说当然是危险的，|【因果】因为到头来真理总是在现实一边，‖【对

照】而不是在思想一边。（宋唯唯《浮花浪蕊》，《芙蓉》2008 年第 3 期）

有的使用因标"是因为"，例如：

（34）也如朱正先生刚才讲的一样，我们喜欢鲁迅，|【因果】是因为我们更需要的，是现代化，||【对照】不是回到传统。（孙玉石《在"鲁迅与书法"学术讨论会上的发言》，《鲁迅研究月刊》2008 年第 1 期）

有的不使用因标，例如：

（35）王国维也不喜欢看戏，|【因果】他研究的是文学的戏曲，||【对照】而不是剧场的戏曲。（安凌《"重新估定一切价值"——论胡适"五四"时期的戏剧戏曲观念》，《中国现代文学研究丛刊》2007 年第 2 期）

8.1.2.4　"果—因"式后套否然式

有的使用果标和因标关联，"之所以……，不是因为 / 由于……而是因为 / 由于"，例如：

（36）马克思主义之所以具有持久的生命力，|【因果】不是因为它的创始人可以超越历史条件的局限，||【对照】而是因为它是随着历史和科学的前进而不断发展的理论。（CCL）

有的使用果因标记"之所以……，在于……"，例如：

（37）传统诗词之所以有恒久的艺术生命力，|【因果】乃在于抒情所凭借的意象并非纯直观反射的客观具象，||【对照】而是颇有隐喻意味、虚实难分的主观具象。（陈玉兰《论李清照南渡词核心意象之转换及其象征意义》，《文学遗产》2008 年第 3 期）

有的使用果因标记"之所以……，原因是……"，例如：

（38）有的人之所以本事小、办法少、进步慢，|【因果】主要原因不是脑子笨，||【对照】而是脑子懒。（谢大光《生命在于开始》，《经典美文》2008 年第 2 期）

有的用果因标记"之所以……，不在于……，而在于……"，例如：

（39）他们之所以能和睦相处，|【因果】不在于耿定理学术理论上的弹性，||【对照】而在于他性格的柔和轻松。（黄仁宇《万历十五年》）

较多的是使用因标"因为"标记然否对照作原因，例如：

（40）他知道韵梅最讨厌这种哭声，|【因果】因为这不是哭，||【对照】而是呼唤祖母与太爷爷出来干涉。（老舍《四世同堂》）

（41）而做好官难，|【因果】因为你的职责，不是为了博个后世好听的名声，||【对照】而是要切切实实做点事情。（六六《蜗居》，《江南·长篇小说月报》2008 年第 2 期）

有的使用析因式标记"是因为"标引然否对照，例如：

（42）说它另类，|【因果】是因为它不再靠惊悚征服读者，‖【对照】而是通过对人性的深情解读和严肃思考引起读者的强烈反响。（于志新《〈肖申克的救赎〉：对人性的深层思考》，《当代外国文学》2008 年第 1 期）

有的使用析因式然否对照"不是因为 / 由于……，而是因为 / 由于……"，例如：

（43）只不过一出口就令人崩溃，|【因果】不是因为唱得太难听，‖【对照】而是因为唱得太搞笑。（浅草千叶子《大学失恋形状录》，《萌芽》2008 年第 1 期）

有的因标合用转折性词语，形成"但 / 倒不是因为……，而是因为……"的格式，例如：

（44）当她邂逅台商华圆之后，又为华圆心动，|【因果 / 转折】但不是因为华圆的财富，‖【对照】而是因为她与华圆之间有着似曾相识的情愫。（高和《金钱的背面》，《厦门文学》2008 年第 2 期）

（45）我哑口无言，|【因果】倒不是因为理屈词穷，‖【对照】而是感叹这些轰轰烈烈的治污达标行动宣传效果实在太好了。（苏杨《鱼缸里的江湖》，《文苑（经典美文）》2008 年第 3 期）

有的不用因果关联标记，例如：

（46）他们从不畏惧灾难，|【因果】并非他们有异于常人的力量，‖【对照】而是灾难从来就是他们的历史与现实的另一面。（曹筠武《汶川没有死去 汶川仍然活着》，《南方周末》2008 年 5 月 22 日第 2 版）

有的后因然否对照有所扩展，大致有以下十六种情况。

8.1.2.4.1　第二层是对照，前第三层是平列，后第三层是连贯

（47）城市之所以让人觉得有家的感觉，|【因果】不是因为身在城市中，‖【平列】也不是因为在这里长大，‖【对照】而是你把自己的爱放进去，‖【连贯】城市就变成了家。（顾北上《爱上一座旧城》，《花溪》2008 年第 2 期）

8.1.2.4.2　第二层是对照，第三层是平列

（48）我曾经把这种散文叫作表意的散文，|【因果】因为它既不要全面的抒情，‖【平列】也不想正式的说理，‖【对照】而是要捕捉情、理之间洋溢的那一份情趣或理趣。（汪政《散文的田野与中国经验的生长》，《芳草》2008 年第 2 期）

8.1.2.4.3 第二层是对照，第三层是解注

（49）他沉迷抽象，|【因果】不但不是因为淡远现实，‖【对照】恰恰是因为太执着于现实，‖【解注】他的潜入抽象正是因为对于现实的焦虑。（吴效刚《伤怀善美中的叩问和凝眸 —— 再论沈从文小说的叙述形态》，《中国现代文学研究丛刊》2008 年第 1 期）

8.1.2.4.4 第二层是对照，第三层是条件（足够）

（50）可是我没有哭，|【因果】倒不是我血冷，‖【对照】就因为我一想到又要回到我的自由世界当中去，‖【条件（足够）】就有一种说不出来的喜悦和快乐。（丁帆《为了忘却的纪念》，《芳草》2008 年第 1 期）

8.1.2.4.5 第二层是对照，第三层是平列

（51）这个世界能够并且将会朝向更好的地方前进，|【因果】并不是因为进步已经预定，‖【平列】也不是因为进步是某种天赐之物，‖【对照】而是因为人们能够通过自己的贡献取得进步。（薇儿《听大师讲毕业故事 —— 从拿到给走向独立》，《大学生》2003 年第 12 期）

8.1.2.4.6 第二层是对照，第三层是解注

（52）称青蚕豆上市时节为蚕豆节，|【因果】绝不是赶时下这个节那个节的时髦，‖【对照】而是源于一本书上的记载：‖【解注】旧俗四月初八煮青豆黄豆遍施人以结缘，称"缘豆儿"。（施宁《蚕豆节》，《雨花》2008 年第 6 期）

8.1.2.4.7 第二层是对照，第三层是因果

（53）实习的时候我发现女同学喜欢和我在一起，|【因果】并不是因为我像真正的男人，‖【对照】而是因为我不像一个真正的男人，‖【因果】所以让她们觉得安全。（陈丹燕《独生子女宣言》，《读者》1997 年第 5 期）

8.1.2.4.8 第二层是对照，第三层是解注

（54）对此，中国学者提供的理由也是合情合理的，|【因果】因为我国的学术期刊不是属于某个学术协会，‖【对照】而是由某个学术机构或大学主办，‖【解注】即所有权归一个具体学术单位。（郭可、张军芳、潘霁《中美新闻传播学学术传统比较研究 —— 兼谈我国新闻传播学的发展》，《新闻大学》2008 年第 1 期）

8.1.2.4.9 第二层是对照，前第三层是平列，第三层是解注

（55）实际上很多人清醒地过了一生，|【因果】倒不是由于他们意志多么坚强，‖【平列】品德多么高尚，‖【对照】而是因为他们没有犯错误的因缘，‖【解注】或者说没有人肯诱惑他们。（筱陈《从一个忠贞测试谈起》，《青年文学家》2008年第2期）

8.1.2.4.10 第二层是对照，第三层是因果，第四层是条件（足够）

（56）吴卫心惊肉跳，|【因果】并不是被钱丽的推测吓住，‖【对照】而是觉得钱丽的紧张已经到了危险的边缘，‖【因果】稍有不慎，‖【条件（足够）】她的神经就会崩溃。（胡学文《大风起兮》，《福建文学》2008年第5期）

8.1.2.4.11 第二层是对照，第三层是解注，第四层是解注

（57）失去妻女都没太伤心，|【因果】这并不是因为他太狠心或不正常，‖【对照】而是因为他还有一个儿子，‖【解注】儿子名叫有望，‖【解注】这个名字足以说明他的心态。（曾颖《烂尾楼的名字叫春天》，《钟山》2008年第1期）

8.1.2.4.12 第二层是对照，第三层是因果，前后第四层是平列

（58）郑氏之所以能赢得皇帝的欢心，|【因果】并不是具有闭月羞花的美貌，‖【对照】而是由于聪明机警，‖【平列】意志坚决，‖【平列】喜欢读书，‖【因果】因而符合皇帝感情上的需要。（黄仁宇《万历十五年》）

8.1.2.4.13 第二层是对照，第三层是因果，前后第四层是平列

（59）文学创作中所以会出现"撞车"的雷同现象，|【因果】根本的原因并不是题材的相似，‖【对照】而是由于作家面对着相似的生活，‖【平列】没有自己的感受与体验，‖【平列】没有作家的发现与理解，‖【因果】他找不到与众不同的"自我"，‖【平列】他与生活没有发生"对象化"的关系。（王先霈、孙文宪《文学理论导引》）

8.1.2.4.14 第二层是对照，第三层是因果，第四层是对照

（60）我们已经证明了感性不是发生上的知识本身的来源问题，|【因果】因为感性认识绝不是按照物本身那样表象物，‖【对照】而是仅仅按照物感染我们的感官的样子表象物，‖【因果】因此它提供给理智去思考的只是现象‖【对照】而不是物本身。（CCL）

8.1.2.4.15　第二层是对照，第三层是递进，第四层是平列

（61）邓小平在香港问题上之所以采取强硬态度，|【因果】既不是显示实力的粗暴，‖‖‖【平列】也不是鲁莽的冲动，‖‖【递进】更不是出于名留青史的政治虚荣心，‖【对照】而是出于成熟政治家对未来远见以及由此产生的自信、刚毅和决心。（强世功《主权：政治的智慧与意志 —— 香江边上的思考之六》，《读书》2008 年第 8 期）

8.1.2.4.16　第二层是对照，第三层是递进，第四层是让步

（62）童树兵要炒他鱿鱼，|【因果】并非因我和孟医生，‖【对照】而是他干不动活了，‖‖【递进】而且，就算弄走了我，‖‖‖【让步】童树兵还会招新的医生。（史纪、刘显刚《天使与魔鬼》，《啄木鸟》2008 年第 3 期）

8.1.3　因果句前后套然否对照句

8.1.3.1　"因—果"式前后套然否对照

"因—果"式前后套然否对照，主要是"因—果"式前后套否然式，常常使用果标，例如：

（63）这里所说的对书中几个人物之间关系的反映，不是指什么具体的事件，‖【对照】而是纠缠在其中并在不同条件下触动心弦的因素，|【因果】所以不必按图索骥般地从诗句当中去找小说里的某章、某节，‖【对照】而只要想到这些人物之间的情感纠葛，就容易体会到诗人的心怀。（秉衡《〈日瓦戈医生〉的有诗为证》，《世界文学》2008 年第 2 期）

8.1.3.2　"果—因"式前后套然否对照

"果—因"式前后套然否对照，主要有三种情况。

8.1.3.2.1　"果—因"式前后套否然式

（64）所谓"抽水马桶"实际上不是抽水马桶，‖【对照】而是"抽气马桶"，|【因果】因为马桶内不使用水，‖【对照】而是用气。（苏辛《宇宙中的痛苦》，《读者》2008 年第 4 期）

8.1.3.2.2　"果—因"式前套否然式后套然否式

（65）这里的"读者"，不是指少数的精英阶层，‖【对照】而是普通的老百姓，|【因果】因为他们认为，文学应该是人民的文学、大众的文学、老百姓的文学，‖【对照】不应该是少数精英的文学。（刘好梅《路遥对当下文学的启示》，《山东文学》

2008 年第 5 期）

8.1.3.2.3 "果—因"式前套然否式后套否然式

（66）克罗齐说艺术是一种创造，‖【对照】而不是模仿，|【因果】就是因为艺术作品不
　　是被动地模仿外在的事物，‖【对照】而是主动地运用外在的事物来表现自己的精
　　神和情感。（王文生《论叶维廉的"纯山水诗"论及其以物观物的创作方法（上）》，
　　《文学理论研究》2008 年第 1 期）

8.1.4 小结

　　因果句套层然否对照句，总体上有三大类：①因果句前套然否对照句；②因果句后套然否
对照句；③因果句前后套然否对照句。由于因果句和然否对照句在句序上又都有分别，这就造
成了"因—果"式和"果—因"式对于然否式和否然式的套层差异。从句序的套层能力上，可
以区分为"因—果"式前套或后套然否式和否然式，"果—因"式前套或后套然否式和否然式。
表 8-1 是我们搜集语料的几种套层的例数。

表 8-1：因果句套然否对照句统计数据

然否对照句 因果句		然否式	否然式	小计	合计
"因—果"式	前套	20	33	53	86
	后套	10	23	33	
"果—因"式	前套	3	11	14	73
	后套	6	53	59	
合计		39	120	159	159

　　从表 8-1 的统计来看，因果句套然否对照句的八种基本模式的等级序列是："果—因"式
后套否然式（53）＞"因—果"式前套否然式（33）＞"因—果"式后套否然式（23）＞"因—果"
式前套然否式（20）＞"果—因"式前套否然式（11）＞"因—果"式后套然否式（10）＞
"果—因"式后套然否式（6）＞"果—因"式前套然否式（3）。

　　因果句套然否对照句的套层能力分两个参量等级：

　　Ⅰ 否然式 ＞ 然否式　　Ⅱ 因 ＞ 果

　　第一等级是因果句套否然式的能力强于因果句套然否式的能力，大致是 3 倍。第二个等级
是因句套然否对照句的能力强于果句套然否对照句的能力。这两个等级的套层能力综合起来，

就是下面的套层能力等级序列：否然式因 ＞ 否然式果 ＞ 然否式因 ＞ 然否式果。

如果把因果句分为"因—果"式和"果—因"式来看，它们套层然否对照的能力序列就是：

"因—果"式套然否对照：

否然式前因 ＞ 否然式后果 ＞ 然否式前因 ＞ 然否式后果

"果—因"式套然否对照：

否然式后因 ＞ 否然式前果 ＞ 然否式后因 ＞ 然否式前果

下面再看然否对照被因果句套层的能力，首先看然否式被因果句套层的能力，分两个参量等级：

Ⅰ "因—果"式 ＞ "果—因"式 Ⅱ 因 ＞ 果

第一个等级是，"因—果"式套层然否式的能力强于"果—因"式套层然否式的能力；第二个等级是因句套然否式的能力强于果句套然否式的能力。综合起来，就是下面的序列："因—果"式前因 ＞ "因—果"式后果 ＞ "果—因"式后因 ＞ "果—因"式前果。

再看否然式被因果句套层的能力，也有两个参量等级：

Ⅰ 因 ＞ 果 Ⅱ 后 ＞ 前

第一个等级，因句套否然式的能力强于果句；第二个等级，后句套否然式的能力强于前句，这样综合起来就是下面的套层能力序列："果—因"式后因 ＞ "因—果"式前因 ＞ "因—果"式后果 ＞ "果—因"式前果。

根据因果句套然否对照的套层模式和能力，我们还可以分析出原因句和结果句对然否式和否然式的套层能力。请看表 8-2 的数据。

表 8-2：因和果套然否对照句的套层模式

然否对照句 因和果		然否式	否然式	小计	合计
因	前套	20	33	53	112
	后套	6	53	59	
果	前套	3	11	14	47
	后套	10	23	33	
合计		39	120	159	159

第一，原因句套然否对照句的能力，有两个参量等级：

Ⅰ 否然式："果—因"式（后因）＞ "因—果"式（前因）

Ⅱ 然否式："因—果"式（前因）＞"果—因"式（后因）

综合起来，得出因句的两种句序对于然否对照句的两种句序的套层能力序列：否然式后因 ＞ 否然式前因 ＞ 然否式前因 ＞ 然否式后因。

第二，果句套然否对照句的能力，有两个参量等级：

Ⅰ 否然式 ＞ 然否式　　Ⅱ 后 ＞ 前

综合起来，得出果句的两种句序对于然否对照句的两种句序的套层能力序列：否然式后果 ＞ 否然式前果 ＞ 然否式后果 ＞ 然否式前果。

第三，因和果的套层能力，有两个参量等级：

Ⅰ 因 ＞ 果　　Ⅱ 后 ＞ 前

综合起来，原因句和结果句的各种句序对于然否对照句的套层能力序列为：

后因（37%）＞ 前因（33%）＞ 后果（21%）＞ 前果（9%）

8.2　"因为 p，否则 q"层构及"否则"焦点投射

"否则"具有焦点定位功能，也就是焦点投射功能，"否则"的焦点投射域就是"否"在前文的否定范围。句联中"否则"的焦点投射受哪些因素和条件的制约和影响？"否则"的焦点投射对句联结构的生成又会产生怎样的效应？朱斌（2011）从语义关联的角度考察了"如果 A，那么 B，否则 C"格式的"否则"焦点定位和投射辖域。本节拟从句联结构的层次、关系的角度，探讨"否则"的焦点投射规律。请看下面的句子：

（67）只剩下它们了，因为它们的肉有毒，不然，也早绝种了。

（68）较长的歌剧，他们是从未看完便离场的，因为他们必须赶在斯通帕加斯 9 号关门前到家，否则就要给看门人小费。

上两例都含有"因为 p，否则 q"，但是句联的结构层次并不同，"否则"的焦点投射域也不相同。例（67），"因为"只管前分句"它们的肉有毒"，而管不到后分句"不然，也早绝种了"，"不然"的假设否定范围是"因为它们的肉有毒"，意思是"如果不是因为它们的肉有毒，也早绝种了"。因此，例（67）的结构层次和关系是："p'，‖ [因果] 因为 p，∣ [假转] 否则 q"。例（68）的"因为"管着后面两部分"他们必须赶在斯通帕加斯 9 号关门前到家，否则就要给看门人小费"，"否则"的假设否定范围不包括"因为"，只是"他们必须赶在斯通帕加斯 9 号关门前到家"，意思是"如果他们不赶在斯通帕加斯 9 号关门前到家，就要给看门人小费"。因此，例（68）的结构层次和关系是："p'，∣ [因果] 因为（p，‖ [假转] 否

则 q）"。

下面分别考察"因为 p，否则 q"两种句联结构的层次关系，并讨论一些相关的句式，比较分析"否则"的焦点投射规律。

8.2.1 "因为 p，｜否则 q"与"否则"焦点投射

8.2.1.1 隐果式与"否则"焦点投射

先看例句：

（69）1953 年，上海夏天的天气热得邪乎，既不刮风，也不下雨，身上衣服总是汗湿的，因为班上还有女同胞，不然我们肯定会光着膀子在教室里"开夜车"。

例（69）中的"因为"标示原因，但这个原因引发的结果没有直接表达出来，而是用"不然"引出了逆原因的结果。逆因之果是正因之果的反对面，正因之果可以反推出来："因为班上还有女同胞，所以我们才没有光着膀子在教室里'开夜车'。""不然"的假设否定范围，即焦点投射域是"因为班上还有女同胞"，意思是"要不是因为班上还有女同胞，我们肯定会光着膀子在教室里'开夜车'"。

这种格式的层次关系是："因为 p，｜[假转] 否则 q"。"否则"的焦点投射域是"因为 p"。这种格式通过逆原因的结果，强调原因的必要性，完整的必要性因果及其"否则"式为："因为 p，所以才 p'，否则 q"。相比之下，完整的必要性因果不仅有正面结果，也有逆原因的结果，从正反两方面证实原因的必要价值。看两个实例：

（70）正因为有这些内在的实际理由，所以人们才肯于遵守，否则早就有人造反了。

（71）因为看你对这事很迫切，我才把这件事告诉你的，否则，我根本不会讲。

8.2.1.2 显果式与"否则"焦点投射

有时，"因为 p，否则 q"格式并不是孤立地显现，"因为 p"的结果也会出现，大体又分析因式、推因式和补因式三种。

8.2.1.2.1 析因式

基本格式为："（之所以）p'，是因为 p，否则 q"。例如：

（72）当时你之所以走错了房间是因为你睡眼蒙眬、意识不清、没有完全从睡眠中清醒过来的缘故，否则你是不会走错门的。

例（72）中，"否则"的焦点投射域是"因为你睡眼蒙眬、意识不清、没有完全从睡眠中清醒过来的缘故"，"否则"式的意思是"如果不是因为你睡眼蒙眬、意识不清、没有完全从

睡眠中清醒过来的缘故，你是不会走错门的"。

有时，"（之）所以"不出现，例如：

（73）我没有认出来……是因为我没看见，否则我一定可以认出您来的。

（74）米斯拉能活着只不过是因为营地就在附近，要不然这些人就直接在沙漠里杀了他，然后把他剥个精光。

有时，"是因为"前带有某些个语气或情态成分，如"也许、大概、完全、当然、正、就、只不过、主要"等，这些成分表示的是说话人对所分析原因的主观态度，"否则"的焦点投射域并不包括这些主观成分，例如：

（75）她之所以能当上棉纺公会的执行委员，主要是因为和史步云的亲戚的关系，否则，保险连委员也当不上。

有时，"因为"前不一定用"是"，但也是分析原因，可以补出"是"来，例如：

（76）人之所以乐为太师，太师之所以可贵，正因为有此碰头，否则蔡太师与县令时文彬、押司宋江、保正晁盖何以异哉！

有时，"（之）所以"和"因为"前的"是"都不用，例如：

（77）叶孤城负伤，只因为有人暗算了他，否则唐天仪根本无法出手。

有时，析因部分用复杂句式从多方面对原因进行分析，例如：

（78）他上那儿去，明白吧，就是因为他吓坏了，因为他不能不有所防备，要不然就被人告发了。

（79）我以为鲁加伊这只红毛公犬很像大叔，它若是人，它就会把大叔养在自己身边，不是因为大叔驰骋有素，就是因为他与人和衷共济，不然怎么会把他养在身边。

上例析因式所举例句的层次关系可以概括为："（之所以）p'，‖[因果]是因为p，｜[假转]否则q"。"否则"的焦点投射域是"因为p"。

另外，析因式还有另外一种层次关系："（之所以）p'，｜[因果]是因为p，‖[选择]否则q"。"否则"的焦点投射域也是"因为p"。例如：

（80）尽管概念不能成为私人财产，发明的流动也不会大大减少，这是因为出于热爱事业而从事发明的发明家人数足以使发明保持适当的流动；否则就是因为对自己的发明保密并用发明谋利的发明家，可以从早期阶段的发明中赚取足够的独占利润，来补偿他本人为发明所支付的费用。

8.2.1.2.2　推因式

基本格式为："既然 p'，是因为 p，否则 q"。例如：

（81）既然有如此的反应，一定是因为刚刚说的隐含了一些事实，否则一般人是不会因为话没说到痛处就如此生气的。

这种格式的结构层次和关系可分析为："既然 p'，‖[推断] 是因为 p，｜[假转] 否则 q"。"否则"的焦点投射域是"因为 p"。

8.2.1.2.3　补因式

基本格式为："p'，因为 p，否则 q"。有两种情况：

第一，"否则"的焦点投射域是原因"因为 p"。如例（67），结构层次和关系的符号表达式为："p'，‖[因果] 因为 p，｜[假转] 否则 q"。

第二，"否则"的焦点投射域是结果"p'"，例如：

（82）睡觉自然也要脱衣服，但得穿上软底毛靴，因为失重妨碍血液正常地流向双脚，否则就会冻伤。

例（82）中，"否则"的否定范围是"穿上软底毛靴"，"因为失重妨碍血液正常地流向双脚"不仅不是"否则"的否定对象，相反还是"否则"的前提："因为失重妨碍血液正常地流向双脚，如果不穿上软底毛靴就会冻伤"。这例的层次关系有两种分析法：

分析法一：得穿上软底毛靴，｜[因果] 因为失重妨碍血液正常地流向双脚，‖[并列] 否则就会冻伤。

这种分析法认为，"否则就会冻伤"也是原因，是用逆反活动的结果来作原因，"得穿上软底毛靴，因为不穿的话就会冻伤"。这样，例子中就有两个原因，一个用"因为"标示的前提作因，另一个用"否则"标示的逆行动的结果作因。

分析法二：得穿上软底毛靴，‖[因果] 因为失重妨碍血液正常地流向双脚，｜[假转] 否则就会冻伤。

这种分析法，把前提因和行动果看成是一个整体，是一个层次，其中原因是行动的背景条件，之所以把行动提前，是为了与上文的语义连贯。行动是这个因果表达的重心，"否则"对因果行动的行动重心进行否定。如果脱离语境，这个句子可以把行动的前提因提前，使得"否则"与否定的行动接近："因为失重妨碍血液正常地流向双脚，得穿上软底毛靴，否则就会冻伤。"

比较两种分析法，第二种分析法要更妥帖一些。实际上，前提因和结果共现，再用"否则"否定结果的常规表达式是："因为 p，｜[因果] 所以 p'，‖[假转] 否则 q"。"p'"在语意上往往表示条件或含有道义情态，有时也表示断定等。例如：

（83）因为通常我的阅读速度很快，除非我集中注意，否则很难发现一些细小的印刷错误。（条件）

（84）因为顾客为不特定多数，风险较大，因此必须多获取一点毛利，否则不容易经营下去。（道义）

（85）因为它们有同类的声调系统，同类的辅音和元音系统；所以，它们一定有联系，否则不会如此相似。（断定）

8.2.2　"因为（p，否则 q）"与"否则"焦点投射

"因为（p，否则 q）"中"p，否则 q"共同构成原因，此原因的结果一般是要出现的，形成"因—果"式或"果—因"式。

8.2.2.1　"因—果"式

基本格式为："因为（p，否则 q），所以 r"。这种用法并不多见，"p"往往表示条件或含有道义情态。例如：

（86）因为除非写流行小说，否则光凭稿费收入不足以糊口，所以才不得已找个谋生的职业。

（87）因为他必须服从敌人，否则就会丧生，于是这种服从便不能成为罪恶。

例（86）的原因是"除非写流行小说，否则光凭稿费收入不足以糊口"，整句的意思是"因为除非写流行小说，如果不写流行小说光凭稿费收入不足以糊口，所以才不得已找个谋生的职业"。例（87）的原因是"他必须服从敌人，否则就会丧生"，句子的意思是"因为他必须服从敌人，如果他不服从敌人就会丧生，于是这种服从便不能成为罪恶"。因此，这种格式的层次关系为："因为（p，‖[假转]否则 q），|[因果]所以 r"。这种格式里的"否则"的焦点投射域是"p"。格式中的"p"和"否则 q"是正反两方面的原因。

8.2.2.2　"果—因"式

"果—因"式又分析因式和补因式。

8.2.2.2.1　析因式

基本格式为："之所以 r，是因为（p，否则 q）"。其中"p，否则 q"大致有条件式、道义式和选择式几种。例如：

（88）她的嘴唇很薄，薄得像菜刀的刀锋，她没有涂口红，大概是因为除非涂到下巴和人

中上，否则无处可涂的缘故。（条件式）

（89）你做这件事是因为你不得不干，否则就会受到惩罚。（道义式）

（90）她接待他们，是因为从小就认识他们，或者他们同某公爵夫人是姻亲，要不然就和某国君关系密切。（选择式）

析因式的层次关系可分析为："之所以 r，┃[因果]是因为（p，‖[假转/选择]否则 q）"。"否则"的焦点投射域都是"p"。

8.2.2.2.2　补因式

基本格式为："r，因为（p，否则 q）"。这种格式的层次关系与"否则"的焦点投射又分两种情况。

情况之一，格式层次关系为："r，┃[因果]因为（p，‖[假转/选择]否则 q）"，"否则"的焦点投射域是"p"。这种表达方式灵活多样，内容比较丰富。有时，"p"是一个小句，表示条件、道义、断定、选择等。例如：

（91）这句话说明他无需撒谎来保留自己的土地或银钱，因为他除非自己愿意，否则并不必须捐纳任何东西。（条件）

（92）依《商标法》第五条规定和《商标法实施细则》第七条规定，属于违法使用。因为，人用药必须使用注册商标，否则不能在市场销售。（道义）

（93）一个要回家去试试她的参加舞会的礼服，因为她这次来受坚信礼完全是为了这件礼服和舞会，否则她就决不会来的。（断定）

（94）一提到"如何管理"，企业或组织的负责人总会有点头痛。因为，管理这档事，要么就是去做，不然就是去讲。（选择）

有时，"p"由句联充当，表示并列类关系、因果类关系或转折类关系。

第一，"p"是某种并列类关系的句联。"否则"的焦点投射域是"p"，投射焦点是"p"或"p"的后部分。例如：

（95）邓散木印章的结体与章法能够变化出众多的面貌，除了他的艺术修养高，还因为他熟谙六书，懂得文字的演变由来，不然就难于因字制宜，增损参差，或者任意变化而不合规矩。（平列）

（96）假定我们只停留在第二阶段，津津乐道于女性的不同、女性的优越和女性的特殊性，你的帽子就扣对了，女性论也就再一次失去意义，因为女性论反抗的本应该是权力结构本身，而不是用一种权力来代替另外一种权力，否则，这第二阶段的态度只会使我们回到德·波伏娃之前的时代，虽然是以颠倒的形式。（对照）

（97）……因为，新鲜的水之不断流入土中，以及因水在土中的延伸而不断注入的空气，

都是不可缺少的：水和空气把矿物和气体变为植物的养料，否则它们就会变为无用，甚至有毒。（解注）

（98）……也许因为那枝头的几片黄叶，或是那篱畔的几朵残花，在那些上边，是比较冬天更显示了生命，不然，是在那些上面，更使我忆起了生命吧。（选择）

第二，"p"是某种因果类关系句联。"否则"的焦点投射域是"p"，焦点投射在"p"的某部分。例如：

（99）安妮不肯把高太太说过的话告诉佑才，因为高太太的话，充满了火药味，实在很不适宜再说出来，否则会引起何家的不满。（因果）

（100）……因为生物之所以为生物，全在有这生命，否则失了生物的意义。（因果）

（101）这个倒是不必麻烦了，因为我若能在阁下的剑下逃生，我会自己去告诉他们，否则的话，阁下的话，他们也听不见了。（假设）

（102）机床行业必须与自己的用户建立密切的联系，特别是设计师们应深入用户作调查，因为只有这样，才有可能针对具体用户需要，设计出具有自身特色和特点的产品来，否则就只能仿，很难创。（条件）

第三，"p"是某种转折类关系句联。"否则"的焦点投射域是"p"。焦点投射在"p"的转折后部分。例如：

（103）安徽姑娘们招工的时候说好管吃管住，外加工资一百，小墩子想三个月每人给五百，老A便劝她三思而行，因为还有个劳务行市问题，可以多给点儿，算奖金，但不能太离谱儿，否则以后不好办。（转折）

（104）……因为伦理道德虽然天然是合乎理性的，但唯有通过主权者才能成为法律，否则我们把自然法称为不成文法就是一个大错误了。（实让）

（105）这一要求既适用于私人投资者，也适用于政府机构，因为，即使是政府也期望它的钱能全部保值，否则是不会投资的。（虚让）

（106）还可以想得再深些，如果民真能主，真依法而治，官好不好就关系不大，因为不管你心地如何，总不能不依法办事，否则民有力量让你下台，法有力量让你走进牢房。（总让）

情况之二，格式的层次关系可以分析为："r，｜[因果]因为（p，‖[并列]否则q）"，"否则"的焦点投射域是结果"r"。这种情况比较少见，看例子：

（107）我希望这个理解能通过新闻宣传纠正过来，因为这样对这批青年也有好处，不然选上去的就会很骄傲，没选上去的觉得自己没有希望了。

例（107）中，"不然"的焦点投射域是意愿的活动内容"这个理解能通过新闻宣传纠正过来"，意思是"如果这个理解不能通过新闻宣传纠正过来，选上去的就会很骄傲，没选上去的觉得自己没有希望了"。"不然"假设否定意愿的活动内容，从而产生了反面结果，这个反面结果是可以作原因的。我们可以直接说"我希望这个理解能通过新闻宣传纠正过来，因为不然（的话，）选上去的就会很骄傲，没选上去的觉得自己没有希望了"。实际上，言语中不乏"因为否则"的直接组配，例如：

（108）这个我只能讲得比较笼统一点，不能讲得太详，因为否则的话要引的材料太多实在也不合适。

（109）这是一种重要的功能，因为否则我们就会被无数想要挤入到意识中来的心理内容压倒和淹没。

（110）梅森对上述这个提议马上表示反对，不过，到最后还是同意了，因为，要不然，他们就得报送最高法院等候法官的裁决。

值得一提的是，这种格式与前文补因式中"否则"的焦点投射域是结果"p'"的格式"p'，‖[因果]因为 p，|[假转]否则 q"有点类似，但又不同。两种格式的"否则"的焦点投射域都是结果，但是"因为 p"的原因有差别，一种是前提因，一种是顺结果的结果作因。由于前提因和结果的联系紧密，而顺结果的结果作因与逆结果的结果作因联系紧密，所以两种格式的结构层次和关系并不一样。

8.2.3　小结

表 8-3："因为 p，否则 q"各种句联结构的层次关系与"否则"的焦点投射情况

关系标记层次	因果配置		句联层次关系	"否则"焦点投射域
因为 p，|否则 q	隐果式		因为 p，|[假转]否则 q	因为 p
	显果式	析因	（之所以）p'，‖[因果]是因为 p，|[假转]否则 q	因为 p
		推因	既然 p'，‖[推断]是因为 p，|[假转]否则 q	因为 p
		补因	p'，‖[因果]因为 p，|[假转]否则 q	因为 p；p'
因为（p，否则 q）	"因—果"式		因为（p，|[假转]否则 q），|[因果]所以 r	p
	"果—因"式	析因	之所以 r，|[因果]是因为（p，‖[假转/选择]否则 q）	p
		补因	r，|[因果]因为（p，‖[假转/选择]否则 q）	p
			r，|[因果]因为（p，‖[并列]否则 q）	r

从中，我们可以获得一些认识：

第一，句联的句法层次与"否则"的焦点投射相互适应。如"因为p，否则q"形式中，结构层次"因为p，｜否则q"与"否则"的焦点投射域"因为p"或结果"p'"对应；结构层次"因为（p，否则q）"与"否则"的焦点投射域"p"或结果"r"对应。

第二，句联的小句隐现影响"否则"的焦点投射。如"因为p，｜否则q"格式，隐果式的"否则"焦点投射定然是"因为p"，显果式的"否则"焦点投射域可能是"因为p"，也可能是结果"p'"。

第三，句联句序影响"否则"的焦点投射。句序是句联焦点结构的重要参量，"否则"的焦点投射受其影响。比如"因为（p，否则q）"格式，"因—果"式的"否则"焦点投射域为原因"p"，"果—因"式的"否则"焦点投射域为原因"p"或结果"r"。

第四，句联的句法语义关系与"否则"的焦点投射有关联。同样是"果—因"式，析因和推因的焦点在"因"，所以"否则"焦点投射也在"因"；但是补因式的焦点不一定在"因"，也可能在"果"，因此"否则"的焦点投射在"因"或"果"。

第五，语符序列具有层次性，焦点结构也具有层次性。比如例（68）："较长的歌剧，他们是从未看完便离场的，｜[因果]因为他们必须赶在斯通帕加斯9号关门前到家，‖[假转]否则就要给看门人小费。"这个句联的第一层是因果关系，焦点结构的焦点是结果分句，第二层是假转关系，焦点结构的焦点是假转前分句。

第六，"否则"的焦点投射可以同层发生，也可以跨层进行。比如"r，｜因为（p，‖否则q）"中，"否则"可以在"p，‖否则q"这个层次把焦点投向同层的"p"，也可以跨层投向"r"。

第七，"因为p，｜否则q"的层构格局，证明"否则"是一个能够进行反事实假设的连词。

第八，"因为p，｜否则q"中的"因为p"有肯定式和否定式，而"否则"是假言否定，因此也会有肯定和否定两种假设前提的效应，这就证明假设句具有反事实因果表达的潜势。

8.3　本章小结

因果关系的表达，不只表现为两个小句，还可以复杂化，由多分句来表达因果。因果句具有很强的扩展能力，因句和果句都能嵌套多种复句关系的句联，形成套层因果句。因果句套然否对照句是一种常用的套层因果句，有三类：①因果句前套然否对照句；②因果句后套然否对照句；③因果句前后套然否对照句。由于因果句和然否对照句在句序上各有分别，从而造成了"因—果"式和"果—因"式对于然否式和否然式的八种套层模式，套层能力的等级序列是："果—因"式后套否然式＞"因—果"式前套否然式＞"因—果"式后套否然式＞"因—果"式前套然否式＞"果—因"式前套否然式＞"因—果"式后套然否式＞"果—因"式后套然否式＞"果—因"式前套然否式。这个套层序列又可以推导出"因—果"式和"果—因"式套然否式和否然式的能力等级，以及原因和结果套然否式和否然式的套层能力等级。

因果句有假设的反事实表达，"否则"是具有反事实因果潜势的假设否定连词，而且具有焦点投射功能。因果句和"否则"构成的句联层次与"否则"的焦点投射相互适应。"因为 p，｜否则 q"与"否则"的焦点投射域"因为 p"或结果"p'"对应；"因为（p，否则 q）"与"否则"的焦点投射域"p"或结果"r"对应。句联的小句隐现影响"否则"的焦点投射。句序是句联焦点结构的重要参量，"否则"的焦点投射受其影响。句联的句法语义关系与"否则"的焦点投射有关联。"否则"的焦点投射可以同层发生，也可以跨层进行。

第九章　辞书释义中的因果句式

因果复句是表示分句间具有某种实际联系的因果关系的复句，词典释义中经常用到这类复句。本研究通过对《现代汉语词典（第 7 版）》（以下简称《现汉》）释义中的因果句式进行研究，总结因果句式应用于词典释义的一些特点。

9.1　《现代汉语词典（第 7 版）》释义中的因果句式概况

释义的基本要求是准确、简明、统一。释义一般要经过三个步骤：第一，确定词的意义要素；第二，确定用来释义的词；第三，确定释义的表述方式。第一步可以通过义位、义群的语义特征分析来完成，第二步可以通过释义基元词的筛选来完成，而第三步必须要选择适宜的释义句式才能完成。目前的释义研究在前两个方面已取得不少成果，比如不同词类义位的语义特征分析、释义基元词的研究等，而关于释义句式的研究还相当薄弱。

释义句式的研究会涉及三个方面的问题：第一，释义句式有哪些？能否分出类别和层级来？第二，各种释义句式的释义功能是什么？第三，释义句式与口语表达和一般书面语表达句式比较有什么特点？

因果类复句是一个广义的概念，是表示广义因果关系的各类复句的总称。本研究所研究的"因果复句"仅仅指"说明性因果句"，因为跟广义因果关系相对而言，说明性因果句所表明的因果关系是最典型的、严格意义上的因果关系。词典在对词语进行释义时经常用到因果复句。以《现汉》为例，通过对这些释义的研究，总结了因果复句应用于词典释义的一些特点。另外还要说明的是，本研究所研究的仅为有标的因果复句。

用因果复句进行释义的词类主要有名词（包括名词性短语）、动词（包括动词性短语）和形容词（包括形容词性短语），也有副词、连词等。这些因果句多以紧缩句的形式出现，用到的句式有十三种，可以概括为三类：单用因标句、单用果标句、因标和果标合用句。

9.1.1　单用因标句

单用因标句，主要包括三种："因……""因为……""由于……"因果句式。这种格式的因果句，原因分句里出现"因""因为"或"由于"，就能保证因果复句的成立，结果分句里没有出现"所以、因此"之类的标志词。这样的因果句格式，与词典释义追求言简意赅的特点相符合。

9.1.1.1　"因……"

"因……"格式，主要用于名词性词语、动词性词语释义，也用于形容词性词语的释义。"因……"格式有"因—果"式和"果—因"式两种格式。

9.1.1.1.1　"因……""因—果"式

"因……""因—果"式主要用于名词性词语、动词性词语的释义，也用于形容词性词语的释义。

9.1.1.1.1.1　名词性词语用"因……""因—果"式释义

有的名词用"因……得名"解释名称的命名理据，例如：

【挂面】特制的面条（儿），线状或带状，因悬挂晾干得名。

【南胡】二胡，因原先流行在南方得名。

有的名词用"因……造成……"解释事物的产生缘由，例如：

【旱灾】因长期干旱缺水造成作物枯死或大量减产的灾害。

【蝗灾】因成群的蝗虫吃掉大量庄稼、牧草等造成的灾害。

【涝害】因雨水过多农田被淹造成的危害，如引起农作物机体破坏和死亡。

【内耗】②社会或部门内部因不协调、闹矛盾等造成的人力物力的无谓消耗。

有的名词用"因……（所）产生……"解释事物产生的缘由，例如：

【痛觉】身体组织因受破坏或受强烈的刺激所产生的感觉。

有的名词用"因……引起……"解释事物产生的缘由，例如：

【饥荒】①因粮食歉收等引起的食物严重缺乏的状况。

【甲亢】甲状腺功能亢进症的简称。因甲状腺激素分泌过多引起。症状是甲状腺肿大，心悸，手抖，眼突，怕热，食欲增加，体重减轻等。

有的名词用"因……形成……"解释事物产生的缘由，例如：

【潟湖】浅水海湾因湾口被淤积的泥沙封闭形成的湖，也指珊瑚环礁所围成的水域。有的
　　　　高潮时可与海相通。

有的名词用"因……，容易……"解释事物的特征属性的发生缘由，例如：

【流体】液体和气体的统称，因它们都没有一定的形状，容易流动。

有的名词用"因……挨/被……"解释事物遭遇的发生缘由，例如：

【饥民】因饥荒挨饿的人。

【禁果】《圣经》中上帝禁止亚当、夏娃采食的知善恶树的果子，两人因偷食了这种果子
　　　　被逐出伊甸园，后泛指禁止触及的事物。

有的名词用"因……，禁止……"解释事物的处置结果，例如：

【卫生球】（～儿）用萘制成的球状物，白色，有特殊的气味，过去放在衣物中，用来防
　　　　　止虫蛀。因对人体有害，已禁止使用。

有的名词用"因……，妨碍……"解释事物产生的缘由，例如：

【草荒】①农田因缺乏管理，杂草丛生，妨碍了农作物的生长，叫草荒。

有的名词用"因……不同，……"解释事物分类的理据，例如：

【地方时】各地因经度不同，太阳经过各地子午线的时间也不相同，把太阳正对某地子午
　　　　　线的时间定为该地中午十二点，这样定出的时间叫作地方时。

有的名词用"因受……，……"解释事物遭受某种际遇而产生某种效应，例如：

【落体】因受重力作用由空中落下的物体。

有的名词用"因……""因—果"式解释事物产生的缘由，例如：

【护照】②旧时因出差、旅行或运输货物向主管机关领取的凭证。

【汛期】江河水位因降水集中、冰雪融化等季节性上涨的时期。

【加时赛】体育竞赛中因双方打成平局按规定增加时间进行的比赛。

有的名词性固定短语用"因……引起……"解释事物产生的缘由，例如：

【帕金森综合征】因脑动脉硬化、脑炎、一氧化碳中毒等引起的类似帕金森病症状的一系
　　　　　　　　列表现。

【脂肪肝】肝组织的脂肪含量超过正常值（肝湿重的5%）的病理现象。多因肥胖或营养不
　　　　　良、长期饮酒、病毒性肝炎、糖尿病、药物中毒等引起。

有的名词性固定短语用"因……造成……"解释事物产生的缘由，例如：

【泡沫经济】指因投机交易极度活跃，金融证券、房地产等的市场价格脱离实际价值大幅
上涨，造成表面繁荣的经济现象。

有的名词性固定短语用"因受……"解释事物发生的缘由是遭受某种际遇，例如：

【鸡皮疙瘩】因受冷或惊恐等皮肤上起的小疙瘩，样子和去掉毛的鸡皮相似。

有的名词性固定短语用"因……，被……"解释事物遭受的际遇，例如：

【东郭先生】明代马中锡《中山狼传》中的人物。因救助被人追逐的中山狼，差点儿被狼
吃掉，借指对坏人讲仁慈的人。

有的名词性固定短语用"因……，叫……"解释事物名称的命名理据，例如：

【奥林匹克运动会】世界性的综合运动会。因古代希腊人常在奥林匹亚（Oympia）举行体
育竞技，1894 年的国际体育大会决定把世界性的综合运动会叫作奥
林匹克运动会。第一届于 1896 年在希腊雅典举行，以后每四年一次，
在会员国的某个城市举行。简称奥运会。

有的名词性语素用"因……称……"解释事物名称的命名理据，例如：

【砚】②旧时指有同学关系的（因同学常共笔砚，同学也称"同砚"）。

9.1.1.1.1.2　动词性词语用"因……""因—果"式释义

有的动词用"因……引起……"解释动作行为发生的缘由，例如：

【假死】①因触电、癫痫、溺水、中毒或呼吸道堵塞等，引起呼吸停止，心脏跳动微弱，
面色苍白，四肢冰冷，叫作假死。

【心跳】心脏跳动。特指心脏加快地跳动，多因剧烈运动或感情激动、内心恐惧等引起，
也可由疾病引起。

【呛】因水或食物进入气管引起咳嗽，又突然喷出。

有的动词用"因……发生……"解释动作行为发生的缘由，例如：

【变态】②某些植物因长期受环境影响，根、茎、叶的构造、形态和生理机能发生特殊变
化，如马铃薯的块茎、仙人掌的针状叶等。

有的动词用"因……造成……"解释动作行为发生的缘由，例如：

【复垦】对因挖掘、塌陷等造成破坏的土地采取整治措施，使它恢复到可以垦殖或可供利
用的状态。

有的动词用"因……出现 / 呈现 / 变……"解释动作行为发生的缘由，例如：

【窑变】指烧制陶瓷时，因坯体所涂不同釉浆互相渗透变化，釉面出现意外的特异颜色和花样。

【做梦】①睡眠中因大脑里的抑制过程不彻底，在意识中呈现种种幻象。

【板结】①土壤因缺乏有机质，结构不良，灌水或降雨后地面变硬，不利于农作物生长，叫作板结。

有的动词用"因……突然……"解释动作行为突然发生的缘由，例如：

【塌方】因地层结构不良、雨水冲刷或修筑上的缺陷，道路、堤坝等旁边的陡坡或坑道、隧道的顶部突然坍塌。也说坍方。

有的动词用"因……需要……"解释动作行为发生的必要原因，例如：

【除权】股份公司因向股东送红股等，股份增加，每股股票的实际价值减少，需要从股票市场价格中除去减少的部分，叫作除权。

【除息】股份公司因向股东分配股息、红利，每股股票的实际价值减少，需要从股票市场价格中除去减少的部分，叫作除息。

有的动词用"因……没 / 不能 / 无法……"解释没有发生某种动作行为的缘由，从而造成动词表示的动作行为的状况，例如：

【来不及】因时间短促，无法顾到或赶上。

【冷场】①戏剧、曲艺等演出时因演员迟到或忘记台词而演出不能正常进行。

【窝工】因计划或调配不好，工作人员没事可做或不能发挥作用。

【堵车】因道路狭窄或车辆太多，车辆无法顺利通行。

有的动词用"因……被迫 / 被……"解释动作行为的被动性缘由，例如：

【割让】因战败或受侵略，被迫把一部分领土让给外国。

【退市】退出市场，特指上市公司因连年亏损被取消上市资格，退出股市。

有的动词用"因获得 / 受到……，……"解释动作行为产生的获益或受损缘由，例如：

【露脸】①指因获得荣誉或受到赞扬，脸上有光彩。

【淤血】因静脉血液回流受阻，机体的器官或组织内血液淤积。

有的动词用"因……不同，……"解释动作行为发生的缘由，例如：

【论战】在政治、学术等问题上因意见不同互相争论。

有的动词用"因……成为 / 得到 / 避开 / 失去……"解释动作行为发生的缘由，例如：

【负荆请罪】战国时，廉颇和蔺相如同在赵国做官。蔺相如因功大，拜为上卿，位在廉颇
之上。廉颇不服，想侮辱蔺相如。蔺相如为了国家的利益，处处退让。后来
廉颇知道了，感到很惭愧，就脱了上衣，背着荆条，向蔺相如请罪，请他责
罚（见于《史记·廉颇蔺相如列传》）。后来用"负荆请罪"表示主动向对
方承认错误，请求责罚。

【躲债】欠债人因无钱还债等原因，避开跟债主见面。

【失学】因家庭困难、疾病等失去上学机会或中途退学。

有的动词用"因……只好……"解释动作行为发生的无奈缘由，例如：

【承乏】〈书〉谦辞，表示所在职位因一时没有适当人选，只好暂由自己充任。

有的动词用"因……""因—果"式解释动作行为发生的缘由，例如：

【争吵】因意见不合大声争辩，互不相让。

【摽劲儿】双方因赌气或竞赛等憋着劲比着（干）。

【补时】足球等比赛中指补足因参赛球员受伤、换人等延误的比赛时间。

【上冻】结冰；因冷凝结。

有的动词用"（因……）"做扩注，解释动作行为发生的缘由，例如：

【垂泪】（因悲伤）流眼泪。

【灰心】（因遭到困难、失败）意志消沉。

有的动词性固定短语用"因……""因—果"式解释动作行为发生的缘由，例如：

【长吁短叹】因伤感、烦闷、痛苦等不住地唉声叹气。

【打冷战】因寒冷或害怕身体突然颤动一两下。也作打冷颤。

【皮开肉绽】指人因被毒打，皮肉开裂。

【守活寡】已婚妇女因丈夫长期外出不归，一个人留在家里，叫守活寡。

【死不瞑目】指人死时因心里还有牵挂，死了没有闭上眼睛，多用来形容不达目的，决不
甘休。

【无私有弊】指虽然没有私弊，但因处于嫌疑之地，容易使人猜疑。

9.1.1.1.1.3 形容词性词语用"因……""因—果"式释义

有的形容词性词语用"因……成 / 发"格式解释事物性状产生的缘由，例如：

【麻花】（~儿）〈方〉形容衣服因穿久了磨损成要破没破的样子。

【面红耳赤】形容因急躁、害羞等脸上发红的样子。

9.1.1.1.2 "……因……""果—因"式

"……因……""果—因"式的格式，主要用于名词性词语和动词性词语的释义。

9.1.1.1.2.1 名词性词语用"……因……""果—因"式释义

有的名词性词语用"指……，因……""果—因"式释义，补充说明事物名称的命名理据，例如：

【空门】指佛教，因佛教认为世界是一切皆空的。

【孔方兄】指钱，因旧时的铜钱有方形的孔（诙谐兼含鄙视意）。

有的名词性词语用"指……（因……）"做扩注，补充说明事物名称的命名理据，例如：

【口】指马、驴、骡等的年龄（因可以由牙齿的多少看出来）。

【小阳春】指农历十月（因某些地区十月天气温暖如春）。

【礼拜天】〈口〉星期日（因基督教徒在这一天做礼拜）。也叫礼拜日。

9.1.1.1.2.2 动词性词语用"……因……""果—因"式释义

有的动词性词语用"……，因……""果—因"式释义，补充说明动作行为发生或命名的缘由，例如：

【漾奶】婴儿吃过奶后吐出，多因一次吃得太多。

有的动词性词语用"……（因……）"做扩注，补充说明动作行为发生的缘由，例如：

【暴死】突然死亡（多指因患急病、遭意外等）。

【篆刻】刻印章（因印章多用篆书）。

【铁案如山】定案像山那样不能推翻（多因证据十分确凿）。

9.1.1.2 "因为……"

9.1.1.2.1 "因为……""因—果"式

有的词单用"因为"释义，构成"因—果"式，主要给动词性词语和名词性词语释义。

9.1.1.2.1.1 动词性词语用"因为……""因—果"式释义

有的动词用"因为……""因—果"式释义，"因为"引出动作行为发生的缘由，例如：

【洄游】海洋中一些动物（主要是鱼类）因为产卵、觅食或受季节变化的影响，沿着一定
　　　　路线有规律地往返迁移。也作回游。

【漏风】②因为牙齿脱落，说话时拢不住气。

【露怯】〈方〉因为缺乏知识，言谈举止发生可笑的错误。

【停滞】因为受到阻碍，不能顺利地运动或发展。

【谢顶】成年人随着年龄的增长或者因为患某种病，头顶的头发逐渐脱落。也说歇顶。

有的动词性固定短语单用"因为"释义，构成"因—果"式，解释动作行为发生的缘由，例如：

【髀肉复生】因为长久不骑马，大腿上的肉又长起来了，形容长久安逸，无所作为。

【因噎废食】因为吃饭噎住过，索性连饭也不吃了，比喻因为怕出问题，索性不干。

9.1.1.2.1.2　名词性词语用"因为……""因—果"式释义

有的名词词用"因为……""因—果"式释义，"因为"解释事物名称的理据，例如：

【弱冠】〈书〉古代男子二十岁行冠礼，表示已经成人，因为还没达到壮年，叫作弱冠，后来泛指男子二十岁左右的年纪。

【斜纹】一根经纱和两根纬纱交错着织成的纹路，因为交织点相错，看上去是斜的。

有的名词性固定短语词用"因为……""因—果"式释义，例如：

【黔驴之技】唐柳宗元的《三戒·黔之驴》说，黔（现在贵州一带）这个地方没有驴，有人从外地带来一头，因为用不着，放在山下。老虎看见驴个子很大，又听见它的叫声很响，起初很害怕，老远就躲开。后来逐渐接近它，驴只踢了老虎一脚。老虎看见驴的技能只不过如此，就把它吃了。后来用"黔驴之技"借指虚有其表的人很有限的一点儿本领（多含贬义）。

9.1.1.2.2　"因为……""果—因"式

有的词单用"因为"释义，构成"果—因"式，主要给名词性词语、动词性词语和形容词性词语释义。

9.1.1.2.2.1　名词性词语用"因为……""果—因"式释义

有的名词单用"因为"释义，构成"果—因"式，解释事物名称的命名理据，例如：

【方块字】指汉字，因为每个汉字一般占一个方形面积。

【根本法】指国家的宪法，因为其他的法律都要根据它来制定。

【下场门】指舞台左首（就观众说是右首）的出入口，因为演员大多从这儿下场。

有的名词性固定短语单用"因为"释义，构成"果—因"式，解释事物名称的命名理据，例如：

【皮里阳秋】指藏在心里不说出来的评论。"阳秋"即"春秋"，晋简文帝（司马昱）母郑后名阿春，避讳"春"字改称。这里用来代表"批评"，因为相传孔子修

《春秋》，意含褒贬。

【天文数字】指亿以上的极大的数字（因为天文学上用的数字极大，如天王星和太阳的平均距离是 2.8691×10^9 千米）。泛指极大的数字。

9.1.1.2.2.2 动词性词语用"因为……""果—因"式释义

有的动词单用"因为"释义，构成"果—因"式，解释动作行为名称的命名理据，例如：

【摘由】摘录公文的主要内容以便查阅（因为公文的主要内容叫事由）。

9.1.1.2.2.3 形容词性词语用"因为……""果—因"式释义

有的形容词单用"因为"释义，构成"果—因"式，解释性状名称的命名理据，例如：

【周延】一个判断的主词（或宾词）所包括的是其全部外延，如在"所有的物体都是运动的"这个判断中，主词（物体）是周延的，因为它说的是所有的物体。

【不周延】一个判断的主词（或宾词）所包括的不是其全部外延，如在"有的工人是共青团员"这个判断中，主词（工人）是不周延的，因为它说的不是所有的工人。

9.1.1.3 "由于……"

"由于……"用来进行词语释义，主要用于名词性词语、动词性词语的释义，也用于形容词性词语的释义，主要用来解释事物、动作行为、性状的命名理据。

9.1.1.3.1 名词性词语用"由于……"释义

有的名词用"由于……造成……"解释名词的命名理据，例如：

【冻害】由于动植物受冻造成的危害，如引起机体细胞和组织破坏死亡等。

【黑灾】由于持续干旱，造成牧区牲畜大量死亡的灾害（对"白灾"而言）。

【父权制】原始公社后期形成的男子在经济上及社会关系上占支配地位的制度。由于男子所从事的畜牧业和农业在生活中逐渐起决定作用，造成氏族内男子地位的上升与女子地位的下降。

【凌灾】江河解冻时，由于冰凌堵塞河道造成河水泛滥的灾害。

有的名词用"由于……所产生／所发生……"解释名词的命名理据，例如：

【涡流】②实心的导体或铁芯在交流电场中由于电磁感应所产生的涡旋性电流。涡流能消耗电能并使导体和铁芯发热。也叫涡电流。

【应变】物体由于外因（受力、温度变化等）或内在缺陷，它的形状尺寸所发生的相对改变。

有的名词用"由于……（这样就）形成……"解释名词的命名理据，例如：

【矿床】地表或地壳里由于地质作用形成的并在现有条件下可以开采和利用的矿物的集合体。

【燎泡】由于烧伤、烫伤或上火，在皮肤或黏膜的表面形成的水疱。

【母权制】原始公社初期形成的女子在经济上和社会关系上占支配地位的制度。由于经营农业、饲养家畜和管理家务都以妇女为主，又由于群婚，子女只能确认生母，这样就形成了以女子为中心的母系氏族公社。后来被父权制所代替。

有的名词用"由于……引起……"解释名词的命名理据，例如：

【阑尾炎】阑尾发炎的病，多由于病菌、寄生虫或其他异物侵入阑尾引起。主要症状是右下腹疼痛、恶心、呕吐等。俗称盲肠炎。

【脉搏】①心脏收缩时，由于输出血液的冲击引起的动脉的跳动。医生可根据脉搏来诊断疾病。

【中暑】①病，由于长时间受烈日照射或室内温度过高、不通风引起。症状是头痛，耳鸣，严重时昏睡，痉挛，血压下降。

有的名词用"由于……然后……"解释名词的命名理据，例如：

【喷嚏】由于鼻黏膜受到刺激，急剧吸气，然后很快地由鼻孔喷出并发出声音，这种现象叫打喷嚏。也叫嚏喷。

有的名词用"由于……变成／分成……"解释名词的命名理据，例如：

【青帮】帮会的一种，最初参加的人多半以漕运为职业，在长江南北的大中城市里活动。后来由于组成成员复杂，为首的人勾结官府，变成反动统治阶级的爪牙。

【认识论】关于人类认识的对象、来源、发展过程和规律，以及认识与实践的关系的学说。是哲学体系的重要组成部分。由于对思维和存在何者为第一性的不同回答，分成唯心主义认识论和唯物主义认识论。

有的名词用"由于……使……"解释名词的命名理据，例如：

【赤潮】由于海洋富营养化，使某些浮游生物暴发性繁殖和高度密集所引起的海水变红的现象，多发生在近海海域。赤潮造成海水严重污染，鱼虾、贝类等大量死亡。也叫红潮。

有的名词用"由于……被……"解释名词的命名因果内涵，例如：

【政治犯】由于从事某种政治活动被政府认为犯罪的人。

有的名词用"由于……总是／持续……"解释名词的命名因果内涵，例如：

【指南针】①利用磁针制成的指示方向的仪器，把磁针支在一个直轴上，可以做水平旋转，由于磁针受地磁吸引，针的一头总是指着南方。

【倒春寒】早春回暖后，由于寒潮侵入，气温持续明显偏低的天气。常给农业生产带来危害。

有的名词用"由于……不同……不同／形成／显出／有"解释名词的命名因果内涵，例如：

【白皮书】政府、机构等公开发表的有关政治、外交、财政等重大问题的文件，封面为白色，所以叫白皮书。由于各国习惯和文件内容不同，也有用别种颜色的，如蓝皮书、黄皮书、红皮书、绿皮书。现通常指封面为白色的文书。

【价值观】对经济、政治、道德、金钱等所持有的总的看法。由于人们的社会地位不同，价值观也有所不同。

【年轮】木本植物的主干由于季节变化生长快慢不同，在木质部的断面显出的环形纹理。年轮的总数大体相当于树的年龄。

【世界观】人们对世界的总的根本的看法。由于人们的社会地位不同，观察问题的角度不同，形成不同的世界观。唯物主义的世界观和唯心主义的世界观相对立，辩证法的世界观和形而上学的世界观相对立。辩证唯物主义的世界观是无产阶级及其政党的世界观。也叫宇宙观。

有的名词用"由于……不……"解释名称的命名理据，例如：

【北极星】天空北部的一颗亮星，距天球北极很近，差不多正对着地轴，从地球上看，它的位置几乎不变，可以靠它来辨别方向。由于岁差，北极星并不是永远不变的某一颗星，现在是小熊座 α 星，到公元 14000 年将是织女星。

【超固态】物质存在的一种形态，这种形态下的固体物质，由于压力和温度增加到一定程度，原子核和电子紧紧挤在一起，原子内部不再有空隙。白矮星内部和地球中心区域都有超固态物质。

【陈化粮】由于长期储藏质量下降，不宜直接作为口粮食用的粮食。

有的名词用"由于……没有……"解释名词的命名理据，例如：

【哑炮】在施工爆破中，由于发生故障没有爆炸的炮，也指点燃后不能炸响的鞭炮。也叫瞎炮。

有的名词性固定短语用"由于……致使……"解释名称命名的理据，例如：

【九一八事变】1931 年 9 月 18 日夜，日本帝国主义大规模武装侵略中国东北的事件，是日本帝国主义侵华战争的开始。19 日日军侵占沈阳，同时在吉林、黑龙江等省区发动进攻。由于当时国民政府对日本侵略军采取不抵抗政策，致使四个多月内，东北全境沦陷。1945 年日本投降，东北领土才全部收复。

有的名词性固定短语用"由于……所引起……"解释名称命名的理据，例如：

【爆发变星】恒星的一种，由于星球内部原子反应所引起的爆炸，光度突然变化。新星和超新星都属于爆发变星。

有的名词性固定短语用"由于……所导致……"解释名称命名的理据，例如：

【老年性痴呆】由于老年性脑萎缩所导致的进行性智能缺损，不易被发现，病程进展缓慢，主要症状有个性改变，记忆力和判断力下降以至丧失等。

有的名词性固定短语用"由于……不……"解释名称命名的理据，例如：

【黄道十二宫】古代把黄道带分为十二等份，叫作黄道十二宫，每宫包括一个星座。它们的名称，从春分点起，依次为白羊、金牛、双子、巨蟹、狮子、室女、天秤、天蝎、人马、摩羯、宝瓶、双鱼。由于春分点移动，现在十二宫和十二星座的划分已不一致。

有的名词性固定短语用"由于……具有……"解释名称命名的理据，例如：

【网络文学】在互联网上发表的文学作品。由于采用网络为媒介，具有传播迅速、反馈及时的特点。

9.1.1.3.2 动词性词语用"由于……"释义

有的动词用"由于……"解释动作行为的命名理据，例如：

【跩】〈方〉由于身体肥胖不灵活，走路摇晃。

【跑电】由于绝缘部分损坏，电流逸出电线或电器的外部。也说漏电。

【瘫痪】①由于神经功能发生障碍，身体的一部分完全或不完全地丧失运动的能力。可分为面瘫、单瘫（一个上肢或下肢瘫痪）、偏瘫、截瘫、四肢瘫等。也叫风瘫。

有的动词用"由于……发生……"解释动作行为的命名理据，例如：

【浸润】③医学上指由于细菌等侵入或由于外物刺激，机体的正常组织发生白细胞等的聚集。

有的动词用"由于……变得……"解释动作行为的命名理据，例如：

【返潮】由于空气湿度很大或地下水分上升，地面、墙根、粮食、衣物等变得潮湿。

有的动词用"由于……构成……"解释动作行为的命名理据，例如：

【脱位】由于外伤或关节内部发生病变，构成关节的骨头脱离正常的位置。也叫脱臼。

有的动词用"由于……造成……"解释动作行为的命名理据，例如：

【拥堵】由于车辆多、秩序乱或道路狭窄等造成车辆拥挤、道路堵塞；拥塞。

有的动词用"由于……使得……"解释动作行为的命名理据，例如：

【摊薄】证券市场指由于增发新股等使得分摊到每一股的利润相应减少。

有的动词用"……是由于……所致"解释动作行为的命名理据，例如：

【叫魂】（～儿）迷信认为人患某些疾病是由于灵魂离开身体所致，呼唤病人的名字能使
　　　　灵魂回到人的身上，治好疾病，这种做法叫作叫魂。

有的动词用"由于……被……"解释动作行为的命名理据，例如：

【水蚀】由于水的冲击，岩石剥落，土壤被冲刷掉。

有的动词用"由于……不……"解释动作行为的命名理据，例如：

【假死】①因触电、癫痫、溺水、中毒或呼吸道堵塞等，引起呼吸停止，心脏跳动微弱，
　　　　面色苍白，四肢冰冷，叫作假死。婴儿初生，由于肺未张开，不会啼哭，也不出
　　　　气，也叫假死。如果及时抢救，大都可以救活。

【压船】由于装卸不及时或气候变化，船不能按时离开码头。

有的动词性固定短语用"由于……也……"解释动作行为的命名理据，例如：

【少见多怪】由于见闻少，遇见平常的事情也感到奇怪。

【一了百了】由于主要的事情了结了，其余的事情也跟着了结。

9.1.1.3.3　形容词性词语用"由于……"释义

有的形容词用"由于……导致……"解释性状的命名理据，例如：

【烂尾】指建筑工程由于盲目上马、供大于求、资金不足等导致中途停建或无法竣工的。

有的形容词用"由于……不……"解释性状的命名理据，例如：

【强直】①肌肉、关节等由于病变不能活动。

有的形容词性固定短语用"由于……不同……也……"解释性状的命名理据，例如：

【尺短寸长】《楚辞·卜居》："尺有所短，寸有所长。"由于应用的地方不同，一尺也
　　　　　　有显着短的时候，一寸也有显着长的时候。比喻人或事物各有各的长处和
　　　　　　短处。

9.1.2 单用果标句

《现汉》释义中有单用果标的因果句式，大致有五种："……而……""……因而……""……所以……""……因此……""……于是……"。这几种格式的因果句只有果标。结果分句里出现"而""因而""所以""因此""于是"，就能保证因果复句的成立，原因分句里没有出现"因为""由于"之类的标志词。使用这种因果句对词语进行释义，与词典释义追求言简意赅的特点相符合。

9.1.2.1 "……而……"

"……而……"主要用于动词释义，也用于形容词、名词释义。

9.1.2.1.1 "……而……"用于名词释义

有的名词用"被／遭受／受……而……""因—果"式给名词释义，表示遭受某种际遇而产生的事物，例如：

【胜朝】〈书〉指前一个朝代（被本朝战胜而灭亡的朝代）。

【边患】〈书〉边疆被侵扰而造成的祸害。

【球台】球体被两个平行平面所截而夹在两平面中间的部分。

【溶洞】石灰岩等易溶岩石被流水所溶解而形成的天然洞穴。

【非命】遭受意外的灾祸而死亡叫死于非命。

【霜灾】较大面积遭受霜冻而造成的灾害。

【潮水】海洋中以及沿海地区的江河中受潮汐影响而定期涨落的水。

【笼中鸟】比喻受困而丧失自由的人。

【汽】①液体或某些固体受热而变成的气体，例如水变成的水蒸气。

【心弦】指受感动而起共鸣的内心。

【先知】②犹太教、基督教指受上帝启示而传达上帝旨意或预言未来的人。

【叶轮】涡轮机里带有叶片的轮，叶片受流体冲击而转动，使轴旋转而产生动力。

【走狗】本指猎狗，今比喻受人豢养而帮助作恶的人。

有的名词用"……而产生／发生／发／起……""因—果"式给名词释义，表示因某种情况而产生某种事物，例如：

【太阳】①银河系的恒星之一，是一个炽热的气体球，体积是地球的 130 万倍，质量是地球的 33.34 万倍，表面温度约 6000℃，内部温度约 1500 万℃，内部经常不断地进行原子核反应而产生大量的热能。

【意志】决定达到某种目的而产生的心理状态，往往由语言和行动表现出来。

【风箱】将空气压缩而产生气流的装置。最常见的一种由木箱、活塞、活门构成，用来鼓
　　　　风，使炉火旺盛。

【交情】人与人互相交往而发生的感情。

【塞音】气流通路紧闭然后突然打开而发出的辅音，如普通话语音的 b、p、d、t、g、k。
　　　　也叫爆发音，旧称破裂音。

【钢琴】键盘乐器，内部装有许多钢丝弦和包有绒毡的木槌，一按键盘就能带动木槌敲打
　　　　钢丝弦而发出声音。

【塞擦音】气流通路紧闭然后逐渐打开而摩擦发出的辅音，如普通话语音的 z、c、zh、ch、j、
　　　　　q。塞擦音的起头近似塞音，末了近似擦音，所以叫塞擦音。旧称破裂摩擦音。

有的名词用"……而形成/造成/聚成/凝结成……""因—果"式给名词释义，例如：

【机械波】机械振动在介质中传播而形成的波。如水波、声波等。

【墙角】两堵墙相接而形成的角（指角本身，也指它里外附近的地方）。

【缺口】①（～儿）物体上缺掉一块而形成的空隙。

【鸡眼】皮肤病，脚掌或脚趾上角质层增生而形成的小圆硬块，样子像鸡的眼睛，硬块有
　　　　尖，尖端向内，局部有压痛。

【色散】复色光被分解成单色光而形成光谱的现象。

【雪盲】阳光中的紫外线在雪地上强烈反射刺激眼睛而造成的损伤，症状是眼睛疼痛，怕
　　　　见光，流泪。

【烟子】烧火或熬油时的烟上升而聚成的黑色物质，可以制墨。

【豆花儿】〈方〉食品，豆浆煮开后，加入盐卤而凝结成的半固体，比豆腐脑儿稍老。

有的名词用"……而呈/出现……""因—果"式给名词释义，表示呈现的状况或出现的事物，
例如：

【祖母绿】一种宝石，是含铬而呈翠绿色的绿柱石。

【沙瓤】（～儿）某些品种的西瓜熟透时瓤变松散而呈细粒状，叫沙瓤。

【新低】数量、水平等下降而出现的新的低点。

【新高】数量、水平等上升而出现的新的高点。

有的名词用"……而引起……""因—果"式给名词释义，例如：

【极光】在高纬度地区，高空中出现的一种光的现象。由太阳发出的高速带电粒子进入两
　　　　极附近，激发高空大气中的原子和分子而引起。

【痛风】病，由嘌呤代谢发生障碍，血液和组织中积聚大量尿酸和尿酸盐而引起。

【外感】②指由外感而引起的疾病。

【梦】①睡眠时局部大脑皮质还没有完全停止活动而引起的脑中的表象活动。

【哈欠】困倦时嘴张开，深深吸气，然后呼出，是血液内二氧化碳增多，刺激脑部的呼吸中枢而引起的生理现象。

【鼠标手】指长时间使用计算机鼠标器而引起的手部、腕部的损伤。症状是手指和关节疲劳、麻木或疼痛，有的关节活动时会发出轻微声响，甚至造成手腕韧带拉伤。

【水华】淡水水域中一些藻类和其他浮游生物大量繁殖和过度密集而引起的水体污染现象，会造成水质恶化，鱼类死亡。也叫藻花。

【感触】跟外界事物接触而引起的思想情绪。

【阑尾】盲肠下端蚯蚓状的突起，一般长 7—9 厘米。人的阑尾在消化过程中没有作用。管腔狭窄，容易阻塞而引发炎症。

【烫伤】无火焰的高温物体（如开水、热油）接触身体而引起的皮肤和组织的损伤。

有的名词用"……而导致……""因—果"式给名词释义，表示导致某种现象或事物的结果，例如：

【内热】中医指由阴虚或阳盛而导致的病理现象，患者有心烦、口渴、便秘、口舌生疮等症候。

【催眠药】能抑制大脑皮质而导致睡眠的药物，如苯巴比妥、甲喹酮（安眠酮）等。通称安眠药。

有的名词用"……而使/令……""因—果"式给名词释义，表示致使某种状况发生的事物，例如：

【水暖】①锅炉烧出的热水通过暖气设备，散发热量而使室温增高的供暖方式。

【霜冻】土壤表面植株附近的气温迅速下降到 0℃ 或 0℃ 以下而使植物受到冻害的天气现象。

【水刷石】一种人造石料，用水泥、小石子儿、颜料等加水拌和制作而成，抹在建筑物的表面，半凝固后，刷去或冲去表面的水泥浆而使小石子半露。也叫汰石子。

【闷葫芦】①比喻极难猜透而令人纳闷的话或事情。

有的名词用"……而取/得/失/除/消/变/死""因—果"式给名词释义，例如：

【牙行】旧时提供场所、协助买卖双方成交而从中取得佣金的商号或个人。

【黄牛】②〈方〉指仗恃力气或利用不正当手法抢购物资以及车票、门票等，然后高价出售而从中取利的人。

【松节油】蒸馏松脂或针叶木材而得的挥发性油，无色至深棕色液体，有特殊气味。油漆工业上用作溶剂，也用于医药。

【乳糜】肠壁淋巴管内的液体跟胰液、胆汁、肠液等混合而失去酸性所成的乳状液体。乳
　　　　糜被吸收到血液中，是体内各种组织的营养物质。

【肉中刺】比喻最痛恨而急于除掉的人（常跟"眼中钉"连用）。

【热平衡】②指物体在同一时间内释放的热量和吸收的热量相等而相互抵消的现象。

【放射性】①某些元素（如镭、铀等）的不稳定原子核自发地放出射线而衰变的性质。

【狂犬病】……人患狂犬病时，症状是精神失常，恶心，流涎，看见水就恐惧，肌肉痉挛，
　　　　　呼吸困难，最后全身瘫痪而死亡。

有的名词用"喜欢……而入迷""因—果"式来给名词释义，表示因为喜欢某种事物而达到入迷程度的人，例如：

【舞迷】喜欢跳舞而入迷的人（多指跳交谊舞）。

【歌迷】喜欢听歌曲或唱歌而入迷的人。

【棋迷】喜欢下棋或看下棋而入迷的人。

【球迷】喜欢打球或看球赛而入迷的人。

【网迷】喜欢上网而入迷的人。

【戏迷】喜欢看戏或唱戏而入迷的人。

【影迷】喜欢看电影而入迷的人。

9.1.2.1.2　"……而……"用于动词释义

有的动词用"被／受（到）／遭／遇／遭遇／承受／接受……而……"给动词释义，表示遭受某种际遇而发生某种行为动作，例如：

【挨宰】比喻购物或接受服务时被索取高价而遭受经济损失。

【溃逃】（军队）被打垮而逃跑。

【胁从】被胁迫而随别人做坏事。

【惊醒】①受惊动而醒来。

【称愿】满足愿望（多指对所恨的人遭遇不幸而感觉快意）。

【害怕】遇到困难、危险等而心中不安或发慌。

【破裂】②（感情、关系等）遭破坏而分裂。

【热销】（商品）受欢迎而销售得快。

【伤热】（蔬菜、水果）受热而损坏。

【触发】受到触动而引起某种反应。

【受凉】受到低温的影响而患感冒等疾病。

【折福】指过分享用或不合情理地承受财物而减少福分。

【领情】接受礼物或好意而心怀感激。

有的动词用"感/感到……而……"释义，表示感受到某种体验而产生某种心理或行为动作，例如：

【佩服】感到可敬而心服。

【叹气】心里感到不痛快而呼出长气，发出声音。

【感愤】有所感触而愤慨。

【感悟】有所感触而领悟。

【慨叹】有所感触而叹息。

有的动词用"不/有/没有……而……"给动词释义，表示具有或不具有某种属性，或者没有发生某种情况而产生某种动作行为，例如：

【苦笑】心情不愉快而勉强做出笑容。

【旷工】（职工）不请假而缺勤。

【坐失】不主动采取行动而失掉（时机）。

【走嘴】说话不留神而泄露机密或发生错误。

【补课】②比喻某种工作做得不完善而重做。

【阻滞】①有阻碍而不能顺利通过。

【阻塞】①有障碍而不能通过。

【呛】有刺激性的气体进入呼吸器官而感觉难受。

【戒备】②对人有戒心而加以防备。

【放空】运营的车、船等没有载人或载货而空着行驶。

【抓瞎】事前没有准备而临时忙乱着急。

【漫步】没有目的而悠闲地走。

有的动词用"过/过于/太……而……"给动词释义，表示因情况的量度过大而导致某种行为动作，例如：

【迷恋】对某一事物过度爱好而难以舍弃。

【泛酸】〈方〉指胃酸过多而上涌。

【漾】②液体太满而向外流。

【漫流】水过满而向外流。

有的动词用"看见/认识/承认/看重……而……""因—果"式给动词释义，表示主观认知的结果，例如：

【随喜】①佛教用语，见人做功德而乐意参加，也指随着众人做某种表示，或愿意加入集体送礼等。

【羡慕】看见别人有某种长处、好处或有利条件而希望自己也有。

【忏悔】①认识了过去的错误或罪过而感觉痛心。

【悔悟】认识到自己的过错，悔恨而醒悟。

【赏识】认识到别人的才能或作品的价值而予以重视或赞扬（多用于上对下）。

【买账】承认对方的长处或力量而表示佩服或服从（多用于否定式）。

【抬举】看重某人而加以称赞或提拔。

有的动词用"害怕 / 怕 / 恐怕 / 疑虑 / 猜疑 / 有所顾虑 / 有所顾忌……而……""因—果"式给动词释义，表示因心里担心害怕和有顾虑而引起的某种心理或行为动作，例如：

【畏缩】害怕而不敢向前。

【灭口】害怕泄露秘密而害死知道内情的人。

【藏掖】①怕人知道或看见而竭力掩藏。

【顾忌】恐怕对人或对事情不利而有顾虑。

【疑惧】疑虑而恐惧。

【猜忌】猜疑别人对自己不利而心怀不满。

【逡巡】〈书〉有所顾虑而徘徊或不敢前进。

【隐讳】有所顾忌而隐瞒不说。

有的动词用"得 / 失 / 除 / 败……而……""因—果"式给动词释义，表示因得到或失去什么而引起某种心理或动作行为，例如：

【奏凯】得胜而奏凯歌，泛指胜利。

【摔】①（身体）失去平衡而倒下。

【自馁】失去自信而畏缩。

【厌倦】对某种活动失去兴趣而不愿继续。

【放电】①带电体的电荷消失而趋于中性。闪电就是自然界的放电现象。

【败走】作战失败而逃（往某地），也指在某地（一般不是原所在地）比赛或竞争失败。

【败退】战败而退却。

有的动词用"使……而……"或"……而使……""因—果"式给动词释义，表示致使的动作行为产生某种结果，或者某种状况致使某种结果发生，例如：

【困扰】围困并搅扰；使处于困境而难以摆脱。

【匡救】挽救而使回到正路上来。

【浸染】②液体渗入而使染上颜色或被污染。

【走动】①行走而使身体活动。

有的动词用"……而发生／发"等给动词释义，表示发生某种状况的结果，例如：

【发疯】①精神受到刺激而发生精神病的症状。

【反应】④原子核受到外力作用而发生变化。

【燃烧】①物质剧烈氧化而发光、发热。可燃物质和空气中的氧剧烈化合是最常见的燃烧
　　　　现象。

【诧愕】〈书〉吃惊而发愣。

有的动词用"……而变／得／失／（致）死……""因—果"式给动词释义，表示引起某种
变化，或者得到、失去某种事物，或者灭亡的结果，例如：

【发霉】有机质滋生霉菌而变质。

【磨合】①新组装的机器，通过一定时期的使用，把摩擦面上的加工痕迹磨光而变得更加
　　　　密合。也叫走合。

【过关】通过关口，多比喻经审核，达到要求而获得通过或认可。

【败亡】失败而灭亡。

【漏失】①漏出而失掉。

【消损】②消磨而失去；消减损伤。

【僵死】僵硬而失去生命力。

【罹难】〈书〉遇灾、遇险而死；被害。

【陨灭】①（物体）从高空掉下而毁灭。

【虐杀】虐待而致死。

有的动词用"……而感到……""因—果"式给动词释义，表示引发某种感受的结果，例如：

【伤悼】〈书〉怀念死者而感到悲伤。

【吐气】发泄出积在胸中的委屈或怨恨而感到痛快。

有的动词用"……而不／没有／难以……""因—果"式给动词释义，表示没有发生或难
以引起某种动作行为，例如：

【留门】夜里等人回来而不插门或不锁门。

【拴】②比喻缠住而不能自由行动。

【嫌弃】厌恶而不愿接近。

【乐天】安于自己的处境而没有任何忧虑。

【爱恋】热爱而难以分离（多指男女之间）。

有的"……而……"用于动词性固定短语的释义，例如：

【触景生情】受到当前情景的触动而产生某种感情。

【心肌梗死】病，冠状动脉被血栓等堵塞，造成部分心肌严重缺血而坏死。

有的动词"AB"是"因—果"式，用"A而B""因—果"式释义，例如：

【交欢】〈书〉①结交而彼此欢悦；交好。

【覆没】①〈书〉（船）翻而沉没。

【崩塌】崩裂而倒塌。

【水解】化合物跟水作用而分解，如淀粉水解生成葡萄糖。

【进退】②应进而进，应退而退，指言语行动的分寸。

【冷凝】气体或液体遇冷而凝结，如水蒸气遇冷变成水，水遇冷变成冰。

【蜷缩】蜷曲而收缩。

【溶胀】高分子化合物吸收液体而体积膨大，如明胶在水中、橡胶在苯中都会发生溶胀。

【领会】领略事物而有所体会。

【磨蚀】①流水、波浪、冰川、风等所携带的沙石等磨损地表，也指这些被携带的沙石之间相互摩擦而破坏。

有的动词"AB"是"果—因"式，用"B而A""因—果"式释义，例如：

【迸裂】破裂；裂开而往外飞溅。

【垂挂】物体上端固定在某点而下垂。

有的动词表示结果，用"……而……""因—果"式解释原因，例如：

【眼跳】眼睑的肌肉紧张而跳动，多由眼睛疲劳或严重的沙眼所引起。

【醉心】对某一事物强烈爱好而一心专注。

【启发】阐明事例，引起对方联想而有所领悟。

【卡壳】②比喻办事等遇到困难而暂时停顿。

【入神】①对眼前的事物发生浓厚的兴趣而注意力高度集中。

【自燃】物质在空气中缓慢氧化而自动燃烧，如白磷能够自燃，大量堆积的煤、棉花、干草等在通风不良的情况下也能自燃。

【嚅动】想要说话而嘴唇微动。

有的动词本身蕴含因果关系，用"……而……"释义，例如：

【裂】①破而分开；破成两部分或几部分。

【溢】①充满而流出来。

【流溢】充满而流出来；漫溢。

9.1.2.1.3 "……而……"用于形容词释义

有的形容词用"受/被……而……""因—果"式释义，例如：

【胀】②身体内壁受到压迫而产生不舒服的感觉。

【坏】⑤表示身体或精神受到某种影响而达到极不舒服的程度，有时只表示程度深。

【心软】容易被外界事物感动而生怜悯或同情。

【心硬】不容易被外界事物感动而生怜悯或同情。

有的形容词用"……过/过分/过于……而……""……多/满/少而……""因—果"式释义，例如：

【娄】②〈方〉（某些瓜类）过熟而变质。

【自恃】〈书〉①过分自信而骄傲自满；自负。

【寒酸】②形容简陋或过于俭朴而显得不体面。

【练达】〈书〉阅历多而通达人情世故。

【劳碌】事情多而辛苦。

【历练】②阅历多而有经验。

【激汜】〈书〉①形容水满或满而溢出。

【冷静】①人少而静；不热闹。

有的形容词用"不/有/没有……而……""因—果"式释义，例如：

【抑郁】心有怨愤，不能诉说而烦闷。

【阴凉】①太阳照不到而凉爽。

【闷】①气压低或空气不流通而引起的不舒畅的感觉。

【憋屈】〈口〉有委屈而感到憋闷。

【风凉】有风而凉爽。

【疑难】有疑问而难于判断或处理的。

【前卫】③具有新异的特点而领先于潮流的。

【病弱】（身体）有病而衰弱。

【经典】④事物具有典型性而影响较大的。

有的形容词"AB"是"因—果"式构造，用"A 而 B""因—果"式释义，例如：

【惊愕】〈书〉吃惊而发愣。

【焦躁】着急而烦躁。

【快慰】痛快而感到安慰；欣慰。

【高寒】地势高而寒冷的。

【慌乱】慌张而混乱。

【愤激】愤怒而激动。

【酸软】（身体）发酸而无力。

【干瘪】①干而收缩，不丰满。

有的形容词表示结果状况，用"……而……"释义，解释造成该结果的原因，例如：

【弱视】眼球无器质性病变而视觉减弱。

【恹恹】〈书〉形容患病而精神疲乏。

【扫兴】正当高兴时遇到不愉快的事情而兴致低落。

有的形容词表示原因状况，用"……而……"释义，解释该原因造成的结果，例如：

【释然】〈书〉形容疑虑、嫌隙等消释而心中平静。

【好奇】对自己所不了解的事物觉得新奇而感兴趣。

【空落落】（～的）空旷而冷冷清清。

【干巴】〈口〉①失去水分而收缩或变硬。

【知己】①彼此相互了解而情谊深切。

【眼热】看见好的事物而希望得到。

有的形容词本身蕴含因果关系，用"……而……""因—果"式释义，例如：

【凛然】严肃而可敬畏的样子。

【迷离】模糊而难以分辨清楚。

【高兴】①愉快而兴奋。

有的形容词性固定短语用"……而……""因—果"式释义，例如：

【插翅难飞】形容被围或受困而难以逃脱。也说插翅难逃。

【目瞪口呆】形容受惊而愣住的样子。

【扬眉吐气】形容被压抑的心情得到舒展而快活如意。

【丢三落四】形容马虎或记忆力不好而好（hào）忘事。

【磕磕绊绊】①形容路不好走或腿脚有毛病而行走不灵便。

【财大气粗】形容人仗着钱财多而气势凌人。

【抓耳挠腮】②形容欢喜而不能自持的样子。

【油头粉面】形容人打扮过分而显轻浮（多指男子）。

【六神无主】形容惊慌或着急而没有主意。

9.1.2.1.4 "……而……"用于拟声词释义

【嘎吱】形容物件受压力而发出的声音（多叠用）。

9.1.2.2 "……所以……"

"……所以……"主要用于名词性词语的释义，也用于动词性词语和主谓固定短语的释义，解释事物或动作行为的命名理据。

9.1.2.2.1 "……所以……"用于名词性词语释义

名词用"……所以……"释义的格式中，主要使用"……所以叫……"，解释名称的命名理据，例如：

【白皮书】政府、机构等公开发表的有关政治、外交、财政等重大问题的文件，封面为白色，所以叫白皮书。由于各国习惯和文件内容不同，也有用别种颜色的，如蓝皮书、黄皮书、红皮书、绿皮书。现通常指封面为白色的文书。

【蚕蚁】刚孵化出来的幼蚕，身体小，颜色黑，像蚂蚁，所以叫蚕蚁。也叫蚁蚕。

【灯池】一种安装在房屋顶部的灯饰，灯具安装在凹进去的夹层里，所以叫灯池。

【鹅卵石】直径较大的卵石，大小多像鹅蛋，所以叫鹅卵石。

【官纱】浙江杭州、绍兴一带产的一种丝织品，经线用生丝，纬线用熟丝织成，质薄而轻，可做夏衣，旧时多贡内廷，所以叫官纱。

【寒食】节名，在清明前一天。古人从这一天起，三天不生火做饭，所以叫寒食。有的地区清明叫寒食。

【回扣】经手采购或代卖主招揽顾客的人向卖主索取的佣钱。这种钱实际上是从买主支付的价款中扣出的，所以叫回扣。有的地区叫回佣（huíyòng）。

【机顶盒】数字视频解码接收器。原来多放置在电视机的顶部，所以叫机顶盒。

【景泰蓝】我国特种工艺品之一，用紫铜做成器物的胎，把铜丝掐成各种花纹焊在铜胎上，填上珐琅彩釉，然后烧成。明代景泰年间在北京开始大量制造，珐琅彩釉多用蓝色，所以叫景泰蓝。

【净土】①佛教认为佛、菩萨等居住的世界，没有尘世的污染，所以叫净土。

【开心果】阿月浑子（一种落叶小乔木）的果实。成熟时黄绿色或粉红色，果壳裂开，露出种仁，所以叫开心果。可以吃。

【盲点】①眼球后部视网膜上的一点，和黄斑相邻，没有感光细胞，不能接受光的刺激，物体的影像落在这一点上不能引起视觉，所以叫盲点。

【绵纸】用树木的韧皮纤维制的纸，色白，柔软而有韧性，纤维细长如绵，所以叫绵纸。多用作皮衣衬垫、鞭炮捻子等。

【啤酒肚】指肥胖的人向前凸起的腹部，一般认为多饮啤酒容易形成这样的体形，所以叫啤酒肚。

【切糕】用糯米或黄米面做的大块的糕，多加红枣、豆沙等，卖时用刀切开，所以叫切糕。

【秦吉了】文学作品中所说的一种鸟，样子和八哥儿相似，能模仿人说话的声音。据说产于陕西，所以叫秦吉了。

【软资源】指科学技术、信息等，它们在发展生产力中起着重要作用，又不同于矿产、水力等天然资源，所以叫软资源。

【塞擦音】气流通路紧闭然后逐渐打开而摩擦发出的辅音，如普通话语音的 z、c、zh、ch、j、q。塞擦音的起头近似塞音，末了近似擦音，所以叫塞擦音。旧称破裂摩擦音。

【无花果】①落叶灌木或小乔木，叶子大，卵形，掌状分裂。花淡红色，生在花托内，外面不易看见，所以叫无花果。果实由肉质的花托形成，扁球形或卵形，味甜，可以吃，也可入药。

【舞池】供跳交谊舞用的地方，多在舞厅的中心，比休息的地方略低，所以叫舞池。

【喜鹊】鸟，嘴尖，尾长，身体大部为黑色，肩和腹部白色，叫声嘈杂。民间传说听见它叫将有喜事来临，所以叫喜鹊。也叫鹊。

【虚岁】一种年龄计算法，人一生下来就算一岁，以后每逢新年就增加一岁，这样就比实际年龄多一岁或两岁，所以叫虚岁。

【易拉罐】一种装饮料或其他流质食品的金属罐，封闭罐口的金属片很容易拉开，所以叫易拉罐。

【藏红花】①多年生草本植物，叶子细长，鳞茎球状。花淡紫色，可入药。原产欧洲。由西藏传入内地，所以叫藏红花。

【左轮】手枪的一种，装子弹的转轮在装子弹时能从左侧摆出，所以叫左轮。

有的名词用"……所以叫作……"解释名称的命名理据，例如：

【风纪扣】制服、中山装等的领扣儿。扣上领扣儿显得整齐严肃，所以叫作风纪扣。

【恒星】本身能发出光和热的天体，如织女星、太阳。过去认为这些天体的位置是固定不动的，所以叫作恒星。实际上恒星也在运动。

【山脉】成行列的群山，山势起伏，向一定方向延展，好像脉络似的，所以叫作山脉。

【书卷】指书籍，古代书籍多装成卷轴，所以叫作书卷。

【章草】草书的一种，笔画保存一些隶书的笔势，相传为汉元帝时史游所作，以其用于奏章，所以叫作章草。

有的名词用"……所以……叫……"解释名称的命名理据，例如：

【汤头】中药多为汤剂，所以中药的配方叫汤头。把常用的汤头编成歌诀，以便学习记忆，叫汤头歌诀。

有的名词用"……所以把……叫作……"解释名称的命名理据，例如：

【宾白】戏曲中的说白。中国戏曲艺术以唱为主，所以把说白叫作宾白。

【地球村】随着科学技术的进步和交通、信息业的发展，地球上生活的人类感到彼此的距离大大缩短，地球就像一个联系紧密的村庄，所以把地球叫作地球村。

【神权】②奴隶社会、封建社会的最高统治者宣扬他们的统治权力是神所赋予的，所以把这种统治权力叫作神权。

有的名词用"……所以（……）也叫……"解释名称的另外名称的命名理据，例如：

【病毒】①比病菌更小的病原体，多用电子显微镜才能看见。没有细胞结构，但有遗传、变异等生命特征，一般能通过能阻挡细菌的过滤器，所以也叫滤过性病毒。天花、麻疹、牛瘟等就是由不同的病毒引起的。

【综合语】词与词之间的语法关系主要是靠词本身的形态变化来表示的语言，如俄语、德语。词的形态变化也叫屈折，所以综合语也叫屈折语。

有的名词用"……所以……称……"解释名称的命名理据，例如：

【本草】古代指中药（中药里草药最多，所以中药古籍多称本草）。

有的名词用"……所以（特）称为……"解释特指名称的命名理据，例如：

【丹】②依成方制成的颗粒状或粉末状的中药（从前道家炼药多用朱砂，所以称为"丹"）。

【年关】年底。旧例在农历年底结账，欠租、负债的人觉得过年像过关一样难，所以称为年关。

【水印】我国传统的用木刻印刷绘画作品的方法。调和颜料用水，不用油质，跟一般彩印法不同，所以称为水印。

有的名词用"……所以称……为……"释义，例如：

【灵犀】古代传说，犀牛角有白纹，感应灵敏，所以称犀牛角为"灵犀"。现在用唐代李商隐诗句"心有灵犀一点通"指心领神会，感情共鸣。

有的名词用"……所以……被……称为……"释义，例如：

【菩提树】常绿乔木，叶子卵圆形，前端细长，花托略作球形，花隐藏在花托内，果实扁
圆形。从树干中取出的乳状汁液可制硬树胶。原产印度，相传释迦牟尼曾坐菩
提树下顿悟佛法，所以菩提树被佛教称为圣树。

有的名词用"……所以又称……"解释事物的另外名称的命名理据，例如：

【农历】①阴阳历的一种，是我国的传统历法，通常所说的阴历即指农历。……这种历法
相传创始于夏代，所以又称夏历。也叫旧历。

有的名词用"……所以俗称……"解释通俗的名称的命名理据，例如：

【筒子楼】中间是长长的过道，两边是住房的楼房。这种楼房的结构像个筒子，所以俗称
筒子楼。

有的名词用"……所以有这个名称"来解释名称的命名理据，例如：

【小学】②指研究文字、训诂、音韵的学问（古时小学先教六书，所以有这个名称）。

有的名词用"……所以这样说"来解释名称的命名理据，例如：

【心窍】指认识和思维的能力（古人以为心脏有窍，能运思，所以这样说）。

有的名词用"……所以自命为"解释名称的命名理据，例如：

【大乘】公元1世纪左右形成的佛教派别，自认可以普度更多众生，所以自命为大乘。

有的名词用"……所以（……）有……"解释名称蕴含的因果关系，例如：

【花瓣】花冠的组成部分之一，构造和叶子相似，但细胞里含有各种不同的色素，所以有
各种不同的颜色。

【火焰】燃烧着的可燃气体，发光，发热，闪烁而向上升。其他可燃体如石油、蜡烛、木
材等，燃烧时先产生可燃气体，所以也有火焰。通称火苗。

有的名词用"……所以（……）是……"解释名称蕴含的因果关系，例如：

【个性】②事物的特性，即矛盾的特殊性。一切个性都是有条件地、暂时地存在的，所以
是相对的。

有的名词用"……所以（用……）做成/来做……"解释名称蕴含的因果关系，例如：

【流线型】前圆后尖，表面光滑，略像水滴的形状。具有这种形状的物体在流体中运动时
所受阻力最小，所以汽车、火车、飞机机身、潜艇等的外形常做成流线型。

【寿桃】祝寿所用的桃，一般用面粉制成，也有用鲜桃的。神话中，西王母做寿，设蟠桃
　　　会招待群仙，所以一般习俗用桃来做庆寿的物品。

有的名词用"……所以……"解释名称蕴含的因果关系，例如：

【三段论】形式逻辑间接推理的基本形式之一，由大前提和小前提推出结论。如"凡金属
　　　都能导电"（大前提），"铜是金属"（小前提），"所以铜能导电"（结论）。
　　　也叫三段论法或三段论式。

有的名词性固定短语，用"……所以叫……"解释名称的命名理据，例如：

【财政赤字】年度财政支出大于财政收入的差额，会计上通常用红字表示，所以叫财政赤
　　　字。也叫预算赤字。

【冬虫夏草】真菌的一种，寄生在鳞翅目昆虫的幼体中，被害的幼虫冬季钻入土内，逐渐
　　　形成菌核，夏季从菌核或死虫的身体上长出菌体的繁殖器官来，形状像草，
　　　所以叫冬虫夏草。可入药。简称虫草。

【二七大罢工】1923 年京汉铁路工人在中国共产党领导下举行的反帝、反军阀的政治罢
　　　工。2 月 7 日，军阀吴佩孚在汉口、长辛店等地镇压罢工工人，造成流血
　　　惨案，所以这次罢工叫二七大罢工。

【哈雷彗星】肉眼能看到的大彗星之一，英国天文学家哈雷（Edmond Halley）计算出它
　　　的轨道，并预计它的运行周期约为 76 年，所以叫哈雷彗星。

【黄巾起义】东汉末年张角领导的大规模农民起义。张角创立太平道，组织民众，进行活
　　　动，公元 184 年发动起义，头裹黄巾为标志，所以叫黄巾军。起义沉重打
　　　击了东汉王朝的统治。

【家庭医生】指在社区服务的全科医生。能深入家庭为病人提供医疗保健服务，所以叫家
　　　庭医生。

【温室效应】②指大气保温效应，即大气中二氧化碳、甲烷等气体含量增加，使地表和大
　　　气下层温度增高。这种效应曾被误认为与温室保温的机制相同，所以叫温室
　　　效应。

【阳伞效应】由于大气中微粒的散射和云层的反射，到达地面的太阳辐射减弱，这种效应
　　　好像是在地面上撑起巨大的阳伞，所以叫阳伞效应。

9.1.2.2.2　"……所以……"用于动词性词语释义

有的动词用"……所以叫 / 说 / 叫作……"解释动作行为的名称的命名理据，例如：

【蚕眠】蚕每次蜕皮前不食不动，像睡眠一样，所以叫蚕眠。蚕在生长过程中要蜕皮四次。
【鼎峙】〈书〉三方面对立。鼎有三足，所以叫鼎峙。

【冷烫】烫发的一种方法，用药水而不用热能，所以叫冷烫。

【飘红】指股票等证券的价格普遍上涨。证券交易场所的电子显示屏上显示价格上涨时用红色，价格普遍上涨时显示屏上以红色为主，所以说飘红。

【喷饭】吃饭时看到、听到或想到可笑的事，突然发笑，把嘴里的饭喷出来，所以形容事情可笑说"令人喷饭"。

【印刷】把文字、图画等做成版，涂上油墨，印在纸张上。近现代印刷用各种印刷机及计算机操作的照排系统。我国的手工印刷，多用棕刷子蘸墨刷在印版上，然后放上纸，再用干净的棕刷子在纸背上用力擦过，所以叫作印刷。

9.1.2.2.3　"所以"用于主谓固定短语释义

有的主谓固定短语用"……所以叫……"等释义，例如：

【驴打滚儿】①高利贷的一种，放债时规定，到期不还，利息加倍。利上加利，越滚越多，如驴翻身打滚儿，所以叫驴打滚儿。

【三位一体】①基督教基本教义，认为上帝只有一个，但包含圣父（耶和华）、圣子（耶稣基督）、圣灵（上帝的灵），圣父、圣子、圣灵三者有严格实在的区别，但又同性同体、无大小尊卑之分，所以叫三位一体。

9.1.2.3　"……**因此**……"

"……因此……"主要用来给名词性词语、动词性词语释义，说明事物、动作行为的命名理据，也有数词和主谓短语用"……因此……"来释义。

9.1.2.3.1　"……**因此**……"用于名词性词语释义

有的名词用"……因此叫 / 叫作……"来释义，例如：

【紧箍咒】《西游记》里唐僧用来制服孙悟空的咒语，能使孙悟空头上套的金箍缩紧，使他头疼，因此叫紧箍咒。比喻束缚人的东西。

【雪花】（~儿）空中飘下的雪，形状像花，因此叫雪花。

【夜幕】在夜间，景物像被一幅大幕罩住一样，因此叫作夜幕。

【雨幕】雨点密密麻麻，像罩住景物的幕一样，因此叫作雨幕。

有的名词用"……因此（又 / 也）叫……"释义，如：

【词】②一种韵文形式，由五言诗、七言诗和民间歌谣发展而成，起于唐代，盛于宋代。原是配乐歌唱的一种诗体，句的长短随着歌调而改变，因此又叫作长短句。有小令和慢词两种，一般分上下两阕。

【云锣】打击乐器，用十个小锣编排而成，第一排一个，以下三排各三个，装置在小木架上。各个锣的大小相同而厚薄不同，所以发出的声音不同。最上面的一个不常用，因此也叫九音锣。现在云锣有所发展，已不止有十个小锣。

有的名词用"……因此把……叫作……"来释义，例如：

【刀笔】古代在竹简上记事，用刀子刮去错字，因此把有关公文案卷的事叫作刀笔，后多指写诉状的事。

【古文】②汉代通行隶书，因此把秦以前的字体叫作古文，特指许慎《说文解字》里的古文。

有的名词用"因此称……为……""……因此称为……"或"……因此……称为……"释义，例如：

【宾东】古代主人的座位在东，客人的座位在西，因此称宾与主为宾东（多用于幕僚和官长，家庭教师和家长，店员和店主）。

【辞赋】汉朝人集屈原等所做的赋称为楚辞，因此后人泛称赋体文学为辞赋。也作词赋。

【雌黄】②古人抄书、校书常用雌黄涂改文字，因此称乱改文字、乱发议论为"妄下雌黄"，称不顾事实、随口乱说为"信口雌黄"。

【海内】古人认为我国疆土四面环海，因此称国境以内为海内。

【天子】指国王或皇帝（奴隶社会和封建社会的统治阶级把他们的政权说成是受天命建立的，因此称国王或皇帝为天的儿子）。

【造物主】基督教徒认为上帝创造万物，因此称上帝为造物主。

【打春】〈口〉立春（旧时府县官在立春前一天迎接用泥土做的春牛，放在衙门前，立春日用红绿鞭抽打，因此俗称立春为打春）。

【小乘】早期佛教的主要流派。大乘教徒认为它不能超度很多人，因此贬称它为小乘。学术界沿用其名称而无褒贬义。

【剪刀差】两类商品价格的动态对比关系在统计图上表现为逐渐呈剪刀张开的形状，因此称为剪刀差。多指不合理的工农业产品比价关系。

【银两】旧时用银子为主要货币，以两为单位，因此做货币用的银子称为银两（总称）。

有的名词用"因此用……指……"或"因此……用来指……"释义，例如：

【氍毹】毛织的地毯，演戏时多用来铺在地上，因此用"氍毹"或"红氍毹"借指舞台。

【子虚】〈书〉汉代司马相如有《子虚赋》，假托子虚先生、乌有先生和亡（wú，古同"无"）是公三人互相问答。后世因此用"子虚"、"子虚乌有"指虚构的或不真实的事情。

【蟾蜍】②传说月亮里面有三条腿的蟾蜍，因此，古代诗文里常用来指月亮。

有的名词用"……因此（也）借指……""……因此用……借指……"释义，例如：

【半边天】②人们常形容新社会妇女的巨大力量能顶起半边天，因此用"半边天"借指新社会的妇女。

【桃符】古代在大门上挂的两块画着门神或题着门神名字的桃木板，认为能压邪，后来在上面贴春联，因此借指春联。

【天字第一号】从前对于数目多和种类多的东西，常用《千字文》文句的字来编排次序，"天"字是《千字文》首句"天地玄黄"的第一字，因此"天字第一号"就是第一或第一类中的第一号，借指最高的、最大的或最强的。

【竹帛】竹简和绢，古时用来写字，因此也借指典籍。

有的名词用"……因此……成为……专称"释义，例如：

【驸马】汉代有"驸马都尉"的官职，后来皇帝的女婿常做这个官，因此驸马成为皇帝的女婿的专称。

有的名词用"……因此得名"释义，例如：

【方程式赛车】汽车比赛的一种形式。赛车的长、宽、重以及轮胎直径等数据都有严格规定，其复杂和精确程度就像数学方程式一样，因此得名。方程式赛车分为一、二、三级，其中一级速度最快。

【宫灯】八角或六角形的灯，每面糊绢或镶玻璃，并画有彩色图画，下面悬挂流苏。原为宫廷使用，因此得名。

名词用"……因此用……比喻/泛指/借指……"解释比喻义，例如：

【螟蛉】《诗经·小雅·小宛》："螟蛉有子，蜾蠃负之。"螟蛉是一种绿色小虫，蜾蠃是一种寄生蜂。蜾蠃常捕捉螟蛉存放在窝里，产卵在它们身体里，卵孵化后就以螟蛉为食物。古人误认为蜾蠃不产子，喂养螟蛉为子，因此用"螟蛉"比喻义子。

【三姑六婆】三姑指尼姑、道姑、卦姑（占卦的），六婆指牙婆（以介绍人口买卖为业从中取利的妇女）、媒婆、师婆（女巫）、虔婆（鸨母）、药婆（给人治病的妇女）、稳婆（以接生为业的妇女）（见于元代陶宗仪《南村辍耕录》卷十）。旧时三姑六婆往往借着这类身份干坏事，因此通常用"三姑六婆"泛指不务正业的妇女。

【丧钟】西方风俗，教堂在宣告本区教徒死亡或为死者举行宗教仪式时敲钟叫作敲丧钟。因此用敲丧钟来借指死亡或灭亡。

有的名词用"……因此……论……"释义，例如：

【卷】②古时书籍写在简帛或纸上，卷起来收藏，因此书籍的数量论卷，一部书可以分成若干卷，每卷的文字自成起讫，后代仍用来指全书的一部分。

有的名词用"因此……常说……"释义，例如：

【膝下】指父母的跟前、身边。儿女幼时常在父母跟前，因此旧时表示有无儿女，常说"膝
　　　下怎样怎样"；给父母或祖父母写信时，也在开头的称呼下面加"膝下"两字，
　　　以表亲敬。

有的名词用"……因此……把……作为……"释义，例如：

【十字架】罗马帝国时代的一种刑具，是一个十字形的木架，把人的两手、两脚钉在上面，
　　　任他慢慢死去。据基督教《新约全书》中记载，耶稣被钉死在十字架上。因此
　　　基督教徒就把十字架作为信仰的标记，也看作受难或死亡的象征。

有的名词用"……因此……用为……"释义，例如：

【扫帚星】〈口〉彗星。迷信的人认为出现扫帚星就会发生灾难，因此扫帚星也用为骂人
　　　的话，如果认为发生的祸害是由某人带来的，就说某人是扫帚星（多指妇女）。

有的名词用"……因此……是……"释义，例如：

【倍数】①一个数能够被另一数整除，这个数就是另一数的倍数。如 15 能够被 3 或 5 整
　　　除，因此 15 是 3 的倍数，也是 5 的倍数。
【约数】一个数能够整除另一数，这个数就是另一数的约数。如 2、3、4、6 都能整除
　　　12，因此 2、3、4、6 都是 12 的约数。也叫因数。

有的名词直接用"……因此……"释义，例如：

【腊八粥】腊八这天，用米、豆等谷物和枣、栗、莲子等干果煮成的粥。起源于佛教，传
　　　说释迦牟尼在这一天成道，因此寺院每逢这一天煮粥供佛，以后民间相沿成俗。
【兴奋剂】体育运动上指能够改变运动员的身体条件和精神状态，借以提高竞技能力的某
　　　些物质。如刺激剂、麻醉止痛剂、合成代谢类固醇、利尿剂等。兴奋剂损害人
　　　的身心健康，严重破坏了体育运动中公平竞争的原则，因此被严格禁止使用。
【阴阳历】历法的一类，以月亮的月相周期，即朔望月为 1 个月，但设置闰月，使一年的
　　　平均天数跟太阳年的天数相符，因此这类历法与月相相符合，也与地球绕太阳
　　　的周年运动相符合。农历是阴阳历的一种。

有的名词性语素用"……因此……叫/为……"释义，例如：

【腊】①古代在农历十二月里合祭众神叫作腊，因此农历十二月叫腊月。
【稷】②古代以稷为百谷之长，因此帝王奉祀为谷神。

有的名词性固定短语用"……因此称……为……"等释义，例如：

【月下老人】传说唐代韦固月夜里经过宋城，遇见一个老人坐着翻检书本。向老人询问后，才知道老人是专管人间婚姻的神仙，翻检的书是婚姻簿子(见于《续幽怪录·定婚店》）。后来因此称媒人为月下老人。也说月下老儿或月老。

9.1.2.3.2　"……因此……"用于动词性词语释义

有的动词表示行为性结果，用"因此"释义，例如：

【自绝】做了坏事而不愿悔改，因此自行断绝跟对方之间的关系（多指自杀）。

有的动词用"因此……叫……"释义，例如：

【败北】打败仗（"北"本来是二人相背的意思，因此军队打败仗背向敌人逃跑叫败北）。

有的动词用"因此把……叫（作）……"释义，例如：

【付梓】古时刻板印书以梓木为上等用料，因此把稿件交付刊印叫付梓。
【汗青】①古时在竹简上记事，采来青色的竹子，要用火烤得竹板冒出水后才容易书写，因此后世把著作完成叫作汗青。
【南面】①面朝南。古代以面朝南为尊位，君主临朝南面而坐，因此把为君叫作"南面为王""南面称孤"等。
【羽化】②古人认为仙人能飞升变化，因此把成仙叫作羽化。

有的动词性固定短语用"因此"释义，例如：

【谢天谢地】迷信的人认为处境顺利是受到了天地神灵的保佑，因此要感谢天地。现在多用"谢天谢地"表示感激或庆幸。

有的动词性固定短语用"因此用……指……"释义，例如：

【开天辟地】神话中说盘古氏开辟天地后才有世界，因此用"开天辟地"指宇宙开始或有史以来。

有的动词性固定短语用"因此称……为……"释义，例如：

【吟风弄月】旧时有的诗人作诗爱用风花雪月做题材，因此称这类题材的写作为吟风弄月。也说吟风咏月。

9.1.2.3.3　"……因此……"用于数词释义

有的数词用"……因此用……比喻/形容……"释义，例如：

【一五一十】数数目时往往以五为单位，一五，十，十五，二十……数下去，因此用"一五一十"形容叙述时清楚有序而无遗漏。

9.1.2.3.4 "……因此……"用于主谓短语释义

【洛阳纸贵】晋代左思《三都赋》写成以后，抄写的人非常多，洛阳的纸都因此涨价了（见于《晋书·文苑传》）。借指著作广泛流传，风行一时。

9.1.2.4 "……**因而**……"

"……因而……"常用于名词性词语和动词性词语的释义，有时也用于形容词性词语的释义。

9.1.2.4.1 "……因而……"用于名词性词语释义

有的名词用"……因而得名"来解释名词的命名理据，例如：

【打油诗】内容和词句通俗诙谐、不拘于平仄韵律的旧体诗。相传为唐代张打油所创，因而得名。

【绿头鸭】野鸭的一种，雄的头颈绿色，因而得名。

有的名词用"……因而把……叫作……"来解释名词的命名理据，例如：

【沙龙】①17世纪末叶和18世纪法国巴黎的文人和艺术家常接受贵族妇女的招待，在客厅集会，谈论文艺，后来因而把文人雅士清谈集会或集会的场所叫作沙龙。

有的名词用"……因而又叫……"解释名词所指事物的另外名称，例如：

【道教】我国宗教之一，东汉时形成，到南北朝时盛行起来。道教徒尊称创立者之一张道陵为天师，因而又叫"天师道"。后又分化为许多派别。道教奉老子为教祖，尊称他为"太上老君"。

有的名词用"……因而称……"来解释名词的命名理据，例如：

【汉学】①汉代人研究经学着重名物、训诂，后世因而称研究经、史、名物、训诂、考据之学为汉学。

有的名词用"……因而……"解释名词所指事物命名理据中的因果关系，例如：

【电解质】在水溶液中或在熔融状态下能形成离子，因而能导电的化合物。如食盐、硫酸、氢氧化钠等。

【非电解质】在水溶液中或在熔融状态下不能形成离子，因而不能导电的化合物。如蔗糖、乙醇、甘油等。

【公开信】写给个人或集体，但作者认为有使公众知道的必要，因而公开发表的信。

【贵金属】通常指在自然界含量较少，不易开采，因而价格昂贵的金属，包括金、银和铂族元素（钌、铑、钯、锇、铱、铂）。

【鳞片】②覆盖在昆虫翅膀或躯体上的壳质小片，带有颜色，或能折光，因而使昆虫具有鲜艳的光彩。

【内海】②沿岸都属于一个国家因而本身也属于该国家的海，如渤海是我国的内海。

【意见】②（对人、对事）认为不对因而不满意的想法。

【责任】②没有做好分内应做的事，因而应当承担的过失。

有的名词性固定短语用"……因而……"解释命名理据中的因果关系，例如：

【对立统一规律】唯物辩证法的根本规律。它揭示出一切事物都是对立的统一，都包含着矛盾。矛盾的对立面又统一，又斗争，并在一定条件下互相转化，推动着事物的变化和发展。对立的统一是有条件的、暂时的、过渡的，因而是相对的，对立的斗争则是无条件的、绝对的。

【狗皮膏药】药膏涂在小块狗皮上的一种膏药，疗效比一般膏药好。旧时走江湖的人常假造这种膏药来骗取钱财，因而用来比喻骗人的货色。

【尾巴工程】指有小部分长期完不成因而不能整体竣工的工程。

9.1.2.4.2　"……因而……"用于动词性词语释义

有的动词用"……因而……"解释动词所指动作行为中存在的因果关系，例如：

【反馈】①把放大器的输出电路中的一部分能量送回输入电路中，以增强或减弱输入信号的效应。增强输入信号效应的叫正反馈；减弱输入信号效应的叫负反馈。正反馈常用来产生振荡，用来接收微弱信号；负反馈能稳定放大，减少失真，因而广泛应用于放大器中。

【亏空】①支出超过收入，因而欠人财物。

【乐得】某种情况或安排恰合自己心意，因而顺其自然。

【咬舌儿】①说话时舌尖常接触牙齿，因而发音不清。

【有底】知道底细，因而有把握。

【掌握】①了解事物，因而能充分支配或运用。

【走失】①（人或家畜）出去后迷了路，回不到原地，因而不知下落。

有的动词性固定短语用"……因而……"解释动作行为中存在的因果关系，例如：

【围魏救赵】公元前353年，魏国围攻赵国都城邯郸。齐国派田忌率军救赵。田忌用军师孙膑的计策，乘魏国内部空虚而引兵攻魏，魏军回救本国，齐军乘其疲惫，在桂陵（今山东菏泽）大败魏军，赵国因而解围。后来用"围魏救赵"借指类似的作战方法。

9.1.2.4.3 "……因而……"用于形容词性词语释义

有的形容词用"……因而……"解释性状蕴含的因果关系，例如：

【冲要】①处于全国的或某一个地区的重要道路的会合点，因而形势重要。

有的形容词性固定短语用"……因而……"解释性状蕴含的因果关系，例如：

【理直气壮】理由充分，因而说话做事有气势或心里无愧，无所畏惧。

【大喜过望】结果比原来希望的更好，因而感到特别高兴。

9.1.2.5 "……于是……"

有一例动词性固定短语用"……于是……"释义，解释命名理据，如下：

【乐天知命】相信宿命论的人认为自己的一切都由命运支配，于是安于自己的处境，没有
任何忧虑。

9.1.3 因标和果标合用句

《现汉》释义中有因标和果标合用的因果句式，大致有八种："因……而……""因为……
而……""由于……而……""由于……从而……""由于……所以……""因为……所
以……""因……所以……""因为……于是……"。

9.1.3.1 "因……而……"

无论是对动词、名词还是形容词用因果句进行释义，用得最多的都是"因……而……"结
构，它是因果紧缩句最常见的标志，9.2 小节对"因……而……"释义格式详细加以考察。

9.1.3.2 "因为……而……"

"因为……而……"格式常用来给动词性词语释义，也给形容词、名词、连词和主谓短语
释义。

9.1.3.2.1 "因为……而……"用于动词性词语释义

有的动词用"因为……而……"进行释义，说明某一动作行为产生的原因，例如：

【发愁】因为没有主意或办法而愁闷。

【发傻】①因为某种意外情况出现而目瞪口呆。

【返工】因为质量不合要求而重新加工、制作或施工。

【结拜】无血缘关系的人因为感情好或有共同目的而通过一定形式结为兄弟姐妹。

【情急】因为希望马上避免或获得某种事物而心中着急。

【折秤】货物重新过秤时因为已经损耗而分量减少，或货物大宗称进，零星称出而分量减少。

【跳脚】（～儿）因为焦急或发怒而跺脚。

【忘形】因为得意或高兴而忘掉自己的身份或应有的礼貌和应持的态度。

有的动词的两个语素是"果—因"式，用"因为……而……"来释义，例如：

【道乏】因为别人为自己出力而向人慰问，表示感谢。

【赌气】因为不满意或受指责而任性（行动）。

有的动词本身蕴含因果，用"因为……而……"进行释义，例如：

【抖】⑤称人因为有钱有地位等而得意（多含讥讽意）。

【落】③因为跟不上而被丢在后面。

【喧】②因为迎风、烟呛等而呼吸困难。

【要】②因为希望得到或收回而有所表示；索取。

【埋怨】因为事情不如意而对自己认为原因所在的人或事物表示不满。

有的动词性固定短语用"因为……而……"释义，例如：

【倒胃口】①因为腻味而不想再吃。

【啼饥号寒】因为缺乏衣食而啼哭，形容生活极端困苦。

【喜笑颜开】因为高兴而笑容满面的样子。

【以人废言】因为某人不好或不喜欢某人而不管他的话是否有道理，概不听取。

有的动词性语素用"因为……而……"释义，例如：

【愤】因为不满意而感情激动；发怒。

9.1.3.2.2 "因为……而……"用于形容词性词语释义

有的"因为……而……"用来给形容词释义，解释性质状态的命名理据，例如：

【惭愧】①因为自己有缺点、做错了事或未能尽到责任而感到不安。

【乐滋滋】（～的）状态词。形容因为满意而喜悦的样子。

【失望】②因为希望落空而不愉快。

【自豪】因为自己或者与自己有关的集体或个人具有优良品质或取得伟大成就而感到光荣。

9.1.3.2.3 "因为……而……"用于名词性词语释义

有的"因为……而……"用来给名词释义，解释事物命名的理据，例如：

【遁词】因为理屈词穷而故意避开正题的话。

【军乐】用管乐器和打击乐器演奏的音乐，因为军队中常用而得名。

【兴头】①因为高兴或感兴趣而产生的劲头。

9.1.3.2.4 "因为……而……"用于连词释义

有的"因为……而……"用来给连词释义，解释连词蕴含的因果关系，例如：

【虽然】用在上半句，下半句往往有"可是、但是"等跟它呼应，表示承认甲事为事实，但乙事并不因为甲事而不成立。

9.1.3.2.5 "因为……而……"用于主谓短语释义

【脚踩两只船】比喻因为对事物认识不清或存心投机取巧而跟两方面都保持联系。也说脚踏两只船。

【目不识丁】《旧唐书·张弘靖传》："今天下无事，汝辈挽得两石力弓，不如识一丁字。"据说"丁"应写作"个"，因为字形相近而误。后来形容人不识字说"不识一丁"或"目不识丁"。

9.1.3.3 "由于……而……"

"由于……而……"常用于名词性词语、动词性词语的释义，也用于形容词、副词和主谓短语的释义。

9.1.3.3.1 "由于……而……"用于名词性词语释义

名词用"由于……而……"释义，用于说明名词所指称的现象产生的原因。

有的名词用"由于……而产生/发生……"释义，例如：

【潮汐】①通常指由于月亮和太阳的引力而产生的水位定期涨落的现象。②特指海潮。

【风】①跟地面大致平行的空气流动的现象，是由于气压分布不均匀而产生的。

【狐臭】由于腋窝、阴部等部位的皮肤内汗腺分泌异常而产生的刺鼻臭味。

【自感应】电路中由于电流的变化而自身产生感应电动势。简称自感。

【灵感】在文学、艺术、科学、技术等活动中，由于艰苦学习，长期实践，不断积累经验和知识而突然产生的富有创造性的思路。

【断层】①由于地壳的变动而使岩层发生断裂，并沿断裂面发生相对位移的构造。

有的名词用"由于……而形成/造成……"释义，例如：

【结石】某些有空腔的器官及其导管内，由于有机物和无机盐类沉积而形成的坚硬物质。如胆结石、肾结石等。

【两性人】由于胚胎畸形发育而形成的具有男性和女性两种生殖器官的人。

【小气候】①在一个大范围的气候区域内，由于局部地区地形、植被、土壤性质、建筑群等以及人或生物活动的特殊性而形成的小范围的特殊气候，如农田、城市、住宅区的气候。

【褶皱】①由于地壳运动，岩层受到压力而形成的连续弯曲的构造形式。

【内涝】由于雨量过多，积水不能及时排除而造成的涝灾。

有的名词用"由于……而导致……"释义，例如：

【智障】由于大脑生理缺陷或伤残而导致的智力障碍。

有的名词用"由于……而引起……"释义，例如：

【褥疮】由于局部组织长期受压迫，血液循环发生障碍而引起的皮肤、肌肉等的溃疡。长期卧床不能自己移动的病人，骶部和髋部都容易发生褥疮。

有的名词用"由于……而呈现……"释义，例如：

【彩云】由于折射日光而呈现彩色的云，以红色为主，多在晴天的清晨或傍晚出现在天边。

有的名词用"由于……而……"释义，例如：

【哑巴】由于生理缺陷或疾病而不能说话的人。

【专利】法律保障创造发明者在一定时期内由于创造发明而独自享有的利益，属知识产权范畴。

有的用"由于……而……"释义的名词表示原因，引出结果。例如：

【肺气肿】慢性病，肺组织由于过度膨胀和充气而弹性减退，症状是咳嗽、气喘、口唇发绀等。多由慢性支气管炎、支气管哮喘、硅肺和肺结核引起。

【结核】①肺、肾、肠、淋巴结等组织由于结核杆菌的侵入而形成的病变。

有的"由于……而……"释义名词中的前语素表示原因，后语素表示结果。

有的用"由于……而形成……"，例如：

【绷瓷】（～儿）表面的釉层有不规则碎纹的瓷器。这种碎纹是由于坯和釉的膨胀系数不同而形成的。

【老视】年老的人由于眼球的调节能力减退而形成的视力缺陷，表现为近处物体看不清。用凸透镜制成的眼镜可以矫正。通称花眼或老花眼。

【蜃景】大气中由于光线的折射作用而形成的一种自然现象。

【学派】同一学科中由于学说、观点不同而形成的派别。

【涌潮】海潮涌进喇叭形河口时，由于水位急骤升高而形成的陡立的水墙，如我国的钱塘江涌潮。也叫暴涨潮或怒潮。

有的用"由于……而产生……"，例如：

【地震波】由于地震而产生的向四外传播的波动。主要分为横波和纵波两种。

【外心】由于爱上了别人而产生的对自己的配偶不忠诚的念头，旧时也指臣子勾结外国的念头。

【意气】③由于主观和偏激而产生的情绪。

有的用"由于……而引起……"，例如：

【冻伤】机体的组织由于低温而引起的损伤。轻的皮肤红肿，灼痛或发痒，重的皮肤起水疱，最重的引起皮肤、肌肉甚至骨骼坏死。

【职业病】由于某种劳动的性质或特殊的劳动环境而引起的疾病，如矿工和陶瓷工业工人易患的尘肺等。

有的用"由于……而造成……"，例如：

【沙害】由于土地沙化而造成的危害，如沙化引起的耕地荒芜、居民迁移、动植物死亡等。

有的用"由于……而得到……"，例如：

【订户】由于预先约定而得到定期供应的个人或单位，如报刊的订阅者，牛奶的用户等。

有的用"由于……而具有……"，例如：

【动能】物体由于机械运动而具有的能，它的大小等于运动物体的质量和速度平方乘积的二分之一。

【势能】相互作用的物体由于所处的位置或弹性形变等而具有的能量。

有的用"由于……而发／出……"，例如：

【管乐器】指由于管中空气振动而发音的乐器，如笛、箫、号等。

【忙音】电话机拨号后由于对方占线而发出的连续而短促的嘟嘟声，表示不能接通。

【弦乐器】指由于弦的振动而发音的一类乐器。如小提琴、琵琶、扬琴等。

【虚汗】由于衰弱、患病、心里紧张等而出的汗。

有的用"由于……而……"释义名词，前语素表示结果，后语素表示原因。

【半衰期】放射性元素由于衰变而使原有量的一半成为其他元素所需的时间。放射性元素的半衰期长短差别很大，短的远小于一秒，长的可达许多万年。

有的用"由于……而……"释义的名词隐含因果，例如：

【报酬】由于使用别人的劳动、物件等而付给别人的钱或实物。

【呼噜】〈口〉睡着时由于呼吸受阻而发出的粗重的呼吸声；鼾声。

有的名词性固定短语用"由于……而……"释义，例如：

【打击乐器】指由于敲打乐器本身而发音的一类乐器，如锣、鼓、木鱼等。

【敌我矛盾】敌对阶级之间由于根本利害冲突而产生的矛盾。

【老弱残兵】泛指由于年老、体弱以及其他原因而工作能力较差的人。

【感应电流】由于电磁感应而在导体中产生的电流。如发电机中产生的电。

【光化学反应】物质由于光的照射而产生化学反应，包括光合作用和光解作用两类。也叫
　　　　　　　光化作用。

【国际私法】国家处理和调整涉及外国公民的民事法律关系的规则的总称。这种关系一般
　　　　　　　是由于对外贸易和本国人同外国人往来而产生的。

【责任事故】由于工作上没有尽到责任而造成的事故。

有的名词性语素用"由于……而……"释义，例如：

【瘅】①由于劳累而得的病。

9.1.3.3.2　"由于……而……"用于动词性词语释义

动词用"由于……而……"进行释义，动词表示结果，"由于"引出缘由，例如：

【超重】①物体超过原有的重量。是由于物体沿远离地球中心的方向做加速运动而引起的。
　　　　　如升降机向上起动时就有超重现象。

【腹泻】指排便次数增多，大便稀薄或呈水状，有的带脓血，常兼有腹痛。多由于肠道感
　　　　染，消化功能障碍而引起。

【白化】生物体的病变部分由于缺乏色素或色素消退而变白。

【背气】〈口〉由于疾病或其他原因而暂时停止呼吸。

【打泡】手脚等由于摩擦而起泡。

【断流】指江河等水流由于在某一地段枯竭而中断。

【打鼾】睡着时由于呼吸受阻而发出粗重的声音。

【发抖】由于害怕、生气或受到寒冷等原因而身体颤动。

【改选】当选人任期届满或在任期中由于其他原因而重新选举。

【回避】②法律上指司法人员及其他有关人员由于与案件或案件当事人有利害关系，或者
　　　　可能影响公正处理案件而不参加该案件的诉讼活动。

【减员】①由于伤病、死亡等原因而人员减少（多指部队）。

【漏税】（纳税者）由于疏忽大意或者不了解税收法令而没有缴纳应缴的税款，通常指有意违反税收法令逃避应该缴纳的税款。

【流会】指会议由于不足法定人数而不能举行。

【流离】〈书〉由于灾荒战乱而流转离散。

【免疫】由于具有抵抗力而不患某种传染病，通常分为先天性免疫和获得性免疫两种。

【趴窝】②比喻人因生病、劳累、没活儿干等原因歇在家中，也比喻车、马等由于故障、伤病等而不能工作。

【破相】指由于脸部受伤或其他原因而失去原来的相貌。

【烧包】〈方〉由于变得富有或得势而忘乎所以。

【压港】由于装卸耽搁、天气恶劣或通关受阻等原因，船只不能按时开出或货物不能及时运出而积压在港口。

【咬牙】①由于极端愤怒或忍住极大的痛苦而咬紧牙齿。

【遗失】由于疏忽而失掉（东西）。

【隐居】由于对统治者不满或有出世思想而住在偏僻地方，不出来做官。

【语塞】由于激动、气愤或理亏等原因而一时说不出话。

【炸窝】②比喻许多人由于受惊而乱成一团。

【折射】①光线、无线电波、声波等从一种介质进入另一种介质时传播方向发生偏折。也指在同种介质中，由于介质本身不均匀而使光线、无线电波、声波等的传播方向发生改变。

【肿】皮肤、黏膜或肌肉等组织由于局部循环发生障碍、发炎、化脓、内出血等原因而突起。

【肿胀】肌肉、皮肤或黏膜等组织由于发炎、瘀血或充血而体积增大。

【走扇】门扇或窗扇由于变形等原因而关不上或关不严。

有的"由于……而……"释义动词表示原因，引出结果，例如：

【冻】④机体的组织由于温度过低而受损伤。

【钙化】机体的组织由于钙盐的沉着而变硬。如肺结核的病灶经过钙化而痊愈。

【雷击】雷电发生时，由于强大电流的通过而杀伤或破坏（人、畜、树木或建筑物等）。

【膨化】（谷物等）由于在加热、加压的情况下突然减压而膨胀。

【中毒】指由于毒物进入体内而发生组织破坏、生理机能障碍或死亡。症状是恶心，呕吐，腹泻，头痛，眩晕，呼吸急促，瞳孔异常等。

有的"由于……而……"释义解释动词隐含因果过程，例如：

【腐烂】①机体由于微生物的滋生而破坏。

【互感应】电路中由于电流的变化而在邻近的另一电路中产生感应电动势。简称互感。

【惊】①由于突然来的刺激而精神紧张。

【联想】由于某人或某事物而想起其他相关的人或事物；由于某概念而引起其他相关的概念。

【留情】由于照顾情面而宽恕或原谅。

【失误】由于疏忽或水平不高而造成差错。

【致使】①由于某种原因而使得。

【内讧】集团内部由于争权夺利等原因而发生冲突或战争。

还有一部分"由于……而……"释义动词的两个语素本身包含因果关系。这一部分又分为两种情况：一是前一个（或几个）语素是因，后一个（或几个）语素是果。例如：

【老死】由于年老体衰而死亡（对"病死"而言）。

【霉变】（物品）由于发霉而变质。

【磨损】机件或其他物体由于摩擦和使用而造成损耗。

【水肿】由于皮下组织的间隙有过量液体积蓄而引起全身或身体的一部分肿胀。通称浮肿。

【酸败】油脂、鱼肉等由于受到空气、水分、细菌、热、光等的作用而氧化或水解，酸值增高，产生异味。

【蛀蚀】由于虫咬而受损伤。

另一种是前一个语素是果，后一个语素说明原因，例如：

【报恩】由于受到恩惠而予以报答。

【富集】自然界中，某种物质由于本身趋向集中或其他物质被移走而逐渐形成相对高的含量，如某些污染物质通过食物链集中到某种生物身体内。

【滞胀】指由于通货膨胀而经济停滞。

有的动词性固定短语用"由于……而……"释义，例如：

【姑息养奸】由于无原则地宽容而助长坏人坏事。

【闹意气】由于情绪偏激而闹矛盾；意气用事。

【恼羞成怒】由于羞愧和恼恨而发怒。

【忘乎所以】由于过度兴奋或骄傲自满而忘记了言行应该把握的分寸。也说忘其所以。

有的动词性语素用"由于……而……"释义，例如：

【荫】③封建时代由于父祖有功而给予子孙入学或任官的权利。

9.1.3.3.3 "由于……而……"用于形容词性词语释义

形容词用"由于……而……"句式释义，用于说明形容词所指称的性质状态产生的原因，例如：

【皮】⑨由于受申斥或责罚次数过多而感觉无所谓。

【憋闷】①由于空气不流通而感到呼吸不畅。

【肥大】③人体的某一脏器或某一部分组织，由于病变而体积比正常的大。

【干枯】①草木由于衰老或缺乏营养、水分等而失去生机。

【近视】①视力缺陷的一种，能看清近处的东西，看不清远处的东西。近视是由于眼球的晶状体和视网膜的距离过长或晶状体屈光力过强，使进入眼球的影像不能正落在视网膜上而落在视网膜的前面造成的。

【伤心】由于遭受不幸或不如意的事而心里痛苦。

【迷惘】由于分辨不清而困惑，不知怎么办。

9.1.3.3.4 "由于……而……"用于副词释义

副词用"由于……而……"释义，解释副词表示情貌的缘由和结果。例如：

【幸亏】表示由于偶然出现的有利条件而避免了某种不利的事情。

9.1.3.3.5 "由于……而……"用于主谓短语释义

【回光返照】①指太阳刚落到地平线下时，由于反射作用而发生的天空中短时发亮的现象。

【蓬荜增辉】谦辞，表示由于别人到自己家里来或张挂别人给自己题赠的字画等而使自己非常光荣（蓬荜：蓬门荜户的略语）。也说蓬荜生辉。

9.1.3.4 "由于……从而……"

"由于……从而……"用于释义只有一例，解释形容词的词义内容，说明性质状态产生的缘由，如下：

【早熟】③生理学上指由于脑上体退化过早，引起生殖腺过早发育，从而使生长加速，长骨和骨骺（hóu）提早融合。早熟儿童常比同龄儿童长得高，但到成年时，长得反而比常人矮。

9.1.3.5 "由于……所以……"

"由于……所以……"主要用来给名词性词语释义，解释名称的命名理据。

有的名词性词语用"由于……所以叫……"的释义格式，例如：

【零蛋】表示没有数量，由于阿拉伯数字的"0"略呈蛋形，所以叫零蛋（只用于考试、比赛所得的分数，含诙谐意）。

【铁人三项】体育运动项目之一，由依次进行的天然水域游泳、公路自行车、公路长跑三个项目组成，要求运动员连续完成。由于需要运动员具有坚强的意志和体力，所以叫铁人三项。

有的名词性固定短语用"由于……所以也叫……"的释义格式，解释另一名称的命名理据，例如：

【经院哲学】欧洲中世纪在学院中讲授的以解释基督教教义为内容的哲学，实际上是一种神学体系。由于采用烦琐的抽象推理的方法，所以也叫烦琐哲学。

有的名词性词语用"由于……所以……"解释词语意义内容中蕴含的因果关系，例如：

【太阳日】太阳的中心接连两次通过同一个子午圈所需要的时间。由于地球在各个时间内运行的速度不同，所以太阳日的长短也有变化。为了便于计算，通常把全年中各个太阳日的平均数作为一日，叫作平太阳日。与此对应，把真正的太阳日叫作真太阳日。

【黑茶】茶叶的一大类，一般以较粗而老的毛茶为原料。由于制作过程中要经过较长时间的堆积、发酵，所以叶色呈黑褐色。主要品种有湖南黑茶、湖北老青茶、四川边茶和云南普洱茶等。

【农历】①阴阳历的一种，是我国的传统历法，通常所说的阴历即指农历。……由于平均每年的天数比太阳年约差 11 天，所以在 19 年里设置 7 个闰月，有闰月的年份全年 383 天、384 天或 385 天。

9.1.3.6 　"因……所以……"

9.1.3.6.1 　"因……所以……"用于名词性词语释义

有的名词性词语用"因……所以叫……"释义，用来解释事物的名称的命名理据。

用于解释名词性词语时，有的解释命名理据的事物特征，强调其作为某一事物而有别于其他事物的显著特点，例如：

【白榜】对人进行处分或批评的布告。因多用白纸写成，所以叫白榜。

【冰毒】有机化合物，成分是去氧麻黄素。白色晶体，很像小冰块，对人的中枢神经和交感神经有强烈刺激作用，用后容易成瘾。因用作毒品，所以叫冰毒。

【飞碟】①指不明飞行物，因早期报道的不明飞行物形状像圆形碟子，所以叫飞碟。

【号外】报社因需要及时报道重要消息而临时增出的小张或单张报纸，因在定期出版的报纸顺序编号之外，所以叫号外。

【井田制】我国奴隶社会时期的土地制度。奴隶主为计算自己封地的大小和监督奴隶劳动，
把土地划分成许多方块，因像"井"字形，所以叫作井田制。

【黑箱】通常指某种结构复杂的电子元件或电子仪器设备，能够对某个系统实行自动控制
或自动记录。因使用中可作为一个独立的整体装配或拆卸，其内部工作特性无须
透露，所以叫黑箱。

【苦胆】指胆囊，因胆汁味苦，所以叫苦胆。

【铅丝】镀锌的铁丝，不易生锈。因颜色像铅，所以叫铅丝。

【榨菜】用青菜头的肉质茎腌制的咸菜。因腌制后要榨出其中的汁液，所以叫榨菜。

【阿拉伯数字】国际通用的数字，就是0、1、2、3、4、5、6、7、8、9。最初由印度人发明、
使用，因后经阿拉伯人传入欧洲，所以叫阿拉伯数字。

【白色垃圾】指废弃的塑料及其制品等，因它们多为白色，所以叫白色垃圾。这种垃圾在
自然环境中极难降解，对环境有严重污染。

有的解释名词性词语时，强调事物某一类特征，而区别于事物的其他类别，例如：

【邮船】海洋上定线、定期航行的大型客运轮船。因过去水运邮件总是委托这种大型快速
客轮运载，所以叫邮船。也叫邮轮。

【宣纸】安徽泾县出产的一种高级纸张，用于写毛笔字和画国画。因泾县唐代属宣州，所
以叫宣纸。

【助力车】装有小型发动机的自行车，因可以借助机械动力代替脚蹬骑行，所以叫助力车。

【北伐战争】第一次国内革命战争时期，以中国国民党和中国共产党合作的统一战线为基
础，组织国民革命军进行的一次反对帝国主义和封建军阀统治的革命战争
（1926—1927）。因这次战争从广东出师北伐，所以叫北伐战争。

【笔记本式计算机】便携式电子计算机的一种。因外形略像笔记本，所以叫笔记本式计算机。

【第三状态】亚健康。因亚健康是处于健康与疾病之间的状态，所以叫第三状态。

【红头文件】指党政领导机关（多指中央一级）下发的文件，因版头文件名称多印成红色，
所以叫红头文件。

【蓝色农业】指近海水产养殖业、捕捞业等，因海水是蓝色的，所以叫蓝色农业。

【稀有气体】氦、氖、氩、氪、氙、氡六种气体的统称。它们都是单原子分子，无色无臭，
化学性质极不活泼。因在地壳中含量稀少，所以叫稀有气体。旧称惰性气体。

有的名词性词语用"因……所以把……叫作……"解释名称，用"把"字引入名称所指的
事物，例如：

【斗箕】指印，因指纹有斗有箕，所以把指印叫作斗箕。

【沙文主义】一种把本民族利益看得高于一切，主张征服和奴役其他民族的思想和主张。因拿破仑手下的军人沙文（Nicolas Chauvin）狂热地拥护拿破仑用暴力向外扩张法国的势力，所以把这种思想叫作沙文主义。

有的名词性词语用"因……所以也叫……"释义，有的是用来解释事物的另一名称，有的是引出释义词语，例如：

【安全套】避孕套。因避孕套有避孕和防止性病传播的作用，所以也叫安全套。

有的是引出释义词语的另一个名称，例如：

【枢机主教】天主教罗马教廷中最高一级的主教，由教皇任命，分掌教廷各部门和许多重要教区的领导权，有选举罗马教皇的权利，因穿红色礼服，所以也叫红衣主教。

【杨辉三角】二项式（$a+b$）的 n（$n=0$、1、2、3……）次方展开式的系数依次可排列成一个三角形的数表：这个数表见于我国南宋数学家杨辉的《详解九章算法》，后来叫作杨辉三角。因《详解九章算法》指出北宋数学家贾宪已用这个数表开高次方，所以也叫贾宪三角。

有的名词性词语用"因……所以称为……"解释名称的取名理据，例如：

【百日维新】戊戌变法的旧称。因戊戌变法由颁布新法到变法失败，历时一百零三天，所以称为百日维新。

有的名词性词语用"因……所以也曾称……"来解释曾经的用名，例如：

【仰韶文化】我国黄河流域新石器时代的一种文化，因最早发现于河南渑池仰韶村而得名。遗存中常有带彩色花纹的陶器，所以也曾称为彩陶文化。

【龙山文化】我国新石器时代晚期的一种文化，晚于仰韶文化，因最早发现于山东济南附近龙山镇而得名。遗存中常有黑而亮的陶器，所以也曾称为黑陶文化。

有的名词用"因……所以有这个名称"释义，例如：

【四六体】骈体的一种，因以四字句、六字句为主，所以有这个名称。

有的名词用"因……所以比喻……"解释名词的比喻意义，例如：

【鸿鹄】〈书〉天鹅，因飞得很高，所以常用来比喻志向远大的人。

有的名词用"因……所以译为……"释义，用来解释汉语翻译名称的由来，例如：

【飞天】佛教壁画或石刻中的在空中飞舞的神。梵语称神为提婆，因提婆有"天"的意思，所以汉语译为飞天。

有的名词用"因……所以有/是……"释义，解释名称的意义中所涉及的事物因果关系。

【公历】阳历的一种，是现在国际通用的历法。通常所说的阳历即指公历。一年365天，
　　　　分为十二个月，一、三、五、七、八、十、十二月为大月，每月31天，四、六、九、
　　　　十一月为小月，每月30天，二月是28天。因地球绕太阳一周实际为365天5小
　　　　时48分46秒（太阳年），所以每400年中有97个闰年，闰年在二月末加一天，
　　　　全年是366天。

9.1.3.6.2 "因……所以……"用于动词性词语释义

有的动词用"因……所以叫……"释义，例如：

【嚎春】有些动物发情时发出叫声，因多在春季，所以叫嚎春。
【刷卡】把磁卡放入或贴近磁卡机，使磁头阅读、识别磁卡中的信息，以确认持卡人的身
　　　　份或增减磁卡中的储存金额。因有的磁卡需在磁卡机上移动，类似刷的动作，所
　　　　以叫刷卡。

有的动词性词语用"因……所以说……"释义，有一个词语是用这种格式来解释动作行为
的比喻义，如下：

【穿靴戴帽】比喻写文章或讲话中套用一些空洞说教，因多在开头和结尾部分，所以说穿
　　　　　　靴戴帽。也说穿鞋戴帽。

这是用"因……所以……"格式说明为什么用穿靴戴帽比喻写文章或讲话中套用一些空洞
说教。

9.1.3.7 "因为……所以……"

"因为……所以……"，主要用来解释事物的名称由来，常用格式"因为……所以叫/叫
作/也叫/称/称作……"。主要用于名词释义，也用于动词释义。

9.1.3.7.1 "因为……所以……"用于名词性词语释义

有的名词性词语用"因为……所以叫……"释义，用来解释事物名称来由，用于名词释义，
例如：

【光线】因为一般情况下光沿直线传播，所以叫光线。
【猫步】指时装模特儿表演时走的台步，因为这种步子类似猫行走的样子，所以叫猫步。
【元宵】①农历正月十五日夜晚。因为这一天叫上元节，所以晚上叫元宵。
【岁星】我国古代指木星。因为木星每十二年在空中绕行一周，每年移动周天的十二分之
　　　　一，古人把木星所在的位置作为纪年的标准，所以叫岁星。

【无线电】①用电波的振荡在空中传送信号的技术。因为不用导线传送，所以叫无线电。广泛应用在通信、广播、电视、远距离控制、自动化、探测等方面。

【新大陆】美洲的别称。因为它是到 15 世纪以后才由欧洲人殖民的，所以叫新大陆。

有的名词用"因为……所以也叫……"释义，解释名词的另一个名称的来由，例如：

【电能表】用来累计所消耗电能的仪表。因为 1 度电代表的电能为 1 千瓦时，所以也叫千瓦时表。简称电表。

【光波】因为光是电磁波的一种，所以叫光波。

有的名词性词语用"因为……所以称……"释义，解释固定短语的名称来由，例如：

【甲午战争】1894—1895 年，日本发动的并吞朝鲜侵略中国的战争。因为 1894 年是甲午年，所以称甲午战争。

有的用"因为……所以称作……"解释名称的命名理据，例如：

【白衣战士】指医护人员。因为他们身穿白色工作服，救死扶伤，跟疾病做斗争，所以称作白衣战士。

9.1.3.7.2　"因为……所以……"用于动词性词语释义

有的动词性词语用"因为……所以叫作……"释义，解释动词的取名来由，例如：

【填词】①按照词的格律作词，因为必须严格地按照格律选字用韵，所以叫作填词。

9.1.3.8　"因为……于是……"

有一例动词性固定短语用"因为……于是……"解释命名理据，如下：

【只许州官放火，不许百姓点灯】宋代田登做州官，要人避讳他的名字，因为"登"和"灯"同音，于是全州都把灯叫作火。

9.2　《现代汉语词典（第 7 版）》中的释义句式"因……而……"

本节选择《现汉》里的释义句式"因……而……"，考察其释义的使用情况，希望在释义句式方面做些有益的尝试和探索。

9.2.1　释命名理据

"因……而……"句式可用来解释命名理据，说明某一事物名称的理由和根据，常用格式

"因……而得名"。根据理据性质的不同，又分三种。

9.2.1.1　以人名命名

因为这个人对该事物的发明、发现、发展等有重大贡献或为了纪念他，用此人的名字命名该事物。基本格式："因某人发明／首先发现／首先提出／首先描述／制定等而得名"或"因纪念某人而得名"。例如：

> 【傅科摆】用来证明地球自转运动的天文仪器。一根长十几米或几十米的金属丝，一端系一个金属球，另一端悬挂在支架上。由于地球自转，在北半球，摆动所形成的扇状面按顺时针方向旋转，在南半球则按逆时针方向旋转。因法国物理学家傅科发明而得名。
>
> 【伦琴射线】X射线。因德国物理学家伦琴首先发现而得名。
>
> 【恩格尔系数】统计学中指家庭食品支出与家庭消费总支出的比值。其数值越小说明生活越富裕，数值越大说明生活水平越低。因德国经济学家和统计学家恩格尔最先提出而得名。
>
> 【阿伏伽德罗常量】指1摩任何物质所含的粒子(分子、原子、离子等)数，约等于6.022×10^{23}。因纪念意大利化学家阿伏伽德罗（Amedeo Avogadro）而得名。

9.2.1.2　以地名命名

包括三种情况。

9.2.1.2.1　以文化发祥地命名

基本格式："因最早发现于某地而得名"。例如：

> 【河姆渡文化】因最早发现于浙江余姚河姆渡村而得名。
>
> 【龙山文化】因最早发现于山东济南附近龙山镇而得名。
>
> 【仰韶文化】因最早发现于河南渑池仰韶村而得名。

9.2.1.2.2　以事物的原产地命名

> 【汉堡包】因起源于德国海港城市汉堡而得名。
>
> 【香槟酒】因原产于法国香槟（Champagne）而得名。

9.2.1.2.3　以地理位置命名

> 【河西走廊】因在黄河之西而得名。

9.2.1.3　以事物特点命名

又分七种情况。

9.2.1.3.1　以事物形状、模样命名

【面包车】指车厢外形略呈长方体的中小型载客汽车，因外形像面包而得名。

【战列舰】一种装备大口径火炮和厚装甲的大型军舰，主要用于远洋战斗活动，因炮战时排成单纵队的战列线而得名。

9.2.1.3.2　以颜色命名

【鸭黄】孵出不久的小鸭，因身上有淡黄色的髭毛而得名。

【黑匣子】指飞行数据记录仪，因装在座舱中的黑色金属盒里而得名。

9.2.1.3.3　以声音命名

【知了】蚱蝉的通称，因叫的声音像"知了"而得名。

【几维鸟】无翼鸟，因常发出"几维"的声音而得名。

9.2.1.3.4　以材料、工具、凭借、依据命名

【驴皮影】皮影戏，因剧中人物剪影用驴皮做成而得名。

【渔鼓】②指道情，因用渔鼓伴奏而得名。

【贸易风】信风，因古代通商，在海上航行时主要借助信风而得名。

【华严宗】我国佛教宗派之一，因依《华严经》创立宗派而得名。

9.2.1.3.5　以标志性物件、动作命名

【青衣】③戏曲中旦角的一种，扮演中年或青年妇女，因穿青衫而得名。

【铜锤】戏曲中花脸的一种，偏重唱功。因《二进宫》中的徐延昭抱着铜锤而得名。

【响马】旧时称在路上抢劫旅客的强盗，因抢劫时先放响箭而得名。

9.2.1.3.6　以数量命名

【布尔什维克】列宁建立的苏联共产党用过的称号。意思是多数派。因在1903年俄国社会民主工党第二次全国代表大会选举党的领导机构时获得多数选票而得名。

9.2.1.3.7　以价值命名

【黄金分割】把一条线段分成两部分，使其中一部分与全长的比等于另一部分与这部分的比，比值为 0.168……，这种分割叫作黄金分割，<u>因这种比例在造型上比较美观而得名</u>。

9.2.2　释分类

"因……而……"可用来解释分类，常用格式"因……不同而（产生的）不同……"。例如：

【国家所有制】生产资料归国家所有的制度，它的性质因社会制度的不同而不同。

【版本】①同一部书因编辑、传抄、刻版、排版或装订形式等不同而产生的不同的本子。

"而"后也可用"形成""分成"等，例如：

【派别】学术、宗教、政党等内部因主张不同而形成的分支或小团体。

【阶层】①指在同一个阶级中因社会经济地位不同而分成的层次。如农民阶级分成贫农、中农等。

9.2.3　释因果结构义

有的词的构成成分之间具有因果关系，可用"因……而……"句式来释义。

9.2.3.1　前因后果式

词前部表因，后部表果，用"因……而……"句式来解释该词的因果结构义。

其一，解释名词的前因后果结构义。所释名词"M"的前部"M_1"表示原因，后部"M_2"表示结果，用格式"因 [M_1 义] 而 [M_2 义]"来解释名词的因果结构义。例如：

【血晕】中医指产后因失血过多而晕厥的病症。

由于"M_2"是结果，可在"而"后添加"产生"义词，形成"因 [M_1 义] 而产生的 [M_2 义]"格式，例如：

【私愤】因个人利害关系而产生的愤恨。

除了"产生"外，"而"后还可用其他表示发生或形成的词。

【虫灾】因虫害较重而造成的灾害。

【碱荒】因盐碱化而形成的荒地。

【冻疮】局部皮肤因受低温损害而成的疮。

【饥色】因受饥饿而表现出来的营养不良的脸色。

【滞纳金】因逾期缴纳税款、保险费或水、电、煤气等费用而需额外缴纳的钱。

其二，解释动词的前因后果结构义。所释动词"D"的前部"D₁"表示原因，后部"D₂"表示结果，用"因[D₁义]而[D₂义]"句式解释动词的因果结构义。例如：

【干裂】因干燥而裂开。

【畏避】因畏惧而躲避。

【感激涕零】因感激而流泪，形容非常感激。

【怒发冲冠】因怒而头发直竖，把帽子都顶起来了，形容非常愤怒。

其三，解释形容词的前因后果结构义。所释形容词"X"的前部"X₁"表示原因，后部"X₂"表示结果，用"因[X₁义]而[X₂义]"句式来解释形容词的因果结构义。例如：

【干涩】因发干而显得不滑润或不润泽；苦涩。

【干枯】②皮肤因缺少脂肪或水分而干燥。

【感伤】因有所感触而悲伤。

【恐慌】因担忧、害怕而慌张不安。

【荫凉】因太阳晒不着而凉爽。

9.2.3.2　前果后因式

其一，前果后因式动词。动词前部"D₁"表示结果，动词后部"D₂"表示原因，往往是支配式动词，宾语是原因格，用"因[D₂义]而[D₁义]"来解释其因果结构义。例如：

【逃荒】因遇灾荒而跑到外乡谋生。

【养伤】因受伤而休养。

【闹意见】因意见不合而彼此不满。

【物伤其类】指动物因同类遭到了不幸而感到悲伤，比喻人因同伙受到打击而伤心（多含贬义）。

【自惭形秽】原指因自己容貌举止不如别人而感到惭愧，后来泛指自愧不如别人。

其二，有的形容词的前部"X₁"表示结果，形容词后部"X₂"表示原因，属于前果后因式结构，在解释的时候就用"因[X₂义]而[X₁义]"句式来解释其因果结构义。例如：

【烦扰】因受搅扰而心烦。

【紧缺】（物资等）因短缺而供应紧张。

9.2.4 释词为因

释词为因，就是把所解释的词"C"当作原因，并补充解释其结果，常用格式"因 [C 义]而……"。有两种情况。

其一，名词本身指称的是原因，在造词时用原因代结果。基本释义格式："因 [M 义] 而产生 / 发生 / 引起的……"，中心语表示名词的类属。例如：

【嫌隙】因彼此不满或猜疑而发生的恶感。

【食积】中医指因饮食没有节制而引起的消化不良的病。症状是胸部、腹部胀满，吐酸水，
　　　　便秘或腹泻。

其二，名词所指称的是原因，用"因 [M 义] 而……"的格式对结果做补充说明。例如：

【不可抗力】法律上指在当时的条件下人力所不能抵抗的破坏力，包括自然现象和社会现
　　　　　　象。如洪水、地震、战争、军事行动等。因不可抗力而发生的损害，原则上
　　　　　　不追究法律责任。

9.2.5 释词为果

释词为果，就是把所解释的词当作结果，并补充解释原因，常用格式"因……而 [C 义]"。

9.2.5.1 释名为果

把名词所指称的事物解释为结果，同时说明名词所指称事物的产生原因。又分两种情况。

其一，"因……而产生"作定语，形成格式："因……而产生的 [M 义]"。例如：

【差价】同一商品因各种条件不同而产生的价格差别。

除了"产生"外，"而"后还可用其他表示发生或形成的词。

【洪水】河流因大雨或融雪而引起的暴涨的水流。

【乱码】计算机或通信系统中因出现某种错误而造成的内容、次序等混乱的编码或不能识
　　　　别的字符。

【苦水】②因患某种疾病而从口中吐出的苦的液体，通常是消化液和食物的混合物。

【衍文】因缮写、刻版、排版错误而多出来的字句。

【空门】指某些球类比赛中因守门员离开而无人把守的球门。

【逃兵】②比喻因怕困难而脱离工作岗位的人。

其二，"因……而……"成句。例如：

【红眼病】①病，因急性出血性结膜炎而眼白发红。

9.2.5.2　释动为果

把动词所表示的动作行为解释为结果，同时说明产生的原因。基本格式："因……而 [D 义]"。又分两种情况。

其一，说明动词表示的结果及其原因。例如：

【拾荒】因生活贫困等原因而拾取柴草、田地间遗留的谷物、别人扔掉的废品等。
【报废】设备、器物等因不能继续使用或不合格而作废。
【偏转】射线、磁针、仪表指针等因受力而改变方向或位置。
【遗漏】应该列入或提到的因疏忽而没有列入或提到。
【打寒战】因受冷或受惊而身体颤动。
【唉声叹气】因伤感、烦闷或痛苦而发出叹息的声音。

有时，动词所表示动作行为是出于某种目的而进行的，例如：

【开山】①因采石、筑路等目的而把山挖开或炸开。
【争风吃醋】指因追求同一异性而互相忌妒争斗。

其二，用动词表示的结果来代原因。例如：

【垂涎】因想吃而流口水，比喻看见别人的好东西想得到。
【捏一把汗】因担心而手心攥出汗，形容心情极度紧张。

"垂涎"就是流口水，是结果现象，而词义的重心在于原因：想吃，想得到。"捏一把汗"是手心出汗的意思，是结果，而词义的重心是导致手心出汗的原因：担心，紧张。

9.2.5.3　释形为果

把形容词所表示的性状解释为结果，同时说明产生的原因。基本格式："因……而 [X 义]"。例如：

【气短】①因疲劳、空气稀薄等原因而呼吸短促。
【销铄】②因久病而枯瘦。

9.2.6　释词的蕴含因果

有的词结构上不是因果关系，但是整个词或词中成分含有因果关系，释义时把这种因果义表现出来，可用"因……而……"句式释义。

9.2.6.1　释整词的蕴含因果

整个词含有因果关系，用"因……而……"释义。例如：

【战战兢兢】①形容因害怕而微微发抖的样子。

"战战兢兢"本身含有"因害怕、恐惧而微微发抖的样子"的意思。

9.2.6.2　释词成分的蕴含因果

有的动词或形容词中成分含有因果关系，通过"因……而……"句式把这种因果关系表现出来。例如：

【赧颜】因害羞而脸红。
【谴谪】官吏因犯罪而遭贬谪。
【害羞】因胆怯、怕生或做错了事怕人嗤笑而心中不安；怕难为情。

"赧"本身就有"因害羞而脸红"的意思，"谴"本身就有"因罪过而遭贬降或谪戍"的意思，这两个词的释义都把语素含有的因果关系显示了出来，通俗易懂。"害羞"的"羞"本身就有"怕别人笑话的心理和表情"的意思。

9.2.7　其他用法

"因……而……"还可用来解释名词所指事物的性质、范围、用效、目的等。例如：

【冰川】在高山或两极地区，积雪由于自身的压力变成冰（或积雪融化，下渗冻结成冰），又因重力作用而沿着地面倾斜方向移动，这种移动的大冰块叫作冰川。
【霍乱】①急性肠道传染病，病原体是霍乱弧菌。症状是腹泻，呕吐，大便很稀，像米泔水，四肢痉挛冰冷，休克。患者因脱水而眼窝凹陷，手指、脚趾干瘪。
【质量】①表示物体惯性大小的物理量。数值上等于物体所受外力和它获得的加速度的比值。有时也指物体中所含物质的量。质量是常量，不因高度或纬度变化而改变。

以上三例"因……而……"句式解释名词所指事物的性质。

【保险】①集中分散的社会资金，补偿因自然灾害、意外事故或人身伤亡而造成的损失的方法。
【庇护权】国家对于因政治原因而来避难的外国人给予的居留的权利。

以上二例"因……而……"句式对名词所指称事物的适用范围进行说明。

【车轮战】几个人轮流跟一个人打，或几群人轮流跟一群人打，使对方因疲乏而战败，这种战术叫车轮战。

这是用"因……而……"对"车轮战"的使用效果做说明。

【台阶】③比喻摆脱僵局或窘境的途径或机会。

这里是在说明给某人一个"台阶"下的目的。

在《现汉》中，"因……而……"句式除了用于名词、动词、形容词的释义外，还用在了量词、副词、拟声词的释义当中，但分别只用了一次。

【景】④剧本的一幕中因布景不同而划分的段落。

【绝口】②因回避而不开口。

【哓哓】〈书〉②形容鸟类因恐惧而发出的鸣叫声。

9.3　本章小结

用因果复句进行释义的主要有名词性词语、动词性词语、形容词性词语，也有数词、副词、拟声词等。这些因果句多以紧缩句的形式出现，用到的句式可以概括为三类十六种：

第一，单用因标句，只用因标，不用果标，主要有三种句式："因……""因为……""由于……"，其中以"因……"居多。

第二，单用果标句，只用果标，不用因标，主要有五种句式："……而……""……因而……""……所以……""……因此……""……于是……"，其中以"……而……"居多。

第三，因标和果标合用句，既有因标，又有果标，主要有八种句式："因……而……""因为……而……""由于……而……""由于……从而……""由于……所以……""因为……所以……""因……所以……""因为……于是……"，其中以"因……而……"居多。

在所有的因果释义句式中，"因……而……"是高频句式，用得最多。为了更全面地定量观察"因……而……"句式在《现代汉语词典（第7版）》中的释义情况，我们把这种句式用于名词、动词、形容词释义中的有关数据做了统计，请看表9-1。

表 9-1：“因……而……”释义句式用于名词、动词、形容词释义中的统计数据

释义功能 \ 词类	命名理据	分类	性质	范围等	因果结构义		词为因		词为果		蕴含因果	合计
					因—果	果—因	释因补果	以因代果	释果补因	以果代因		
名词	66	5	6	4	30		4	6	60			181
动词					68	11	6	2	116	2	12	217
形容词					13	3	1	5	20		6	48
合计	66	5	6	4	111	14	11	13	196	2	18	446

从表 9-1 的数据可以看出：

第一，“因……而……”句式释义的词类中，动词最多，其次是名词，再次是形容词；

第二，“因……而……”句式的释义功能中，最常见的是“释果补因”和解释“因—果”式结构义；

第三，“因……而……”句式在三种词类释义中有相同的功能，包括解释“因—果”式结构义、词为因、释果补因；

第四，“因……而……”句式在名词释义中有特定的功能，比如说明事物的命名理据、分类、性质、范围等；

第五，“因……而……”句式在动词、形容词释义中有特定的功能，包括解释“果—因”式结构义、解释蕴含因果；

第六，“因……而……”句式在动词释义中有特定的功能，能反映以果代因。

据我们查检，“因……而……”句式是《现代汉语词典（第7版）》因果释义句式中用得最多的一种，其他的因果释义句式还有：“因……”“因为……”“由于……”“所以……”“因而……”“因此……”“……而……”“因为……而……”“因……所以……”“因为……所以……”“由于……而……”等，这反映了释义句式的灵活多样。

在口语表达和一般书面语表达中，“因……”“……而……”“因……而……”句式并不是因果句式中的优势句式[1]，而在辞书释义中却是强势句式。这说明，释义语言是较独立的语言使用域，值得重视和深入研究。

---

[1] 参看肖任飞：《现代汉语因果复句优先序列研究》，华中师范大学 2009 年博士学位论文，第 41—48 页。

第十章　会话中的"因为"句

近年来，关联标记的研究备受学界关注，也取得了不少成果。汉语里，部分连词兼有话语标记的功能，因此，连词在口语中的使用受到了重视。本章拟在现有成果的基础上，对"因为"在会话中的使用情况和会话功能做研究。会话属于口语的一种，表现出口头化、互动性、灵活性、语境性等特点，具有很高的研究价值。会话中的"因为"关联标记的研究，有助于我们在动态灵活的语言使用中把握语法规律，对会话的顺利进行起到指导作用。

本章拟从四个方面对会话中的"因为"关联标记进行研究：①"因为"句的实体类型；②话轮内和跨话轮因果句；③"因为"句的原因类型；④"因为"句的会话功能。

10.1　会话中"因为"句的实体类型

10.1.1　"因为"单句

10.1.1.1　"因为"位于单句句首

"因为"在会话中的单句句首，有的是陈述句句首，例如：

（1）王：那个栅栏就是防：：[1]广告嘛：，但是你有没有觉得（＋）就算安了栅栏我们寝
　　　　　室还是会有广告。

　　　陈：因为是内部的学生带进来的。

　　　王：（……）因为学生带进来的。它只能防止说外部小广告。

（2）郭：嗯，应该是因为春天是比较适合放风筝的时候。

　　　陈：因为天气比较好。

　　　郭：哦，对。

（3）彭：我觉得，我觉得可能不是那个，不是她。

　　　王：为什么话题现在转换成这样了呢！

---

[1]　此类符号为转写符号，具体意义参看附录《转写符号说明》。

彭：因为我觉得这样比较轻松嘛。

有的"因为"位于会话中的感叹句句首，例如：

（4）她：上帝啊，你可是个怪人，你真是！你怎么居然忍心这么骂我！

他：因为我是多么爱你！

有的"因为"位于会话中的疑问句首，例如：

（5）甲：买了一瓶眼部卸妆，感觉一辈子都用不完。

乙：因为不怎么化妆吗？

甲：对，尤其是眼妆。

10.1.1.2　"因为"位于单句句中

（6）王：对呀（++），三个星期也还好。

陈：而且我觉得（+）因为（+）真的（+）距离不远。

（7）陈：你们家附近是不是好－好多这样的膀爷儿啊？

郭：＝没有，就是，因为我们家的那个地方治安会，相对来讲严格一些，因为：，呃……

10.1.2　"因为"分句

10.1.2.1　位于前分句

（8）甲：最近每个人都在疯狂地练马甲线。

乙：因为夏天到了，应该瘦了。

（9）安：你明天有没有课啊？

李：有啊：：：，一天的专业课。

安：那么多。我，我好像明天不用上课了。因为，有一节课好像上周就提前补了，所以我明天就不用上课了。

10.1.2.2　位于后分句

10.1.2.2.1　陈述分句＋因为＋陈述分句

"因为"位于后分句，因为所在的分句是陈述语气，前面的分句为陈述语气，例如：

（10）男：哎，那必须的嘛，这些都是作为一个要打仗的一个，是吧，战士……

女：最基本的吗？

男：对，这些都是最基本的一些东西，因为你要生存，你首先生存了你才能有能力打赢别人，知道吧？

（11）陈：其实不要多久的，因为你去汉阳造在古琴台下就可以了，就古琴台下了拐进
去就是的。

10.1.2.2.2　陈述分句＋因为＋感叹分句

"因为"位于后分句句首，所在分句为感叹语气，前面的分句为陈述语气。例如：

（12）甲：看来每天出行都要带伞啊！
乙：哈哈，其实很少有人带伞，因为下得太频繁了！

（13）爱森斯坦：我尊重您的意见，但特写镜头还得穿插进去，因为观众多么希望能清楚
地看到您啊！

（14）甲：这些人违规销售商品，有关部门不管吗？
乙：管啊，可这些人今天被带走、罚款，明天他们还来，而且来得更勤，因为这
里赚钱太容易啦！对这种难缠的人，我们也没有什么好办法。

10.1.2.2.3　陈述分句＋因为＋疑问分句

"因为"位于后分句句首，所在分句为疑问语气，前面分句为陈述语气。例如：

（15）甲：你还不来找我，因为你已经又有人了吗？
乙：答应我，以后好好的。

10.1.2.2.4　疑问分句＋因为＋陈述分句

"因为"位于后分句句首，所在分句为陈述语气，前面分句为疑问语气。例如：

（16）甲：我觉得有必要。
乙：哦。
甲：嗯::，为什么呢，因为:它这个一方水土养育一方人嘛，它就是一种地域文化。

10.1.2.2.5　感叹分句＋因为＋陈述分句

"因为"位于后分句句首，所在分句为陈述语气，前面分句为感叹语气。例如：

（17）王：对啊，没有利益的话他也不会这么奸诈啊，他就会做得很好啊，因为毕竟都不
要他出钱的话，那就没有什么那个了。我觉得除非你要食堂不营利，只能这样，
学校把食堂整个承包下来，就是雇他们当工作人员就可以了。

10.1.2.2.6　祈使分句＋因为＋陈述分句

"因为"位于后分句句首，所在分句为陈述语气，前面分句为祈使语气。例如：

（18）王：你想吃热干宽粉？哦，那个川南那一家的吗？

陈：啊，就去吃那一家吧，因为只有那一家能吃了。我不想上楼去，因为我对那个大婶真的是……

10.2　话轮内"因为"句

10.2.1　话轮内"因—果"式

10.2.1.1　居后果有果标

（19）肖：天：：哪，你在武汉都在干什：么？

王：因为我太宅了，所以一直待在寝室：。

肖：也不是啊：：，有时候你也会出去啊：，但好像：每次出去都是去江汉路，几乎每次都是去江汉路。

（20）毛：然后联唱的衣服，因为那个幕布是一个超：艳的大红幕布，所以大家都穿浅色吧。那个红的好：好二啊，就超：艳，就跟那个管：子一个颜色。就这样一个幕布。

丙：＝欸：：，有那么红吗？

（21）郭：那你刚刚还在说你想要考－考雅思，哦，考雅思是想要去香港是吧，哦，这样子。然后因为托福的成绩的有效期是两年吗，所以－所以说的话大二下或者是大三上的时候我会把成绩：再刷一次、刷－把它刷高一点，希望能够刷到110以上，这样子的话申请名校的话心里就比较有底儿了。

10.2.1.2　居后果无果标

（22）甲：你怎么就不请我吃喜酒呢？

乙：因为你地位太高了，请不起啊！

（23）老师：＝哎。203 的，应该是袁老师吧，袁立辉老师，袁老师。

同学甲：＝哦，因为我就：大三了嘛，就下学期：，我就怕：那个：到时候补不上那一门，到时候他不给我毕业。

（24）甲：莱比锡告别赛我等了他一晚。

乙：我知道告别赛，在哪等啊？没人一起等？

甲：因为等了一宿，很多人陆续离开了。

（25）贺：坐火车或许比较划算，但是坐飞机过去可能更舒服一些。

蔚：那这样啊，我们就是在想：，因为我们放寒假又刚好赶上春运这个点，坐飞机过去就怕飞机票的票价太高了。

10.2.2 话轮内"果—因"式

10.2.2.1 居前果有果标

（26）张：所以其实很多女权主义像她那样偏激，就是因为她，她可能达不到那种男女平等，所以她反倒会要求（＋）女性要超过男性这种。

李：是吗？

张：＝嗯。

李：因为我看里面写的故事都是那些，比较心酸的，站在女性的角度。

张：反正，就是，但是我说实话，我觉得男女平等可能在某些程度根本就不能达到。

李：＝有些领域根本不可以，只是在精神这层面。

（27）周：所以说就感觉那个课比较大杂烩一点，而且期末的时候大家都很惊恐，因为据说去年的时候，他给的男生这边的最高分是女生那边的最低分，还有同学因为是大三下的课，还有同学挂着在，就（＋）必须到大四下才能去修，所以大家都很惊恐。

10.2.2.2 居前果无果标

（28）甲：然后，最后我写完之后，我看了一下，太多词了我的。已经超过啦，当时（……）考试之前老师还给我们提了，尽量不要写超了。

乙：最后还剩了四五行呢，应该没有两百字吧？

甲：超了，绝对超了。因为我把第一面数完，第二面还没数的时候都已经一百五十个字了；后面，后面绝对有一百五十个啦。

（29）胡：＝如果那个她要没选社会历史：的话，我也可能会说社会历史：：。

李：＝哦：：，其实这个无所谓，因为就是找一下资料嘛。明天－不，今天晚上我们都找完，然后汇总给每个人。

（30）李：什么呃，行了吧。我要把你的电脑拿到我那里去，因为你这里的地形实在是太复杂了。

叶：你拿吧。

（31）边：别人还没有准备好早点，是不是？↗

韩：对呀，然后就没有办法吃早饭，然后他们就会在那儿放牛奶和面包，然后中午的时候我那天中餐也是没有吃，但是他放了我也没吃，因为我怕讲的时候打嗝

儿，呵呵呵！然后（＋）那个他也是放的那个什么就是有牛奶呀，然后有各种
各样水果之类的啊，然后就放在那儿。

（32）崔：12 月 8 号就通了。现在还没通？

李：没有啊，元旦的时候我要和那个（＋）阳阳一起（＋＋）坐一下试一下。

崔：嗯：，那行，欧了。

李：＝嗯，我跟叶帆叫了外卖，在这等着呢。不过叶帆得上去睡觉了，因为下午选
课（＋＋）一点才开始。

（33）师：《爸爸去哪儿》我没看耶！

蒲：＝天哪，你这都不看，好吧。我只能说，嗯，我不能说什么了。《爸爸去哪儿》
真的挺好看的，你应该回家的时候去看一下，哎，那你告诉我这学期你看了些
什么？

师：我这学期真的什么都没看，因为我不是很喜欢看电影嘛，或者这种在电脑上看
什么东西，然后我们寝室的那些孩子每天都看每天都看，每个星期五晚上守着
那个点，就乐疯了都，但我觉得（＋），哎，我还是不太喜欢这种的，就不看。

（34）老师：那门课有没有？

同学甲：＝就是我选。老师，能不能在你这里选：一下咧？

老师：＝我这里不能选，因为你们现在选课没有结束，我这里不能那个的，我这里
不能选，他们权限没给我。

10.3 跨话轮"因为"句

10.3.1 跨轮"因—果"式

10.3.1.1 同一人的跨轮"因—果"式

10.3.1.1.1 同一人后轮果有果标

（35）郭：研究生，研究生，GRE 啊 GRE。你说的美国高考是 SAT。

陈：哦，我不太清楚，因为我也没有出国的想法。

郭：哦。

陈：所以不太关注这方面的东西。

（36）敬：我听力的时候，因为它前面不是有一个试音阶段嘛，然后我就在让它试音，我
就在看那个听力题，就其他题目。

王：嗯：。

敬：结果，它试音过去了，我没反应过来。

（37）丰：我觉得如果要是，就是，如果社长要是花旦的话就很容易误导，就是搞得一群花旦然后没有一个小生搭。因为，至少就是要上舞台的话至少是要，就是要平衡的嘛。如果不平衡的话就可能也，就对整个社团的发展也不太好。

张：啊，对。

丰：＝嗯。所以：我是这样考虑的。然后你们这几个人，舒心她又有一点就是，花旦不花旦，小生不小生的感觉。（张：笑。）所以我觉得是不太好。嗯，然后你平时要是有时间的话就多找，嗯：：，就是多找我们：，就是学一下戏，我觉得这方面你还是，就是尽快短时间内加强。嗯，特别是，就是身段，我觉得唱段你都不用担心，就是身段，就是稍微欠缺了一点点。

10.3.1.1.2　同一人后轮果无果标

（38）甲：我记得我当时是每天早晨 5 点起来。

乙：哇，好早！

甲：因为我们保研不考英语，就是考考一个口语，就是让你找一本那个文学材料。

乙：嗯哼。

甲：通过这样的方式来考查英语，反正我就记得我当时是 5 点起来，然后就看书。

（39）何：没有，华南师大不是免费师范生。

郭：那另一所免费师范院校是西南大学吗？

何：啊，只有直属的六所。因为可能是说，我听说，华南师大觉得自己，就是，现在是依靠着广东省嘛，它觉得这样子，资金啊什么的都好一点，它自己就这样杵着，自己杵着，但是，你像这些学校，它直接是 #

郭：　　　　　　　　　　　　　　　　　　　　　# 国家拨款。

何：直属：，对，直属国家，所以，就那个，我是听说，呃，这样子，资金啊，对它自己发展会好一点，它就不屑加：入这种。

郭：嗯。

10.3.1.2　不同人跨轮"因—果"式

10.3.1.2.1　不同人后轮果有果标

（40）陈：这个真的很灵活，因为你们家是回宜昌啊：，宜昌太近了，就是大不了就买个票呗！

王：所以在想我跟我姐肯定有一个要提前走，然后我姐是不可能提前走的，所以我肯定会提前走个两天，然后买动车票直接自己先坐回去。

（41）郭：吃过他那儿的饭，因为真的是太贵了，我每次去博物馆都自带干粮。

陈：对啊，所以说我觉得那次蛮好玩的，在博物馆里吃自助餐，感觉还蛮奇葩的。

10.3.1.2.2　不同人后轮果无果标

（42）邱：那你在什么情况下会说你的家乡话咧：？↗

甲：＝肯定就是家乡来人的时候啊。↗

陈：哦，［这样。］

甲：　　　［因为你再讲普通话的话或者说河南话，］别人说你跩啊，↗就说 #

陈：　　　　　　　　　　　　　　　　　　　　　　　　　　　　　#就显得

比较生疏，是吧。↘

（43）李：那天，^不是在那个 61 路的去的那个地方^，那个，（＋）他不就是说他要回归

《职来职往》嘛。（＋）

魏：啊，你知道嘛，↗你不说。我还在（＋）想，因为我记得我听过他说，我就（＋）

我就想 #

李：　　　　#你听的是他亲口说的。

10.3.2　跨轮"果—因"式

10.3.2.1　同一人跨轮"果—因"式

10.3.2.1.1　设问答医式

同一个人先问为什么，待对方回应之后，再接着回答原因。例如：

（44）乙：其实按（＋）这个：样子来说，我觉得你找他是最适合的，你知道为什么吗？

甲：欸。

乙：因为他不是经常在外：地待着吗？一年回不了几次，你刚好。

10.3.2.1.2　叙述补医式

同一个人先叙述一个情况，待对方回应之后，再接着回答原因。例如：

（45）刘：呃，他们下面这个：教育局在办教师资格证方面（＋＋）可能比我们还更精通

一些。

黄：哦：。

刘：因为他们毕竟是什么呢，一线工作。

黄：哦。

（46）崔：那，你总体感觉我声音难听么？

罗：啧，还好，不难听，就是，你，我觉得你可以去练一下，就每天早上啊，去去去，呃，就像那个音乐学院的，吊嗓子，吊一下。

崔：哦！这个，我有办法。

罗：＝对。

崔：因为我们家那黄土高原上嘛，我每天－我寒假放假后我每天早上可以站在山头去吊嗓子。

罗：对对对。

（47）柳：对啊。不自觉地就只有和老师，唉：，拉锯战。其实你－你有时候吧，我大一的时候觉得我睡眠很不足。

匡：嗯。

柳：因为我还不能适应就是突然之间你每个晚上都十一二点多才睡，每个早上都五六点多就醒。

（48）甲：我以为就是那种一般的，一般的它那种会是睡眠面膜啊：。然后就是那种，就是专门给你睡觉的时候，然后弄一晚上，我觉得，像这种的话一般就是：#

乙：嗯。

甲：十五分钟啊，嗯，二十分钟啊。

乙：   # 就要把它洗掉。

甲：对啊：。

乙：因为它这个：，它这个没有刺激嘛：，就很温和的话，就可以留一晚上啊。

甲：哦：：：。

乙：因为这样涂感觉十五分钟，感觉它的效果肯定没有那么强，就没有那么吸收好。

甲：哦：，就没有那么：，就没有那么吸收好。

10.3.2.2 不同人跨轮"果—因"式

10.3.2.2.1 问因而答因式

一个说话人叙述一个情况，另一个说话人用"为什么""怎么""有什么关系"等询问原因，第一个说话人回答原因。例如：

（49）田：嗯：，冬天的时候就得加热了，不然冻。

刘：＝特别特别冷，而且冬天我们家的气也用不了：。

田：为什么啊？

刘：因为太冷了啊，它出的气就少啊，那个沼气。

（50）罗：不是，不是挑剔。

崔：其实我觉得网购本来是没有缺点的，但在华师就有缺点了。

罗：为什么？

崔：因为校园网太差了，有时候你买个东西，它付款的时候，你就付不了，害得你一次又一次，然后就一搅就搅将近一个小时。

（51）丁：嗯：，好幸福，在我们学校也有自助火锅，但是我从来没有和同学一起吃过。

宋：为什么呀？

丁：因为我们都聚不到一块儿，哈哼哼。

（52）男：那他惹你，那是谁先道歉呢？一般。

女：他先道歉啊：。

男：欸，为什么是他先道歉呀？

女：因为我很少道歉的。

男：哦，那就是说你们俩的关系就是：#

（53）胡：不管是烫还是拉：，我觉得它对头发的损伤都比较大，像我做过几次软化：吧，我觉得头发都已经软化成：（++）这么硬，你摸摸看。

李：对啊，为什么软化头发倒变硬了呢？

胡：因为它损伤头发呀。

李：那那个护理没事吧？

胡：护理还好。

（54）向：实习：？他怎么这么早就实习去了，现在不是才大三吗？

许：啊，因为：他们那个专业要求，然后，不是，不是说像我们那个大四的那种实习，就是到到那些县城里面，然后老师让他们自己去考察，老师带队，并没有说分配到什么单位，搞那种实习。

（55）陈：没有办法，我太好养了。

杨：妈呀，这跟好养有什么关系啊？

陈：因为我不挑食啊，不挑啊。看你，蔬菜不吃，好多东西不吃。

杨：你：：怎么知道我好多东西不吃啊？

陈：蔬菜啊，各种蔬菜都不吃。

10.3.2.2.2 非问因而答因式

一个说话人叙述一个情况，针对这个情况，另一个说话人用是非问、正反问或特指问提出一些问题，第一个说话人回答原因。例如：

（56）周：哦：，那那边还有没有什么，（++）－除了吃的，还有没有什么比较好玩的地方？

　　田：呃：，好玩的地方，我想一下啊，给我三十秒想一下啊。

　　周：＝呵呵，这个需要想三十秒吗？

　　田：因为好玩的地方太多了，我要（+）那个给你梳理一下，梳理一下。

　　周：嗯，没事，你慢慢想，不着急，你慢慢想。

（57）李：唔：：：，你那一副眼镜要多少钱啊？

　　冯：我：，还好啦，当时因为我：阿姨不是做眼镜那个框架嘛。

　　李：＝嗯。

（58）潘：其实，我觉得－就是有时候觉得那些，就是（+）不是现在增加一个爆灯环节吗，女嘉宾给男嘉宾爆灯，然后，有几次就看见那个女嘉宾－爆灯的那个女嘉宾，对吧，就是那个男嘉宾选的心动女生 #

　　张：　　　　　　　　　　　　　　　　　　　　　# 难道没有深入浅出的感觉？

　　潘：没有，没有。因为他们大部分的话，都在所谓地普及法律意识，但是那东西的话，我觉得还是不太好。

（59）陈：以后有没有想到－考虑到青岛去工作？

　　郭：呃，我还是因为我觉得青岛那个地方更适合养老吧，就是可能我觉得年轻的时候要更闯一闯，到一些生活节奏更快的地方去，然后，因为－而且我也打算出国的嘛。

（60）潘：人不相信一见钟情？

　　刘：那是因为她没遇到自己觉得帅的，呵！

10.3.2.2.3　应因式

一个说话人叙述一个情况，针对这个情况，另一个说话人以说明原因作为回应。例如：

（61）乙：你们居然都可以用手机做计算器的啊。

　　甲：因为我们那个时候有一些需要到，（+）考的那些必须很多数据嘛，你也必须要用计算器算，你人脑是不能算的。

（62）柳：我是要么就坐在老师眼皮子底下，要么就在我自己的小世界里面。我觉得 #

　　匡：　　　　　　　　　　　　　　　　　　　　　　　　　　　　# 当年坐最后一排真是爽啊！

　　柳：因为这两个位子其实不管是对于学习好的还是学习不好的，就是爱学的还是不爱学的，都是非常好的位置。你坐在老师眼皮子底下呢，就是你在他眼皮子底下，所以做很多事情，他也不会发现。

（63）王：那个栅栏就是防：：广告嘛：，但是你有没有觉得（+）就算安了栅栏我们寝室还是会有广告。

陈：因为（＋）是内部的学生带进来的。

王：（……）因为学生带进来的。它只能防止说外部小广告。

（64）乙：对，我也觉得，我觉得他俩就是超级配。

甲：那我要开始追"我结"了。

乙：对，开始追"我结"。

甲：还记得上一次他们俩一起出去吗，老爷爷对他们说："快结婚吧。"

乙：对对对，因为大家都觉得很配，你不觉得那老爷爷啊，你想老爷爷都知道。

（65）牟：＝你们宿舍四个人都一般都是一起上床的吗？

侯：嗯：，最近我跟王慧上得早一点，然后方雅琴最近是最后一个上床的，以前是我，因为我老是搞－洗衣服洗半天嘛，然后我一般都会晚上搞。

牟：＝对，最近我晚上都看不到你了。

侯：因为我很早就把衣服洗完了呀，然后方雅琴最近是老是在那儿赶作业，那搞写作业的时候就是写写写吧，写了之后，可能是她自己写的时候也没有太专心就写得有点慢，然后她她每次一晚上一熄灯，她来劲，你知道不？就在那里写作业。

10.3.2.2.4　问因式

一个说话人叙述一个情况，针对这个情况，另一个说话人以询问原因作为回应。例如：

（66）A：对！我们三个人住他家，他一个人出去住。

B：哈哈哈哈哈哈！

A：好可怜。

B：是吗？

A：被我们驱逐掉了，好惨哪！

B：因为学长住在外面吗？

A：嗯，对，他住外面。他们家，嗯，他们家还不错。

10.3.2.3　同一人和不同人跨轮"果—因"式

一个说话人叙述一个情况，针对这个情况，说话人和听话人都分别解释原因。例如：

（67）阳：又是那些特产啊！

晓：＝对啊。要不然买什么呀？

阳：你就跟他们说一点，一点都不好吃啊。然后就不用带了啊。

晓：＝他们挺喜欢吃的啊，关键是。

阳：我觉得（……）鸭脖。

晓：不是，他哥哥说让我给他带。

阳：可能是因为：，我觉得鸭脖挺辣的，然后又没有多少肉在那里。

晓：就是因为，就吃的是那种感觉。不是，重要的不是吃鸭脖。

10.4　会话中"因为"句的原因类型

10.4.1　事实原因

会话中对某个事实做出原因的解释，例如：

（68）邱：呃，武汉话吗？会吗？

　　　甲：会呀。黄冈方言。

　　　邱：哦，黄冈方言。

　　　陈：黄冈方言，还有河南方言。

　　　甲：因为我先生是河南的。

（69）田：嗯：，冬天的时候就得加热了，不然冻。

　　　刘：＝特别特别冷，而且冬天我们家的气也用不了：。

　　　田：为什么啊？

　　　刘：因为太冷了啊，它出的气就少啊，那个沼气。

10.4.2　论理原因

会话中对某个论断做出原因解释，例如：

（70）甲：签了多长时间？

　　　乙：不知道啊，反正好像听说鹿晗签的时间比较长，（1.7）你看他们天天在线。

　　　甲：因为要力捧他吧。

（71）张：嘿嘿：，哎呀，我是脾气暴躁，但是我不发脾气，你说是不是呀？

　　　梁：嗯，我觉得真的，我觉得你还是比较适合进点公司企业，但好像公务员，好像
　　　　　不怎么吃香了。

　　　张：昂，公务员。

　　　梁：因为这个十八届三中全会，这个习大大这一上台，好像这一开这个会就调了，
　　　　　我感觉我又看到了中国的未来，中国的希望了。

　　　张：哈哈，我也不想考公务员。

10.4.3　行事原因

会话中对某个行为做出原因解释，例如：

（72）李：＝嗯，我跟叶帆叫了外卖，在这等着呢。不过叶帆得上去睡觉了，因为下午选
　　　　课一点才开始。

（73）肖：天：：哪，你在武汉都在干什：么？

　　　　王：因为我太宅了，所以一直待在寝室：。

　　　　肖：也不是啊：：：，有时候你也会出去啊：，但好像：每次出去都是去江汉路，
　　　　几乎每次都是去江汉路。

（74）柳：我是要么就坐在老师眼皮子底下，要么就在我自己的小世界里面。我觉得 #

　　　　匡：　　　　　　　　　　　　　　　　　　　　　　　　　　　　　　　　# 当
　　　　年坐最后一排真是爽啊！

　　　　柳：因为这两个位子其实不管是对于学习好的还是学习不好的，就是爱学的还是不
　　　　爱学的，都是非常好的位置。你坐在老师眼皮子底下呢，就是你在他眼皮子底
　　　　下，所以做很多事情，他也不会发现。

（75）男：那他惹你，那是谁先道歉呢？一般。

　　　　女：他先道歉啊：。

　　　　男：欸，为什么是他先道歉呀？

　　　　女：因为我很少道歉的。

　　　　男：哦，那就是说你们俩的关系就是：#

10.5　"因为"句的会话功能

10.5.1　话轮内"因为"句的会话功能

10.5.1.1　会话衔接功能

（76）张：我们就按节目顺序一个一个走一遍。

　　　　毛：噢，那没事。因为明天主持人要来，所以我们最好完整地彩一遍。实在有事不
　　　　能来了就不用来了。就在舞蹈房。

例（76）中，听话者"毛"赞成说话者"张"的建议，接下来用"因为"衔接此话题。

10.5.1.2　补充话轮内容

（77）戊、巳：＝我来吧。

毛：哦，好，那就两个学姐来吧，然后就是我们带一下衣架。因为林老师在，所以
　　我们一定要善待林老师的衣服。

例（77）中的"因为"是对话轮内的内容"我们带一下衣架"补充说明。

10.5.1.3　话轮建构功能

10.5.1.3.1　构成一个完整的话轮对

（78）刘：啊，你今晚还有课啊，我怎么不知道？

丁：因为你从来都不关心我！

例（78）中听话者"丁"使用"因为"开头的句子，对说话人做出回应，构成一个完整的
话轮对。

（79）潘：人不相信一见钟情？

刘：那是因为她没遇到自己觉得帅的，呵！

潘：其实，我觉得－就是有时候觉得那些，就是（＋）不是现在增加一个爆灯环节吗，
　　女嘉宾给男嘉宾爆灯，然后，有几次就看见那个女嘉宾－爆灯的那个女嘉宾，
　　对吧，就是那个男嘉宾选的心动女生 #

构成一个话轮对的第二部分，实现话轮构建功能。说话者并没有直接表达自己的观点，而
是使用"因为"关联标记暗示了自己的观点。

10.5.1.3.2　开启话轮

（80）裴：哎，这个月发了六百啊？

张：啊，她说是一月份的嘛，一月份不是十天时间？

裴：啊，十天六百？

张：因为我们每个月都有六百块钱啊。

裴：那一月份怎么也是六百啊，不是就几天吗？

张：那也－但是也是一个月，我们等于说是十二个月然后就发十个月的嘛，二月
　　和二月和（＋），嗯：：，就是二月和八月没有，其他的都有。

说话者"裴"对"十天六百"表示质疑，听话者"张"使用"因为"关联标记不仅解释了

自己的断言，而且给说话者"裴"提供了一个机会去表达观点。

10.5.1.3.3 延续话轮

（81）罗：其实那会儿我已经在那个，因为那个华师提前批次，华师的那个志愿是湖北是
提前批的嘛，是吧？你们是吗？

程：我们也是。

罗：＝对。因为那会儿我提前批已经填好了，只不过它录取没录取不知道。所以我
那个，后来志愿我还得再填一次。其实，哪怕是这样，我哥也把我的那个，真
的是，分析得好细。

（82）苏：＝闭卷？不会吧？

胡：不是闭卷，考的是我们平时自己搞的那个科研论文，就写你对那个论文课题的
看法啊什么的。

苏：哦。

胡：＝我在想那个论文，因为我不是组长嘛，我只做了其中的一部分，所以对整体
的把握都不是很了解嘛，（……）而且我们又没有把那个论文打印出来，让我
们现场写，那些话都不知道怎么编嘛。

例（81）中"程"对"罗"的回应已完成了一轮交际。说话人"罗"为了延续话轮，使用
"因为"让会话继续进行。例（82）的"因为"也起到延续话轮的作用。

10.5.1.3.4 结束话轮

（83）王：＝嗯：：。[＞他公司＜　　]

陈：　　　　　[我知道那个，]我真的知道那个，因为汉阳造我老：去：。

（84）田：可为什么我吃就一点反应都没有？

刘：我老是这样，除了苹果可以放很久以外，我其他东西都放不久。因为苹果我不
太爱吃。

10.5.1.4 表示违预期的应答

（85）乙：为什么成长就是要经历这么多痛苦呢？

甲：成长并不是只有痛苦啊。

乙：不是啊，有的时候被老爸老妈骂，难道这不算痛苦吗？

甲：因为他们骂你呢，是因为他们真心地爱你才会骂你，如果是别人家的小孩，他
会去骂他吗？

乙：不会。

例（85）中甲的回答并没有顺应乙的意思，而是乙未预料到的。乙认为有时候被老爸老妈骂很痛苦，甲持反对意见，并使用"因为"具体解释了原因。

10.5.1.5　表明立场功能

（86）甲：咳咳。(++)我上次寒假，大一那个寒假 #

乙：　　　　　　　　　　　　　#还有，(+)重点，(+)我要说个重点，为什么我们那边夜生活比你们这边久。（1.4）地方小，(1.7)很多地方我们走路就可以到，不需要公交车。不像你们，你们很多，很多时候就必须需要什么交通工具，我们不需要。(1.5)我们走路就能回家，(1.1)懂吧！(++)其实，这是一个很重－很很重要的原因，我们玩－玩到十二点没有公交车没关系,(++)我们打车也不会花太多时间，可能就那么十几分钟就到家了。(++)就因为地方小，(1.0)就算不打车走路，一群人走，可能走个二三十分钟也到家了。

"因为"前的"就"字表达了说话人的限定确认立场，说话人认为地方小，所以能很快到家。

（87）甲：移动告诉你"移动，到处移动才有信号啊！"确实全网覆盖啊！你要是待在原地，得看移动心情好不好了。

乙：真的，要不是因为卡用的时间久了，我绝对换联通。

"因为"前用"要不是"表达反事实归因的主观立场，说话人强调之所以没有换联通，就是因为卡用的时间久了。

（88）陈：＝但是我忘记什么时候了，应该就是在春天刚来的时候。

郭：嗯，应该是因为春天是比较适合放风筝的时候。

"因为"前的估测性情态动词"应该"表明"郭"的猜测性主观立场，并把"陈"的时间推测转化为时间原因的推测。

10.5.2　跨话轮"因为"句的会话功能

10.5.2.1　会话衔接功能

（89）黄：你们那里是春节包粽子？

姚：对啊！表示顺顺利利的意思，而且我们拜年都会拿粽子去。

黄：不应该是清明节？哦不，是端午节，啊啊！！！我错了，我还中国人呢！

姚：相反：，我觉得其他节日包不包都没关系：，但过年一定要包。

黄：这样啊。

姚：对！因为我们过年后都要拿猪肉啊，白糖啊，这些东西去！还有各种各样的东西，还有鸡肉啊，扛着过去。

根据上下文，"姚"提出过年一定要包粽子，但"黄"似乎不太理解。于是"姚"紧接着用"因为"阐释原因，激发"黄"的思维，"姚"提供了一些如何让听话者理解的证据。"因为"引导的话语是对前话语信息的一个解释，暗示了有需要补充的话语信息，实现了前后话轮间的衔接与连贯。

（90）乙：就是那个很漂亮叫汪可盈的那个？

甲：对对对对，就是那个，我觉得很：漂亮。

乙：我觉得，呃，神盾局特工它虽然表达的是美国个人主义精神吧，但是它其实又传达了团队精神的意思。

甲：而且我觉得它并没有把女性角色放在一个很弱化的位置上，我觉得还是不错的。

乙：因为它把梅特工，就是，呃，梅特工作为一个传奇人物，又是那个，呃，飞机长，开飞机嘛。

甲：嗯。

乙使用话语标记"因为"，暗示自己所引导的话语是对前说话人话语信息的一个解释，实现了前后话轮间的衔接与连贯。甲觉得它并没有把女性角色放在一个很弱化的位置上，乙紧接着分析到梅特工是个传奇人物，又是个飞机长。

10.5.2.2 话轮建构功能

10.5.2.2.1 开启话轮

（91）雅：我建议李子写那个《包法利夫人》。

暾：噢，"包法利"，那个龙平也写的"包法利"。

雅：因为"包法利"短，而且我能帮她，那样的话，就是，"安娜"，因为我研究综述里，在写"包法利"和"安娜"的比较。

暾：嗯。

"雅"使用"因为"开启新的话轮，表明自己建议写《包法利夫人》的原因。

（92）甲：我记得我当时是每天早晨5点起来。

乙：哇，好早！

甲：因为我们保研不考英语，就是考考一个口语，就是让你找一本那个文学材料。

乙：嗯哼。

甲：通过这样的方式来考查英语，反正我就记得我当时是5点起来，然后就看书。

甲要说出自己的看法，占据这个话轮，需要使用一个话语标记，关联标记"因为"表示了与前一话轮的递进关系，顺利地开启了自己的新话轮。

10.5.2.2.2　延续话轮

延续话轮，就是说话者已控制了谈话，使正在进行的会话不被打断，从而能够掌握会话，有效地表达信息。

（93）丰：把联唱唱一遍吧。

众：不要……（笑闹声）

丰：因为……因为联唱从来没有听过。

张：你们是开场的节目。

丰：你们要是想到时候不出差错，都是要练：的。

说话人为了控制谈话，使正在进行的会话不被打断，运用关联标记"因为"，同时也提醒听话人注意后面的话语信息，调动听话人的注意力和兴趣点，使之集中在说话人所要讲述的内容上。

（94）乙：你：那身材就：别：增了，再增就成猪了。

甲：猪你妹呀！我这身材怎么吃都不用怕。

乙：呵呵，是吗？

甲：嗯：。

乙：因为你那身材胖了就很难看，个子不高就不说了吧。唉：！腿还比较短！关键是腿短，你知道你为什么长不高吗？就是因为你腿短。

甲：男儿胖点怎么了。短就短呗，短有短的好处。

说话者乙劝甲的身材别增了，但乙发现甲不情愿接受这一建议。于是，通过添加以"因为"开头的解释，乙表明了自己提出建议的原因。

（95）张：所以其实很多女权主义像她那样偏激，就是因为她，她可能达不到那种男女平等，所以她反倒会要求（+）女性要超过男性这种。

李：是吗？

张：＝嗯。

李：因为我看里面写的故事都是那些，比较心酸的，站在女性的角度。

张：反正，就是，但是我说实话，我觉得男女平等可能在某些程度根本就不能达到。

李：＝有些领域根本不可以，只是在精神这层面。

说话者"李"对当前话题表示质疑，使用"因为"关联标记解释自己质疑的原因，延续话轮。

10.5.2.2.3　结束话轮

（96）侯：我知道"土豪金"。"土豪金"到底是什么呀？↗

牟：就是那个那个（＋）iPhone iPhone 5c 嘛。

侯：＝哦：。↘↗

牟：＝搞了一个那个，不是那个 #

侯：　　　　　　　　　　　　　# 金色，是土豪金。

牟：＝对，对，那土豪金。

侯：＝因为颜色叫土豪金。

这段对话是围绕"侯"提出的"土豪金"是什么的问题展开的，经过几轮对话，最后"侯"得出了结论，解除了疑惑，是因为手机的颜色是金色，所以那款手机叫土豪金，结束了话轮。

（97）女：我不清楚，反正（哈欠）我昨天打电话，哎哟：，家里（＋）都感冒了，刚打
　　　　我姐（＋）也感冒了，都感冒了。（＋＋）

　　　男：哎：。↘

　　　女：＝因为室内（＋）室内不是开着暖气片嘛，然后（＋）比较暖和，一出去（＋）
　　　　外面又是冷的，（＋）就容易感冒。

这段对话，开始是女的谈论家里人感冒了，男的表示无奈的回应后，女的进一步解释感冒的原因，从而结束话轮。

10.5.2.3　表示违预期的应答

（98）师：嗯，吃甜的容易发胖。

　　　蒲：不要揭露这么赤裸裸的事实嘛，多不好。

　　　师：所以你不加糖就可以避免喽！

　　　蒲：可是我吃得多呀，我吃得多照样避免不了呀，我上大学胖了十几斤。

　　　师：你之前是有多瘦啊？

　　　蒲：因为我现在很胖呀！

　　　师：但是看不出来胖呀。

　　　蒲：看得出来呀，因为我（＋）：：：，我长肉是在肚子上呀，腿上呀什么的。

"因为"标记非意合第二部分，说话者"师"没有得到预期的回答，得到的是一个非合意第二部分。"因为"在这里对违预期的会话内容的出现有提示的作用。

10.5.2.4　表明立场功能

（99）阳：又是那些特产啊！

　　　晓：＝对啊。要不然买什么呀？

　　　阳：你就跟他们说一点，一点都不好吃啊。然后就不用带了啊。

晓：=他们挺喜欢吃的啊，关键是。

阳：我觉得（……）鸭脖。

晓：不是，他哥哥说让我给他带。

阳：可能是因为：，我觉得鸭脖挺辣的，然后又没有多少肉在那里。

例（99）中话语标记"因为"本身包含的语义概念不多，但是却传递了说话者的主观信息，协助对话顺利进行，以达到最佳的言谈效果。这里的主观信息实际上涉及了说话人的态度问题，表明自己不喜欢鸭脖的立场。

10.5.2.5　补充认同功能

（100）王：所以大部分的时间去想到底去读哪个国家，去读哪个专业，我只是觉得被他们这样一搞，其实很烦，我现在看到他们的电话我都不想接。

陈：因为，你知道吗，本来他们跟你，应该是起一个指导的作用。

王：=对，现在他们就是各种捣乱。

"陈"揣摩"王"要表达的意思，将这种意思用扩展性话语表达出来。"陈"通过"因为"开启的话轮表明对"王"行为的认可和接纳。补充接纳功能充分体现了会话的合作原则。

（101）田：=我平时从来没发过唉。

周：=我跟你说我最鄙视这种求约求什么的人。

田：=因为：她只是想让特定的人看到。

周：=我最鄙视那个什么光棍节出租，什么逛街五十元一个小时，我最鄙视发这种状态的人，你知道吧。太寂寞了。

"周"说自己最鄙视这种求约求什么的人，"田"紧接着用"因为"引导的话语去补充解释"周"的原因，遵循了会话合作原则，使会话顺利进行。

10.5.2.6　组织话题功能

10.5.2.6.1　承接话题

（102）贺：难怪你回来之后QQ签名就改成了……那个怎么说的？

蔚：你的心决定茶的味道。

贺：哦，挺有意思的这句话。

蔚：因为我觉得这句话写出来特别舒心，这也是印象大红袍的那个广告词，说得很简单，就是想告诉人们一个很简单的道理，就是你的心态决定很多东西。

"蔚"使用"因为"承接话题，同时解释了自己将QQ签名改为"这句话"的原因。

10.5.2.6.2　转换话题

（103）李：唔：：：，你那一副眼镜要多少钱啊？

　　　　冯：我：，还好啦，当时因为我：阿姨不是做眼镜那个框架嘛。

　　　　李：＝嗯。

　　　　冯：然后她就认识很多那边的人，就是我们那边是，算是江苏一个很有名的，就是，眼镜集贸地。然后那边就是，她认识人就，配的还比较好，就是那种镜片，然后那个框－眼镜架是直接从她厂里拿的，然后就大概二三十块钱。

　　　　李：哦。因为我从小，虽然我每次，呃，呃，我每次看－看电视啊什么的，然后做作业啊什么的都离得特别近，但是我从－我就不近视，我也不知道为什么。

　　　　冯：你，你要炫耀一下你基因好么？

　　　　李：没有啊。

　　例（103）中前面一直在谈论眼镜价钱的问题，接下来"李"用"因为"将话题转移到自己眼睛从不近视的话题上。

10.5.2.6.3　偏离话题

（104）男：你什么时候回家？

　　　　女：十七号。

　　　　男：十七号？为什么这么晚？

　　　　女：因为武汉好玩呐！

　　　　男：武汉好玩？

　　　　女：没有，因为有个明星要来武汉了，我要等，我要看看。

　　　　男：崔槿汐吗？

　　　　女：李敏镐，嘿嘿嘿。

　　对说话者的提问做出回应，实现话轮功能。根据上下文，我们知道例（104）中"因为"后的原因并不是真正的原因。但是"因为"使会话继续进行，既遵循了会话原则，又吸引了说话者的兴趣，从而推动了第二个话轮的顺利展开。会话中，说话人使用"偏离话题"的策略来拖延时间，丰富了谈话的内容。因此，"偏离话题"有时候是有意而为的，是具有特定交际目的的言语行为。如例（104）中的"因为"虽然违反了会话中的"数量原则"，但达到了交际目的，是一种积极的言语策略。

10.5.2.6.4　质疑前话题

（105）侯：要是你从大一开始每天生活过得还可以的话，我觉得也没什么觉得可惜的。

　　　　牟：我没有说"可惜"，我觉得"好快"，欸，"好快"跟"可惜"可以对等吗？

侯：因为从你的语气中我可以了解到你就有一种遗憾的感觉啊。

牟：＝没有啊。

说话者"牟"不赞同"侯"的说法，认为"好快"和"可惜"不可以对等。但"侯"紧接着用"因为"开始的句子暗示对"牟"的质疑，并解释了原因。

10.6 本章小结

本章考察了"因为"句在会话中的语法表征和会话功能。

"因为"句有单句和分句，单句中的"因为"可以位于句首或句中。"因为"分句可居前或居后，居后的时候大体有六种分句语气类型配置：①陈述分句＋因为＋陈述分句；②陈述分句＋因为＋感叹分句；③陈述分句＋因为＋疑问分句；④疑问分句＋因为＋陈述分句；⑤感叹分句＋因为＋陈述分句；⑥祈使分句＋因为＋陈述分句。

话轮内"因为"句可以构成"因—果"式和"果—因"式。话轮"因—果"式的居后果分有果标和无果标两种。话轮内"果—因"式，居前果分有果标和无果标两种。

跨话轮"因为"句分"因—果"式和"果—因"式。跨轮"因—果"式，分同一人的跨轮"因—果"式和不同人跨轮"因—果"式，都分为后轮果有果标和无果标两种。

跨轮"果—因"式，分同一人跨轮"果—因"式、不同人跨轮"果—因"式以及同一人和不同人跨轮"果—因"式三种。同一人跨轮"果—因"式包括设问答因式和叙述补因式两种。不同人跨轮"果—因"式包括问因而答因式、非问因而答因式、应因式、问因式四种。同一人和不同人都可以跨轮使用"因为"句构成"果—因"式。

会话中"因为"句的原因类型，包括事实、论理和行事三种。

话轮内"因为"句的会话功能大体有五种：会话衔接功能、补充话轮内容、话轮建构功能、表示违预期的应答和表明立场功能。话轮构建功能又分为构成一个完整的话轮对、开启话轮、延续话轮和结束话轮功能。

跨话轮"因为"句的会话功能大体有六种：会话衔接功能、话轮建构功能、表示违预期的应答、表明立场功能、补充认同功能和组织话题功能。其中，话轮构建功能又分为开启话轮、延续话轮和结束话轮的功能。组织话题功能包括承接话题、转换话题、偏离话题和质疑前话题的功能。

会话中的"因为"句，既能体现因为句的句法功能，可以单独成句或构成复句，还能体现会话中的话语组织和构建功能。

结　语

因果律是自然界和人类社会的重要规律，因果范畴是自然科学和人文社会科学各学科研究和应用的重要范畴。因果范畴及其表达，是语言学的重要范畴和研究内容。

现代汉语因果范畴的表达呈现多层级性，即在汉语各级各类语言实体中都有所反映。复合词、短语、小句、句联（包括复句和句群）、话语篇章等各层级语言实体中，都有因果表达的形式，这些因果表达的形式和方式有相同的地方，也有各层级自身的语言特点，有些实体中的因果表达又呈现多层级因果表达的交织混合现象。

1　复合词表达因果

现代汉语词中的因果表达，以复合词的因果表达为主要表征方式。因果复合词是从复合词表达逻辑语义关系的角度确定的一类复合词，根据因项语素和果项语素的顺序，分为"因—果"型复合词和"果—因"型复合词。因果复合词在词法结构、语素类型搭配上有一些规律和特点，主要表现在：第一，在汉语构词中，因果关系是重要的构词关系义。第二，在复合词中的因项和果项顺序上，"因—果"型远多于"果—因"型，接近 4 倍。第三，从因果复合词的词性上看，主要是动词，占八成以上，其次是名词，最少的是形容词。第四，从因果复合词的构造方式上看，"因—果"型和"果—因"型差异明显，因—果型复合词以述补式为主，果—因型复合词以动宾式为主。第五，从因果复合词的语素类型前后搭配来看，"因—果"型复合词的语素类型搭配以"动＋动"为主，"果—因"型复合词的语素类型搭配以"动＋名"为主。第六，从因果复合词的语素类型看，"因—果"型和"果—因型"复合词的语素，基本是由动语素、形语素和名语素构成，其中动语素最多，其次是名语素，形语素最少。第七，从因果复合词的语素位置上看，"因—果"型和"果—因"型的前语素都以动语素为主，但后语素有差别，"因—果"型的后语素表果，以动语素为主，"果—因"型的后语素表因，以名语素为主。

2　名词性短语表达因果

现代汉语的名词性短语可以表达因果，从结构方式上，定中短语是典型的名词性结构，可以表达因果关系。"缘故"是一个表示事件原因的名词，它能构成组合式偏正结构"X的缘故"。它的组合式定语，既可以表示原因，又可以表示结果，即构成同一性定语和领属性定语。

"X的缘故"，以原因定语居多，即"X的缘故"中的"X"主要用于赋因。"X"赋因是优势匹配，可以是命题、事件及其要素，所以"X"的句法形式多样，可以是词、短语或复句形式。"X"赋果的时候，往往是表示结果的命题、事件或状态，句法形式受限较大，往往是词和短语，复句形式较少。

3　小句中动词性结构表达因果

小句中，动词性结构可以表达因果关系，比如动词性谓语的主谓结构，动宾结构，原因状语的状中结构，结果补语的动补结构，连动式，兼语式等，都可以表达因果关系。

小句中，有些动词能标示因果关系，如"引起、造成、促成、导致、致使、影响、产生"等的论元表示原因和结果，其中主语表示原因，宾语表示结果；有的动词本身表示结果，宾语表示原因，如"避、操心、愁、躲、发愁、后悔、计较、救、谢谢、着急、争吵"等，这些动词可称为"因果动词"。

"引起"等因果动词可以构成主谓结构"原因主语＋动词＋结果宾语"，主语表示原因，宾语表示结果。"引起"造成的主谓结构"Y引起G"，表示因果关系，既可以为单句，也可以充当分句，还可以充当句子成分。"Y引起G"中主语"Y"表示原因，可以为名词、动词和代词，或者主谓短语、定中短语、状中短语、动宾短语、联合短语、同位短语等。"Y引起G"中宾语"G"表示结果，可以为名词、动词，或者联合短语、定中短语、动宾短语、主谓短语、同位短语等。"Y引起G"主谓"因—果"式入句后会构成单句、分句或充当某些个句子成分。"Y引起G"为单句时，有时"引起"前加副词或能愿动词等充当状语，后加事态助词"了、过"。"Y引起G"可以为分句，包括前分句、后分句和中分句。"Y引起G"充当前分句时，可与后分句构成并列、解注、连贯、递进、因果等关系。"Y引起G"充当后分句时，可与前分句构成并列、连贯、递进、因果、条件、假设等关系。"Y引起G"充当中分句时，起到承前启后的作用。"Y引起G"有时在前、中、后分句连用，有的是前分句与后分句的连用。"Y引起G"可以作句法成分及其内成分，包括充当动词或介词的宾语，主语内、定语内或状语内成分。

汉语因果连动式是以叙实的方式记录顺次发生的动作行为或事件，本质上是一种压缩的流水句，结构上具有并置性，因果关系是该并置结构的统合义，其语义特征为顺承性，包括事件的动机、事件发展的阶段、先时事件的影响以及事件性质所决定的自然态势。在使用中，因果连动式前项有次话题倾向、后项是常规焦点。作为一种单句表达复句关系的现象，因果连动式的研究说明，不同语言层面、不同语言手段在对同一语义范畴进行表达时，所承担的功能并不相同。

4　因果句联的小句类型配置

从小句类型配置看，因果句联的小句类型包括句类配置和句型配置。从小句语气类型的配置看，有单纯句类和复合句类的因果句联。单纯句类的因果句联包括"陈述＋陈述""疑问＋疑问""祈使＋祈使""感叹＋感叹"四种。复合句类的因果句联共十二种，包括"陈述＋疑问""陈述＋祈使""陈述＋感叹""疑问＋陈述""疑问＋祈使""疑问＋感叹""祈使＋陈述""祈使＋疑问""祈使＋感叹""感叹＋陈述""感叹＋疑问""感叹＋祈使"。小句语气具有复句语义关系角色指派的功能，比如"祈使"和"陈述"构成的因果句联中，"祈使"语气的小句必表结果，"陈述"语气的小句必表原因，包括前提因、结果因和反结果因三种。

从小句结构类型的配置看，有"主谓句＋主谓句""非主谓句＋非主谓句""主谓句＋非主谓句""非主谓句＋主谓句"四种因果句联。"主谓句＋主谓句"型因果句联有十五种句型配置，包括："动谓句＋动谓句""动谓句＋形谓句""动谓句＋名谓句""动谓句＋主谓谓语句""形谓句＋形谓句""形谓句＋动谓句""形谓句＋名谓句""形谓句＋主谓谓语句""名谓句＋动谓句""名谓句＋形谓句""名谓句＋主谓谓语句""主谓谓语句＋主谓谓语句""主谓谓语句＋动谓句""主谓谓语句＋形谓句""主谓谓语句＋名谓句"。"非主谓句＋非主谓句"型因果句联共有五种句型配置，包括"动非主谓句＋动非主谓句""动非主谓句＋形非主谓句""动非主谓句＋名非主谓句""形非主谓句＋动非主谓句""名非主谓句＋动非主谓句"。"主谓句＋非主谓句"型因果句联共有六种句型配置，包括"动谓句＋动非主谓句""动谓句＋名非主谓句""形谓句＋动非主谓句""名谓句＋动非主谓句""主谓谓语句＋动非主谓句""主谓谓语句＋形非主谓句"。"非主谓句＋主谓句"型因果句联共有九种句型配置，包括"动非主谓句＋动谓句""动非主谓句＋形谓句""动非主谓句＋名谓句""动非主谓句＋主谓谓语句""形非主谓句＋动谓句""形非主谓句＋名谓句""形非主谓句＋主谓谓语句""名非主谓句＋动谓句""名非主谓句＋主谓谓语句"。

5　因果复句的关联标记模式

因果复句关联标记，包括因标和果标，因标类型包括连词因标、副词因标、动词因标、形容词因标和超词形式因标。果标类型包括连词果标、副词果标、动词果标、超词形式果标。

因果式复句的关联标记模式有三种：因标、果标、因果标。因果式的因标，可以是单因标或复因标。因果式单因标包括连词单因标、副词单因标、动词单因标、形容词单因标、超词形式单因标，复因标主要有六种类型。因果式果标，包括单果标和复果标。单果标包括连词单果标、副词单果标、动词单果标和超词形式单果标，因果式复果标主要有十三种类型。因果式的因果标共有四种类型："单因标＋单果标""单因标＋复果标""复因标＋单果标""复因标＋复果标"。"单因标＋单果标"主要有二十八种，"单因标＋复果标"主要有五种，"复因标＋单果标"主要有五种，"复因标＋复果标"主要有五种。

果因式复句的关联标记模式有三种：因标、果标、果因标。果因式复句的因标包括单因标和复因标。单因标包括连词因标、情态副词因标、动词因标、超词形式因标等，复因标大体有六种。果因式复句的果标模式包括单果标和复果标。单果标主要是连词果标、情态副词果标。复果标主要有三种："连词果标＋动词果标""情态副词果标＋动词果标""情态副词果标＋情态副词果标"。果因标包括四种：果因式复句的"单果标＋单因标"主要有十一种，果因式复句的"单果标＋复因标"主要有十三种，果因式复句的"复果标＋单因标"主要有五种，果因式复句的"复果标＋复因标"主要是"连词果标＋动词果标＋超词形式因标＋连词因标"。

6　因果句群的关联标记模式

因果句群的因标，主要有连词因标、副词因标、动词因标、形容词因标和超词形式因标。因果句群的果标，主要有连词果标、副词果标、动词果标、疑问代词果标和超词形式果标。

因果式句群的关联标记模式有因标、果标和因果标。因果式句群的因标主要是情态副词因标和形容词因标。因果式句群的果标，包括单果标和复果标。单果标主要包括结果连词、结果副词、结果动词、结果超词形式，复果标主要有十四种。因果式句群的因果标，包括"单因标＋单果标""单因标＋复果标""复因标＋单果标""复因标＋复果标"。"单因标＋单果标"主要有八种，"单因标＋复果标"主要有三种，"复因标＋单果标"主要有两种，"复因标＋复果标"主要有两种。

果因式句群的关联标记模式有因标、果标和果因标。果因式句群因标包括单因标和复因标。

单因标主要是连词因标、情态副词因标、动词因标、超词形式因标等，果因式句群的复因标主要有四种。果因式句群果标，包括单果标和复果标。单果标主要是情态副词果标、疑问代词果标，复果标主要是先后使用疑问代词果标和动词果标。果因式句群的果因标，有两种情况：一种是因标用于原因句，果标用于结果句；另一种是因标和果标都用于原因句。果句用果标，因句用因标，包括"单果标＋单因标""单果标＋复因标""复果标＋单因标""复果标＋复因标"。其中，"单果标＋单因标"主要有七种，"单果标＋复因标"主要是"疑问代词果标＋情态副词因标＋超词形式因标"，"复果标＋单因标"主要有三种，"复果标＋复因标"主要是"疑问代词果标＋动词果标＋超词形式因标＋情态副词因标"。因句用果标和因标，大体有两种情况："……之所以如此／这样，是因为……""……为什么（这样），因为……"。

7　因果句的套层机制和焦点层构

因果关系的表达，可以由多个分句联结而成。因果句具有很强的扩展能力，因句和果句都能嵌套多种复句关系的句联，形成套层因果句，因果句套然否对照句是一种常用的因果套层句。

因果句套然否对照句有三类套层模式：①因果句前套然否对照句；②因果句后套然否对照句；③因果句前后套然否对照句。由于因果句和然否对照句在句序上各有分别，从而造成了"因—果"式和"果—因"式对于然否式和否然式的八种套层模式，套层能力的等级序列是："果—因"式后套否然式＞"因—果"式前套否然式＞"因—果"式后套否然式＞"因—果"式前套然否式＞"果—因"式前套否然式＞"因—果"式后套然否式＞"果—因"式后套然否式＞"果—因"式前套然否式。这个套层序列又可以推导出"因—果"式和"果—因"式套然否式和否然式的能力等级，以及原因和结果套然否式和否然式的套层能力等级。

因果句有假设的反事实表达，"否则"是具有反事实因果潜势的假设否定连词，而且具有焦点投射功能。因果句和"否则"构成的句联层次与"否则"的焦点投射相互适应。"因为p，｜否则q"与"否则"的焦点投射域"因为p"或结果"p'"对应；"因为（p，否则q）"与"否则"的焦点投射域"p"或结果"r"对应。句联的小句隐现影响"否则"的焦点投射。如"因为p，｜否则q"格式，隐果式的"否则"焦点投射定然是"因为p"，显果式的"否则"焦点投射域可能是"因为p"，也可能是结果"p'"。句序是句联焦点结构的重要参量，"否则"的焦点投射受其影响。如"因为（p，否则q）"格式，"因—果"式的"否则"焦点投射域为原因"p"，"果—因"式的"否则"焦点投射域为原因"p"或结果"r"。句联的句法语义关系与"否则"的焦点投射有关联。"果—因"式中，析因和推因的焦点在"因"，"否则"焦点投射也在"因"；补因式的焦点不一定在"因"，"否则"的焦点投射在"因"或"果"。语符序列具有层次性，焦点结构也具有层次性。"否则"的焦点投射可以同层发生，也可以跨层进行。如"r，｜因为（p，‖否则q）"中，"否则"可以把焦点投向同层的"p"，也可以跨层投向"r"。

8　辞书语域中的因果表达

因果表达在特定语域中有不同特点。辞书释义是一种特定语域的语言表达，其中有大量的因果表达释义模式。《现代汉语词典（第7版）》的释义中，大致有因果句式三类十六种：①单用因标句有三种："因……""因为……""由于……"，其中以"因……"居多。②单用果标句有五种："……而……""……因而……""……所以……""……因此……""……于是……"，其中以"……而……"居多。③因标和果标合用句有八种："因……而……""因为……而……""由于……而……""由于……从而……""由于……所以……""因为……所以……""因……所以……""因为……于是……"，其中以"因……而……"居多。用因果句式进行释义的词语主要有名词性词语、动词性词语、形容词性词语，也有数词、副词、拟声词等。

所有的因果释义句式中，"因……而……"是高频句式，用得最多。"因……而……"句式释义的词类中，动词最多，其次是名词和形容词。"因……而……"句式的释义功能中，最常见的是"释果补因"和解释"因—果"式结构义。"因……而……"句式在三种词类释义中有相同的功能，包括解释"因—果"式结构义、词为因、释果补因。"因……而……"句式在不同词类的释义中有特定功能，名词释义中，可说明事物的命名理据、分类、性质、范围等；动词、形容词释义中，可以解释"果—因"式结构义、解释蕴含因果；形容词释义中还能反映以果代因。在口语表达和一般书面语表达中，"因……""……而……""因……而……"句式并不是因果句式中的优势句式，而在辞书释义中却是强势句式。

9　会话中的"因为"句

话语是言语的动态表达，包括独白和会话。话语中的因果表达，既有语言符号组织的句法结构，也有话语层面的语篇表征和会话功能。会话中的"因为"句，既能体现"因为"句的句法功能，可以单独成句或构成复句，还能体现会话中的话语组织和构建功能。

会话中的"因为"句，既有单句，又有分句。单句中的"因为"可位于句首或句中。"因为"分句可居前或居后，居后时大体有六种分句语气类型配置：①陈述分句＋因为＋陈述分句；②陈述分句＋因为＋感叹分句；③陈述分句＋因为＋疑问分句；④疑问分句＋因为＋陈述分句；⑤感叹分句＋因为＋陈述分句；⑥祈使分句＋因为＋陈述分句。

会话中的话轮内"因为"句可构成"因—果"式和"果—因"式。话轮"因—果"式的居后果分有果标和无果标两种。话轮内"果—因"式，居前果分有果标和无果标两种。跨话轮"因为"句分"因—果"式和"果—因"式。跨轮"因—果"式，分同一人跨轮"因—果"式和不同人跨轮"因—果"式，后轮果都有果标和无果标两种。跨轮"果—因"式，分同一人跨轮"果—因"式、不同人跨轮"果—因"式以及同一人和不同人跨轮"果—因"式三种。同一人跨轮"果—因"式包括设问答因式和叙述补因式两种。不同人跨轮"果—因"式包括问因而答因式、非问因而答因式、应因式、问因式四种。同一人和不同人都可以跨轮使用"因为"句构成"果—因"式。

会话中"因为"句的原因类型，包括事实、论理和行事三种。

会话中的"因为"句具有会话功能。话轮内"因为"句的会话功能大体有五种：会话衔接功能、补充话轮内容、话轮建构功能、表示违预期的应答和表明立场功能。话轮构建功能又分为构成一个完整的话轮对、开启话轮、延续话轮和结束话轮功能。跨话轮"因为"句的会话功能大体有六种：会话衔接功能、话轮建构功能、表示违预期的应答、表明立场功能、补充认同功能和组织话题功能。其中，话轮构建功能又分为开启话轮、延续话轮和结束话轮的功能。组织话题功能包括承接话题、转换话题、偏离话题和质疑前话题的功能。

10 问题和研究方向

本研究从词、短语、小句、句联和篇章话语等多个层级的角度，对因果表达的方方面面做了一些探索和考察，研究中也存在一些问题，主要表现在三个方面：一是研究的面较多而点较少。无论是词、短语、小句，还是句联和语篇，因果表达的方式都非常丰富，要做到点面很好地结合，不容易。比如定中短语，还有"X的原因/理由""X的关系"等，小句中的动词性结构，还有状中式、述补式、兼语式等，都能表达因果，也值得考察。二是不同层级的因果表达的联系和比较不够，比如，小句中介词"因/因为"构成的介宾结构作状语，与连词"因/因为"构成的复句和句群，有什么相同和不同，可以怎样进行转换，值得辨析。三是描写和分析较多，解释有所不足。比如"X的缘故"，对于"X"的句法和语义，以及"X的缘故"的句法格局进行了分析，而为什么"X"赋因和赋果存在这些差异，还需要进一步挖掘。再如，"祈使+陈述"型因果，为什么"祈使"表果，"陈述"表因，也需要深入解释。

关于汉语的因果表达，在以后的研究中还可以进一步拓展：一是加强各层级的因果表达的具体个案的多方面多角度的研究；二是加强汉语方言中因果表达的研究；三是加强古汉语中因果表达的研究；四是加强跨语言比较和类型学中的因果研究；五是加强交叉学科的因果表达的研究，比如，心理语言学、计算语言学、社会语言学等方面的因果研究；六是加强因果表达的理论解释和研究方法的创新。

参考文献

[1] 安华林 . 现代汉语释义基元词研究 [M]. 北京：中国社会科学出版社，2005.

[2] 巴丹 . 评注性副词"无怪（乎）"的因果衔接功能 [J]. 汉语学习，2019（01）：42-51.

[3] 北京大学中文系 1955、1957 级语言班 . 现代汉语虚词例释 [M]. 北京：商务印书馆，1982.

[4] 蔡寒松，刘葆婷 . 英语因果关系句汉译过程的心理语言学个案研究 [J]. 外语研究，2000（03）：32-38+64.

[5] 曹沸 . 英语母语者对汉语因果篇章连接标记习得的动态研究 [J]. 苏州大学学报（哲学社会科学版），2015（03）：155-161.

[6] 曹秀玲 . "说"和"是"与关联词语组合浅谈 [J]. 中国语文，2012（05）：437-446+480.

[7] 常晖 . 英语因果修辞与翻译 [M]. 长沙：湖南人民出版社，2009.

[8] 常瑛华，兰成孝 . 反问句语用否定功能论 [J]. 社会科学家，2008（07）：151-154+157.

[9] 陈波 . 因果标记及相关构式的历时研究 [D]. 湖南大学，2019.

[10] 陈恩泉 . 双语双方言（三）[M]. 深圳：汉学出版社，1994.

[11] 陈海娟 . 推论性话语标记研究 [D]. 扬州大学，2015.

[12] 陈洪艳 . 自然语言理解篇章因果关系汇聚的研究及其在机械设计中的应用 [D]. 西安电子科技大学，2013.

[13] 陈洁 . 俄汉超句统一体对比与翻译 [M]. 上海：上海外语教育出版社，2007.

[14] 陈伟英，谢莉 . 动词隐含因果性和语篇话题性对回指选择的影响 [J]. 浙江大学学报（人文社会科学版），2018（03）：133-146.

[15] 陈文凯 . 英汉语说明性因果关系表达法对比 [J]. 河南师范大学学报（哲学社会科学版），2002（03）：100-101.

[16] 陈香 . 表因果关系的"把"字句原因动作、结果动作的语义特征 [J]. 北方文学（下半月），2012（06）：123.

[17] 陈香 . 含有因果关系的现代汉语单句研究 [M]. 北京：经济科学出版社，2014.

[18] 陈香 . 客观性因果和主观性因果的认知、语义特征 [J]. 现代语文（语言研究），2012（6）：73-74.

[19] 陈香 . 因果单句研究概况 [J]. 现代语文（语言研究版），2010（10）：10-12.

[20] 陈云云 . 外国留学生汉语因果连词习得研究 [D]. 南京大学，2013.

[21] 陈振宇，邱明波 . 反预期语境中的修辞性推测意义 —— "难道、不会、怕、别" [J]. 当代修辞学，2010（04）：63-73.

[22] 陈振宇 . "知道""明白"类动词与疑问形式 [J]. 汉语学习，2009（04）：27-37.

[23] 陈征 . 基于主观性和交互主观性连续统的语篇言据性分析 —— 以论辩性语篇为例 [D]. 上海外国语大学，2013.

[24] 成心漪 . 反问句的否定与反问度 [D]. 浙江师范大学，2012.

[25] 成祖堰，成刘祎 . 基于语料库的英汉因果复句关联标记模式演变研究 [J]. 外语电化教学，2020（02）：69-74+12.

[26] 程钰 . 因果连词对不同类型汉语因果复句加工的影响 [D]. 四川外国语大学，2015.

[27] 迟宇风 . 语义歧义和语用歧义 [J]. 长春工程学院学报（社会科学版），2003（02）：15-17.

[28] 仇立颖 . 意向视角下现代汉语语篇的语义分层和言者主体介入 [J]. 当代修辞学，2015（05）：81-90.

[29] 储泽祥，陶伏平 . 汉语因果复句的关联标记模式与"联系项居中原则" [J]. 中国语文，2008（05）：410-422+479-480.

[30] 储泽祥 . "谢谢"的原因宾语凝结式及其南北差异 [J]. 世界汉语教学，1995（04）：25-30.

[31] 崔少娟 . 现代汉语谓宾动词研究 [D]. 暨南大学，2012.

[32] 单珊 . 现汉形合说明因果复句句序变异规律研究 [D]. 安徽大学，2014.

[33] 邓凯方 . 汉英因果连词语法化的对比研究 [D]. 湖南师范大学，2017.

[34] 邓跃平 . 语篇因果网络结构 [J]. 山东外语教学，2011（02）：21-25.

[35] 邓云华，郭春芳 . 英汉因果复句逻辑语义的优先序列 [J]. 外语教学，2016（06）：37-41.

[36] 邓云华，蒋知洋 . 英汉因果标记的不对称性及其认知机理 [J]. 中国外语，2020（01）：41-49.

[37] 邓云华，李曦 . 英汉因果复句语序和关联词标记模式的演变及其认知阐释 [J]. 中国外语，2019（03）：53-62.

[38] 邓云华，刘芬．英汉因果复句句法语义特征的认知对比 [J]．外国语言与文化，2020（03）：117-126．

[39] 邓云华，齐新刚．英汉因果复句主观化的历程和机制 [J]．外语教学与研究，2019（05）：699-711+800．

[40] 丁健．汉语目的范畴及其表达手法 [D]．上海师范大学，2014．

[41] 董福升．外国留学生汉语因果类复句习得研究 [D]．华中师范大学，2009．

[42] 董佳．现代汉语政论文体中因果复句的使用情况研究（上）[J]．海外华文教育，2008（03）：22-29．

[43] 董佳．现代汉语政论文体中因果复句的使用情况研究（下）[J]．海外华文教育，2008（04）：24-32．

[44] 董秀芳．"是"的进一步语法化：由虚词到词内成分 [J]．当代语言学，2004（01）：35-44+94．

[45] 董秀芳．词汇化与话语标记的形成 [J]．世界汉语教学，2007（01）：50-61+3．

[46] 董治国．古代汉语因果复句句型探究 [J]．渤海学刊，1990（Z1）：84-89．

[47] 窦昂，邓建华．论交替传译中笔记的动态性 —— 驳笔记语言与口译质量间的因果关系 [J]．海外英语，2015（14）：107-108．

[48] 杜宝莲．反问的否定功能研究 [D]．暨南大学，2004．

[49] 杜慧敏．论因果类语篇关联成分的逻辑分类 [J]．内蒙古师范大学学报（哲学社会科学版），2015（01）：115-119．

[50] 杜慧敏．现代汉语因果类语篇关联成分的研究现状及思考 [J]．语文学刊，2012（1）：14-17．

[51] 杜美臻．原因宾语与目的宾语的鉴定模式与典型性考察 [D]．华中师范大学，2013．

[52] 范海莲．HSK 高等作文中因果关系的表达 [D]．北京语言大学，2009．

[53] 范丽君．从藏缅语因果复句的特点反观汉语 [J]．语言研究，2017（04）：120-126．

[54] 范丽君．汉藏语因果类复句研究 [M]．北京：民族出版社，2016．

[55] 范晓．汉语的句子类型 [M]．太原：书海出版社，1999．

[56] 方红．"侥幸"类语气副词研究 [D]．上海师范大学，2003．

[57] 方梅，宋贞花．语体差异对使用频率的影响 —— 汉语对话语体关系从句的统计分析 [J]．Journal of Chinese Language and Computing，2004（2）：113-123．

[58] 方梅．动态呈现语法理论与汉语"用法"研究 [A]// 沈阳，冯胜利．当代语言学理论和汉语研究．北京：商务印书馆，2009．

[59] 方梅．会话结构与连词的浮现义 [J]．中国语文，2012（06）：500-508+575．

[60] 方梅. 自然口语中弱化连词的话语标记功能 [J]. 中国语文，2000（05）：459-470+480.

[61] 符淮青. 词义的分析和描写 [M]. 北京：外语教学与研究出版社，2006.

[62] 付琨. 介词框架"PpAu（来说）"研究 [D]. 上海师范大学，2004.

[63] 高更生. 因果·假设·条件 [J]. 山东师院学报（哲学社会科学版），1979（05）：84-89.

[64] 高书贵."幸亏"隐含的转接功能与语义辖域 [J]. 天津大学学报（社会科学版），2006（06）：424-428.

[65] 高颜颜，马贝加. 原因介词"冲"的产生及其发展 [J]. 浙江外国语学院学报，2013（2）：28-32.

[66] 高增霞，朱斌. 因果连动式初探 [J]. 中国语文，2021（04）：431-440+511.

[67] 高增霞. 类型学视野下的汉语连动式研究 [M]. 北京：社会科学文献出版社，2020.

[68] 高增霞. 论连动结构的有界性 [J]. 河南师范大学学报（哲学社会科学版），2007（02）：183-185.

[69] 高增霞. 自然口语中的话语标记"完了"[J]. 语文研究，2004（04）：20-23.

[70] 龚嘉镇."难道"的多义性与"难道"句的歧义性 [J]. 辞书研究，1995（02）：125-129.

[71] 龚维国，陈丽. 句子的双向因果链——解读"王冕死了父亲"[J]. 湖南科技学院学报，2009（11）：185-186.

[72] 官渝婷. 基于因果事件框架的泰语母语者汉语动结式习得研究 [D]. 北京外国语大学，2019.

[73] 光军. 不是"并列"，而是"因果"[J]. 松辽学刊（社会科学版），1990（03）：84.

[74] 广露. 基于 ERPs 的汉语实据因果句的认知加工机制研究 [D]. 四川外国语大学，2015.

[75] 郭春芳，邓云华. 英汉因果复句逻辑语义的分类研究 [J]. 邵阳学院学报（社会科学版），2017（04）：107-112.

[76] 郭春芳. 英汉因果复句的类型学研究 [D]. 湖南师范大学，2013.

[77] 郭春芳. 英汉因果复句文献综述 [J]. 中小企业管理与科技（上旬刊），2015（04）：268-269.

[78] 郭春芳. 英汉因果复句语义蕴涵的共性研究 [J]. 海外英语，2016（07）：186-187.

[79] 郭继懋."使"字句和"因为所以"句——兼论"致使"和"因果"的关系 [J]. 语文研究，2010（01）：39-43.

[80] 郭继懋."因为所以"句和"既然那么"句的差异 [J]. 汉语学习，2008（03）：22-29.

[81] 郭继懋. 反问句的语义语用特点 [J]. 中国语文，1997（02）：111-121.

[82] 郭婷婷. 现代汉语疑问句的信息结构与功能类型 [D]. 武汉大学，2005.

[83] 郭争. 有标因果复句与并列复句嵌套的不对称现象考察 [J]. 乐山师范学院学报，2019（06）：36-42+63.

[84] 郭志良. 现代汉语转折词语研究 [M]. 北京：北京语言文化大学出版社，1999.

[85] 郭中. 因果复句关联标记模式与语序的蕴涵关系 [J]. 语言研究，2015（01）：110-117.

[86] 韩国平. 略论因果连词"所以"的源和流 [J]. 惠阳师专学报（哲学社会科学版），1983（01）：67-69.

[87] 韩晓云.《太平经》因果类复句研究 [D]. 重庆师范大学，2015.

[88] 郝雪飞."可惜"的用法 [J]. 广播电视大学学报（哲学社会科学版），2003（01）：115-116.

[89] 何越鸿.《文心雕龙》因果类复句研究 [D]. 湖北师范学院，2010.

[90] 黑维强. 绥德方言的因果类复句 [J]. 榆林学院学报，2015（05）：7-12.

[91] 胡承佼.5 岁前汉族儿童因果复句习得情况的调查和分析 [J]. 淮北煤炭师范学院学报（哲学社会科学版），2008（03）：95-98.

[92] 胡承佼. 因果关系的意外性与意外因果句 [J]. 汉语学报，2019（03）：47-56+96.

[93] 胡翠萍. 汉语动结式主语选择的因果链视窗化研究 [D]. 重庆大学，2010.

[94] 胡德明. 现代汉语反问句研究 [M]. 合肥：安徽人民出版社，2010.

[95] 胡权. 汉语因果复句识解的 ERPs 研究 [D]. 四川外国语大学，2015.

[96] 胡悦璐."怎么"和"为什么"对比探究 [D]. 陕西师范大学，2013.

[97] 胡壮麟. 语境研究的多元化 [J]. 外语教学与研究，2002（03）：161-166+239.

[98] 华劭. 语言经纬 [M]. 北京：商务印书馆，2005.

[99] 黄丙刚. 韩语因果复句在汉语中的对应研究 [J]. 东北亚外语研究，2016（03）：49-54.

[100] 黄世敏，梁焕强. 科技英语因果关系的句间实现方式 [J]. 华南师范大学学报（社会科学版），1997（05）：116-123.

[101] 黄文龙."既然 p，就 q"句质疑 [J]. 贵州师范大学学报（社会科学版），1998（04）：87-91.

[102] 黄仙姬，白雪飞. 汉韩多重因果复句研究 [J]. 延边大学学报（社会科学版），2016（02）：92-100.

[103] 黄仙姬. 中韩因果复句对比研究 [M]. 北京：民族出版社，2017.

[104] 黄晓雪，李崇兴."被"表原因的来源 [J]. 汉字文化，2007（05）：32-35.

[105] 黄一涵. 动词隐含因果关系影响代词解决的研究综述 [J]. 佳木斯职业学院学报，2016（04）：321.

[106] 黄玉花 . 朝鲜语因果复句关联标记 -a sə 和 -ni kka 的主观性差异 [J]. 中央民族大学学报（哲学社会科学版），2011（03）：122-128.

[107] 惠芃 . 浅谈英语中的特殊因果关系表达法 [J]. 南都学坛，1992（03）：113-116.

[108] 季恒铨 . 对六七岁儿童掌握因果关系复句的浅析 [J]. 语言文字应用，1994（03）：49-53.

[109] 季瑾 . 特指问形式反问句的模式分析 [J]. 国际商务，2003（03）：85-88.

[110] 江波 . 表示因果关系的语法功能词 [D]. 大连理工大学，2005.

[111] 江南 . "把" 字句的因果语义及其在句型中的分布 [J]. 学理论，2010（30）：151-155.

[112] 江天 . 略论因果句 [J]. 辽宁大学学报（哲学社会科学版），1979（06）：85-90.

[113] 姜海艳，吕明臣 . 话语标记 "这样一 V" 与远距离因果事件表达 [J]. 世界汉语教学，2019（03）：369-383.

[114] 姜蕾，梁小平 . 双语课因果性解释语篇的功能分析 [J]. 黑龙江教育学院学报，2013（10）：151-154.

[115] 姜有顺 . "缘故" 词义双重对立现象的词汇化溯因 [J]. 东南大学学报（哲学社会科学版），2007（S2）：208-211+214.

[116] 金红 . 现代汉语特指反问句的焦点 [D]. 苏州大学，2008.

[117] 金龙军 . 汉韩多重因果复句的逻辑关系对比分析 [J]. 东疆学刊，2020（02）：113-117.

[118] 金庆爱 . 韩汉原因表达对比研究 [J]. 长春师范学院学报（人文社会科学版），2010（03）：133-136.

[119] 金淑炫（Kim Sukhyun）. 韩语消极意义因果复句与汉语对应研究 [D]. 华东师范大学，2018.

[120] 金学江，李光赫，吴世兰，等 . 基于语料库的因果复句日汉对比研究——以「のだから」句为中心 [J]. 语文学刊（外语教育教学），2014（03）：1-2+9.

[121] 景士俊 . 也析 "否则句" [J]. 内蒙古师大学报（哲学社会科学版），1992（03）：45-51.

[122] 阚洁 . 《三遂平妖传》因果复句研究 [J]. 安康学院学报，2010（02）：73-75.

[123] 拉都 . 汉藏因果复句的比较与翻译 [J]. 康定民族师范高等专科学校学报，2004（01）：58-62.

[124] 蓝天 . 从因果句的表意谈因果倒装句 [J]. 济宁师专学报，1996（02）：67-68.

[125] 雷云 . 因果论 [M]. 杭州：浙江人民出版社，1958.

[126] 黎良军. 汉语词汇语义学论稿 [M]. 桂林：广西师范大学出版社，1995.

[127] 黎琳. 汉语有标说明性因果复句的多维考察 [D]. 湖南科技大学，2017.

[128] 黎明，邹哲承. "既然"与"所以"连用浅说 [J]. 内蒙古教育学院学报，1996（01）：96.

[129] 黎氏秋姮.《孟子》因果类复句研究 [D]. 广西师范大学，2002.

[130] 李尔钢. 词义与辞典释义 [M]. 上海：上海辞书出版社，2006.

[131] 李芳. 汉语因果关系连词的主观性研究 [M]. 上海：上海人民出版社，2017.

[132] 李凤启，耿言海，阚洁.《玉娇梨》因果复句研究 [J]. 宿州教育学院学报，2007（06）：79-81.

[133] 李继先. 形容词性短语在广义因果关系句中之特殊语用规则 [J]. 甘肃社会科学，2009（05）：87-89.

[134] 李金妹，李福印. 事件融合理论视角下初始因果关系与持续因果关系的语言表征 [J]. 解放军外国语学院学报，2020（01）：109-117.

[135] 李晋霞，刘云. "由于"与"既然"的主观性差异 [J]. 中国语文，2004（2）：123-128.

[136] 李丽云. 现代汉语动补式复合词的结构与功能研究 [D]. 河北师范大学，2010.

[137] 李莉莉. 复合语义无条件让步复句研究之"让步 - 因果" [J]. 传播力研究，2017（05）：220-221.

[138] 李临定. 现代汉语句型 [M]. 北京：商务印书馆，1986.

[139] 李璐. 现汉"结果"义关联词语研究综述 [J]. 和田师范专科学校学报，2008（06）：92-93.

[140] 李乃东. 复句视野下因果复句表因标记的性质及虚化 [J]. 石家庄学院学报，2017（05）：117-122.

[141] 李楠楠.《红楼梦》因果类复句研究 [D]. 华中师范大学，2012.

[142] 李盼. 因果连词"因而"的多角度分析 [D]. 华中师范大学，2015.

[143] 李榕. 隐含因果动词对第三人称回指的影响 [J]. 汉语学习，2014（06）：28-35.

[144] 李淑荣. 单县方言因果类复句研究 [D]. 华中师范大学，2007.

[145] 李铁根. "不"、"没（有）"的用法及其所受的时间制约 [J]. 汉语学习，2003（02）：1-7.

[146] 李为政. 近代汉语因果句研究 [M]. 北京：中国社会科学出版社，2017.

[147] 李为政. 近代汉语中的糅合式因果句及相关句式 [J]. 上饶师范学院学报，2020（01）：66-72.

[148] 李为政. 现代汉语因果句的主观性和两域 [J]. 宜春学院学报，2017（04）：73-77.

[149] 李伟萍. 现代汉语因果关系单句研究 [D]. 辽宁大学，2014.

[150] 李玮钰. 对外汉语教材的因果连词编排研究 [D]. 扬州大学，2018.

[151] 李文山. 从语法化的角度看"由于"与"既然"的句法位置差异 [J]. 渭南师范学院学报，2009（04）：59-63.

[152] 李曦，邓云华. 基于语料库的英汉因果复句认知对比研究 [J]. 外语电化教学，2019（04）：114-120.

[153] 李曦，邓云华. 因果复句关联词焦点标记的语义特征与语用功能 [J]. 山东外语教学，2020（02）：31-39.

[154] 李曦，邓云华. 英汉因果复句关联词焦点标记演变的认知阐释 [J]. 外语教学，2020（03）：52-56.

[155] 李湘. 从限制动作范围到凸显言者主语 [J]. 修辞学习，2007（01）：37-40.

[156] 李小军，唐小薇. 因果连词"因而""从而"的词汇化 [J]. 淮北煤炭师范学院学报（哲学社会科学版），2007（02）：38-42.

[157] 李薛妃. 元曲中因果类复句对祈使句的选择规律 [J]. 乐山师范学院学报，2011（04）：40-42.

[158] 李延波. 因果压制式的语义类型、生成机制及构式特征 [J]. 语言教学与研究，2017（03）：92-102.

[159] 李艳辉. 科技英语的因果修辞研究 [J]. 长春师范学院学报，2013（01）：60-62.

[160] 李宇凤. 反问的回应类型与否定意义 [J]. 中国语文，2010（02）：114-123+191.

[161] 李宇明. 反问句的构成及其理解 [J]. 殷都学刊，1990（03）：91-99.

[162] 李元瑞. 从因果关系到转折关系——"一不 X 就 Y"表达功用的转化研究 [J]. 新疆大学学报（哲学·人文社会科学版），2019（02）：130-137.

[163] 李元熙. 韩国学生汉语有标记因果复句偏误分析 [D]. 吉林大学，2014.

[164] 李宗江，王慧兰. 汉语新虚词 [M]. 上海：上海教育出版社，2011.

[165] 梁冠华. 现代汉语有标记反问句研究 [D]. 曲阜师范大学，2015.

[166] 梁珊珊，杨峥琳. 韩国学生口语多重因果转折语篇使用情况分析 [J]. 世界汉语教学，2016（03）：356-367.

[167] 廖巧云，孟利君. 因果构式研究的整体性认知语用框架：HCPM [J]. 外国语文，2011（06）：58-63.

[168] 廖巧云，王鲁男，孟利君，姜孟. 不同类汉语因果复句通达的反应时研究 [J]. 解放军外国语学院学报，2015（06）：1-9+157.

[169] 廖秋忠. 现代汉语篇章中的连接成分 [J]. 中国语文，1986（06）：413-427.

[170] 刘板 . "否则" 表达的判断和推理 [J]. 黄山学院学报，2008（01）：109-113.

[171] 刘畅 . "既然" 复句的语义、语用研究 [D]. 吉林大学，2013.

[172] 刘畅 . 表因果关系的关联词语研究 [D]. 东北师范大学，2012.

[173] 刘楚群 . "看起来" 与 "看上去"、"看来" 差异浅析 —— 兼论趋向短语的语法化 [J]. 江西师范大学学报（哲学社会科学版），2009（04）：69-73.

[174] 刘春萍 .《墨子》因果复句研究 [J]. 安康学院学报，2018（05）：61-68.

[175] 刘丹青 . "有" 字领有句的语义倾向和信息结构 [J]. 中国语文，2011（02）：99-109.

[176] 刘刚 . 典型因果复句关系标记在对外汉语阅读理解中的作用 [D]. 华中师范大学，2012.

[177] 刘丽艳 . 话语标记 "你知道" [J]. 中国语文，2006（05）：423-432+479-480.

[178] 刘丽艳 . 作为话语标记语的 "不是" [J]. 语言教学与研究，2005（06）：27-36.

[179] 刘璐 . 韩汉因果关系表现形态对比研究 [D]. 延边大学，2017.

[180] 刘萍，梁小平 . 从课本语篇和讲座语篇看因果语篇的功能重述 [J]. 现代外语，2012（02）：142-149+219.

[181] 刘齐生 . 中德叙述语篇中的因果关系结构 [J]. 解放军外国语学院学报，2003（04）：92-95.

[182] 刘钦明 . 谈谈议论句群的因果关联 [J]. 青海师专学报，1984（02）：99-103.

[183] 刘钦荣 . 反问句和询问句句法结构间的关系 [J]. 沈阳师范学院学报（社会科学版），1995（04）：85-88.

[184] 刘荣 . 广义因果复句及其对外汉语教学研究 [D]. 陕西师范大学，2018.

[185] 刘生平 . 海峡两岸华文教材 "因为" 因果句探析 —— 与张熙昌、张亚茹先生探讨 [J]. 职大学报，2013（01）：86-90.

[186] 刘思思 . 因果连词 "因而" "从而" 的对比及教学 [D]. 南京师范大学，2016.

[187] 刘涛 . 含因果关系单句探讨 [D]. 东北师范大学，2002.

[188] 刘涛 . 无标记因果单句分析 [J]. 学术交流，2013（07）：149-152.

[189] 刘彤 . 再析推断性因果句中转折词 "却" 的位置 [J]. 文学教育（下），2010（08）：130-132.

[190] 刘雯 . 阅读中因果关系的预测性效应：来自眼动的证据 [D]. 辽宁师范大学，2013.

[191] 刘娅琼 . 汉语会话中的否定反问句和特指反问句研究 [D]. 复旦大学，2010.

[192] 刘永芳 . 归因理论及其应用（修订版）[M]. 上海：上海教育出版社，2010.

[193] 刘永耕 . 先秦因果复句初探 [J]. 新疆大学学报（哲学社会科学版），1986（02）：88-93.

[194] 刘运同 . 会话分析概要 [M]. 上海：学林出版社，2007.

[195] 鲁川 . 汉语语法的意合网络 [M]. 北京：商务印书馆，2001.

[196] 陆丙甫，金立鑫 . 关于多重复句的层次问题 [J]. 汉语学习，1988（05）：4-7.

[197] 陆灿 . 汉语因果连词和条件连词对句子加工影响的 ERPs 研究 [D]. 四川外国语大学，2019.

[198] 陆恒 .《道行般若经》中"故"类因果复句探究 [J]. 常州工学院学报（社科版），2019（01）：77-82.

[199] 吕冀平 . 原因和理由的表达 [J]. 语文学习，1959（05）：19-21.

[200] 吕明臣，丁新峰 . 现代汉语因果句式与致使句式逻辑及语义关系对比研究 [J]. 东北师大学报（哲学社会科学版），2019（06）：48-54.

[201] 吕叔湘 . 汉语语法分析问题 [M]. 北京：商务印书馆，1979.

[202] 吕叔湘 . 现代汉语八百词 [M]. 北京：商务印书馆，2014.

[203] 吕叔湘 . 中国文法要略 [M]. 吕叔湘文集：第 1 卷 . 北京：商务印书馆，1990.

[204] 吕文源 . 因果论证辨析 [J]. 河南师大学报（社会科学版），1983（05）：113-117.

[205] 吕晓凤 . 语境在篇章翻译中的作用探析 [J]. 语文建设，2013（03）：27-28.

[206] 马贝加 . 原因介词"坐"的产生 [J]. 语言研究，2009（2）：43-46.

[207] 马铳 . 现代汉语因果范畴研究 [D]. 黑龙江大学，2012.

[208] 马凤花 . 中高级阶段泰国留学生有标因果类复句习得研究 [D]. 华中师范大学，2018.

[209] 马婧伟 . "既然 A，那么 B"句式的认知层面剖析 [J]. 韶关学院学报，2013（011）：54-57.

[210] 马婧伟 . "因为 p，所以 q"与"既然 p，那么 q"句式比较研究 [D]. 陕西理工学院，2015.

[211] 马伟忠 . 汉语因果构式"因为 NP，所以 VP"研究 [J]. 语言教学与研究，2018（03）：71-81.

[212] 毛意忠 . 汉语中的原因表达法 [J]. 逻辑与语言学习，1986（04）：38-39.

[213] 毛志刚 . 上古汉语复音因果关联词语 [J]. 西南农业大学学报（社会科学版），2012（06）：82-84.

[214] 毛志刚 . 上古汉语因果连词研究 [D]. 西南大学，2009.

[215] 孟琮，郑怀德，孟庆海，等 . 动词用法词典 [M]. 上海：上海辞书出版社，1987.

[216] 孟庆海 . 原因宾语和目的宾语 [J]. 语文研究，1987（01）：20-26.

[217] 缪维嘉 . 交际视野下的规约性隐含逻辑初探 —— 以兼为因果关系词句为例 [J]. 内蒙古农业大学学报（社会科学版），2011（02）：394-396.

[218] 倪兰 . 特指问反问句的语用分析及其修辞意义 [J]. 修辞学习，2003（06）：24-26.

[219] 倪重阳 . 现代汉语因果连词研究 [D]. 华中师范大学，2008.

[220] 牛乐平 . 留学生汉语关联词语习得偏误分析研究 [D]. 陕西师范大学，2019.

[221] 庞君芳 . 因果思维与中学语文教学 [M]. 杭州：浙江大学出版社，2010.

[222] 裴杨 . 维吾尔语因果关系表现形式研究 [D]. 新疆师范大学，2017.

[223] 彭湃 . 现代汉语因果关系连接成分研究综述 [J]. 汉语学习，2004（02）：44-48.

[224] 彭宣维 . 语气意义的语篇组织 [J]. 天津外国语学院学报，2000（04）：31-36.

[225] 齐圣轩 . 近代汉语因果复句研究 [D]. 苏州大学，2017.

[226] 祁从舵 . 汉语原因宾语句的意象特征和图式建构 [J]. 荆门职业技术学院学报，2009（01）：62-65.

[227] 秦松岭，许幼珊 . 古代汉语因果复句的表现形式 [J]. 求是学刊，1982（05）：89-92.

[228] 邱德祁 . 没有因果关系的因果复句 [J]. 逻辑与语言学习，1983（05）：40.

[229] 邱娟娟 . 试论因果连词"因此"的产生时代和原因 [J]. 西华师范大学学报（哲学社会科学版），2006（01）：40-43.

[230] 裘江南 . 汉语文本中突发事件因果关系抽取方法研究 [D]. 大连理工大学，2014.

[231] 裘荣棠 . 一种表因果的"是……的"句 [J]. 淮北煤师院学报（社会科学版），1991（03）：110-113+118.

[232] 屈承熹 . 汉语篇章句及其灵活性——从话题链说起 [J]. 当代修辞学，2018（02）：1-22.

[233] 冉永平，方晓国 . 语言顺应论视角下反问句的人际语用功能研究 [J]. 现代外语，2008（04）：351-359+436.

[234] 冉永平 . 话语标记语的语用学研究综述 [J]. 外语研究，2000（04）：8-14.

[235] 荣丽华 . 从标记词语的来源论因果复句的分类 [J]. 北京师范大学学报（社会科学版），2017（02）：62-72.

[236] 荣丽华 . 汉语因果复句研究综述 [J]. 长春师范学院学报，2011（09）：47-51.

[237] 莎琪 . 中高级阶段斯里兰卡学生有标因果类复句习得研究 [D]. 华中师范大学，2018.

[238] 邵敬敏 . 现代汉语疑问句研究 [M]. 上海：华东师范大学出版社，1996.

[239] 邵敬敏 . 疑问句的结构类型与反问句的转化关系研究 [J]. 汉语学习，2013（02）：3-10.

[240] 沈家煊 . 复句三域"行、知、言" [J]. 中国语文，2003（03）：195-204+287.

[241] 沈家煊 . 实词虚化的机制——《演化而来的语法》评介 [J]. 当代语言学，1998（03）：41-47.

[242] 沈家煊 . 语言的"主观性"和"主观化" [J]. 外语教学与研究，2001（04）：268-275+320.

[243] 沈力."因果链"的表达策略与类型 [J].当代语言学，2016（02）：159-175.

[244] 沈力.关于汉语结果复合动词中参项结构的问题 [J].语文研究，1993（03）：12-21.

[245] 沈思莹.因果类关联词语的研究 [D].安徽大学，2003.

[246] 沈思莹.语言表达中的因果关系和逻辑上的因果联系 [J].阜阳师范学院学报（社会科学版），2004（02）：78-79.

[247] 石毓智.判断词"是"构成连词的概念基础 [J].汉语学习，2005（05）：3-10.

[248] 宋丹.泰国学生因果复句习得研究 [D].华中科技大学，2013.

[249] 宋珂.尼日利亚学生汉语因果连词习得偏误研究 [D].西南大学，2020.

[250] 宋文辉.与因果转喻相关的句法语义现象 [J].廊坊师范学院学报，2004（01）：42-47.

[251] 宋月."由于 NP 的原因 / 关系"格式研究 [D].辽宁大学，2013.

[252] 宋作艳，陶红印.汉英因果复句顺序的话语分析与比较 [J].汉语学报，2008（04）：61-71+96.

[253] 苏宝荣.词义研究与辞书释义 [M].北京：商务印书馆，2000.

[254] 苏慧慧，谭丽萍.壮语 Deng（te：ŋ）字句的事件因果关系认知识解 [J].玉林师范学院学报，2019（06）：44-50.

[255] 苏欣仪.Discourse Functions of Taiwanese Southern Min Inui and Soyi（台语因为和所以的言谈功能）[D].台湾师范大学，1996.

[256] 苏新春.汉语释义元语言研究 [M].上海：上海教育出版社，2005.

[257] 苏怡莲.现代汉语因果关系表达研究 [D].上海师范大学，2017.

[258] 苏振华.《国语》因果类复句研究 [D].广西师范大学，2007.

[259] 孙常叙.汉语词汇（重排本）[M].北京：商务印书馆，2006.

[260] 孙丹萍.从因果关系连词使用对比看英汉的形合与意合 [J].赤峰学院学报（汉文哲学社会科学版），2013（09）：204-207.

[261] 孙蕾."是……的"表因果关系用法的语法归类与产生途径 [J].语文学刊，2008（22）：111-113.

[262] 孙燕.英汉原因状语从句语序对比 [J].淮北师范大学学报（哲学社会科学版），2009（05）：120-122.

[263] 孙悠夏."结果"的功能及其语法化的共时探讨 [J].长春大学学报，2012（05）：564-566.

[264] 孙志农.《动词：体貌与因果结构》介绍 [J].当代语言学，2015（02）：235-239.

[265] 索丹，冯飞鸟.浅析说明因果句 [J].大众文艺，2010（19）：130-131.

[266] 覃爱民 . 基于 ERP 的不同类汉语因果句加工的性别差异研究 [D]. 四川外国语大学，2015.

[267] 覃淑元 . 非常规 VO 式复合动词研究 [D]. 华中师范大学，2014.

[268] 覃小群 . 现代汉语插入语"就是说"研究 [D]. 广西民族大学，2012.

[269] 谭萌萌 . 现代汉语"不知"多角度研究 [D]. 华中师范大学，2013.

[270] 谭轶操 . 现代汉语疑问句语用研究 [D]. 延边大学，2007.

[271] 唐燕玲 . 疑问词的语法化机制和特征 [J]. 外语学刊，2009（05）：57-60.

[272] 陶红印 . 从语音语法和话语特征看"知道"格式在谈话中的演化 [J]. 中国语文，2003（04）：291-302+383.

[273] 陶原珂 . 词位与释义 [M]. 北京：高等教育出版社，2004.

[274] 汪蓓蓓 . 表因类因果连词"因为""由于""既然"的定位框架及方法论意义 [D]. 暨南大学，2015.

[275] 汪国胜 . "既然"句的前提及推论形式 [J]. 荆州师专学报，1994（01）：44-46.

[276] 汪梦翔 . 因果关系关联词套用现象分析 [D]. 华中师范大学，2009.

[277] 王道英，贺筠 . "这""那"类的隐性回指 [J]. 西华大学学报（哲学社会科学版），2005（04）：84-88.

[278] 王菲菲 . 基于语篇衔接理论的韩国留学生因果连词习得与教学研究 [D]. 辽宁大学，2018.

[279] 王凤兰 . 谈语言中目的范畴与因果范畴的联系与区别 [J]. 佛山科学技术学院学报（社会科学版），2008（02）：28-31.

[280] 王佳赫 . 因果关系关联词语的分类考察 [J]. 才智，2016（23）：211.

[281] 王佳琦 . "だけ"类因果复句的中日对照描写研究 [D]. 大连理工大学，2018.

[282] 王佳毅，曾常红 . 由"结果"连接复句的语义关系研究 [J]. 长沙铁道学院学报（社会科学版），2011（01）：124-126.

[283] 王佳毅 . 由"结果"连接的复句研究 [D]. 湖南师范大学，2005.

[284] 王建华 . 关于语境的构成与分类 [J]. 语言文字应用，2002（03）：2-9.

[285] 王建之 . 试论因果连环句 [J]. 天津师院学报，1982（02）：85-89.

[286] 王静 . 因果复句中单用果标"所以"的省略环境 [J]. 汉语学习，2019（04）：71-76.

[287] 王菊平 . 现代汉语反问句研究 [D]. 南京师范大学，2007.

[288] 王力 . 汉语史稿 [M]. 北京：中华书局，1980.

[289] 王楠 . 因果复句日汉对比研究 [D]. 大连理工大学，2013.

[290] 王松茂 . 略谈因果关系的连词 [J]. 汉语学习，1982（02）：22-30.

[291] 王维贤，张学成，卢曼云，等 . 现代汉语复句新解 [M]. 上海：华东师范大学出版社，1994.

[292] 王文琦 . 议论句群因果关系浅议 [J]. 语文学刊，1998（03）：40-42.

[293] 王希杰 . 这就是汉语 [M]. 北京：北京语言学院出版社，1992.

[294] 王小曼 . 论"不知"的功能分布及其历史演变 —— 兼论汉语功能句型研究 [A]// 语言研究集刊（第十三辑），2004（04）：103-117+328-329.

[295] 王晓平 . "看来"及其相关格式的研究 [D]. 上海师范大学，2009.

[296] 王雪 . 古汉语因动用法初探 [J]. 内蒙古电大学刊，2017（01）：23-25.

[297] 王亚同 . 课文理解的因果关系 [J]. 心理学动态，1996（04）：39-44.

[298] 王岩 . 先秦时期表结果"所以"的虚化 [J]. 阿坝师范高等专科学校学报，2009（03）：89-92.

[299] 王颖 . 留学生特指问反问句运用情况研究 [D]. 华东师范大学，2012.

[300] 王聿恩 . 谈因果复句的变换 [J]. 逻辑与语言学习，1993（02）：46-47.

[301] 王芸华 . "怎么"和"为什么"探究 [J]. 文学语言学研究，2008（11）：26-27+45.

[302] 维之 . 因果关系研究 [M]. 北京：长征出版社，2002.

[303] 魏杨秀 . 重动句原因解释功能分析 [D]. 北京语言文化大学，2001.

[304] 温锁林，韩国颖 . 新兴因果构式"因为 A，所以 B"的建构与修辞功能 [J]. 福建师范大学学报（哲学社会科学版），2015（03）：48-57.

[305] 吴春仙 . "这样"的用法分析 [J]. 汉语学习，2002（03）：31-34.

[306] 吴福祥 . 汉语语法化研究的当前课题 [J]. 语言科学，2005（02）：20-32.

[307] 吴福祥 . 近年来语法化研究的进展 [J]. 外语教学与研究，2004（01）：18-24.

[308] 吴丽君 . 谈"所以"在因果句式中的流变 [J]. 承德民族师专学报，1998（03）：36-39+42.

[309] 吴敏之 . 英语因果型语篇模式研究 [J]. 扬州大学学报（人文社会科学版），2011（04）：118-123+128.

[310] 吴启主 . 连动句·兼语句 [M]. 北京：人民教育出版社，1990.

[311] 吴为善，吴怀成 . 双音述宾结果补语"动结式"初探 —— 兼论韵律运作、词语整合与动结式的生成 [J]. 中国语文，2008（06）：498-503+575.

[312] 吴卸耀 . 表原因的"考虑到 X"小句 [J]. 当代修辞学，2011（05）：68-74.

[313] 吴雪香 . "既然……（就）"的语法化 [J]. 北方文学（下半月），2012（04）：113.

[314] 吴云芳 . "怎么"和"为什么" [J]. 语文建设，2001（09）：33.

[315] 项成东 . 歧义的语用研究 [J]. 外语教学，2002（04）：35-40.

[316] 肖任飞，张金圈."P（x，y_又），Q"因果构式及其制约条件 [J]. 语言研究，2018（03）：41-48.

[317] 肖任飞 . 现代汉语因果复句优先序列研究 [D]. 华中师范大学，2009.

[318] 谢都全，郭应可 . 汉语结果结构的小句分析评述及新模式 [J]. 外国语（上海外国语大学学报），2008（04）：50-59.

[319] 谢晓明 ."难怪"因果句 [J]. 语言研究，2010（02）：64-69.

[320] 邢福义，刘培玉，曾常年，等 . 汉语句法机制验察 [M]. 北京：生活•读书•新知三联书店，2004.

[321] 邢福义，姚双云 . 连词"为此"论说 [J]. 世界汉语教学，2007（02）：14-20+2.

[322] 邢福义 ."却"字和"既然"句 [J]. 汉语学习，1996（06）：3-8.

[323] 邢福义 . 汉语复句研究 [M]. 北京：商务印书馆，2001.

[324] 邢福义 . 汉语语法学（修订本）[M]. 北京：商务印书馆，2016.

[325] 邢福义 . 现代汉语 [M]. 北京：高等教育出版社，1986.

[326] 邢福义 . 现代汉语 [M]. 北京：高等教育出版社，1991.

[327] 邢福义 . 小句中枢说 [J]. 中国语文，1995（06）：420-428.

[328] 熊岭 . 名词性 NV 短语构成成分分析及入句状况考察 [D]. 华中师范大学，2008.

[329] 徐杰，李英哲 . 焦点和两个非线性语法范畴"否定""疑问"[J]. 中国语文，1993（02）：81-92.

[330] 徐杰，姚双云，覃业位 . 诗歌作品中黏着语素的自由用法 [J]. 语言暨语言学，2016（05）：71-77.

[331] 徐萌敏 . 现代汉语使能类因果关系的力动态实证研究 [J]. 大学英语（学术版），2015（02）：131-139.

[332] 徐情 . 基于语料库的汉语连动结构语义研究 [D]. 华中科技大学，2014.

[333] 徐盛桓 . 心理因果性视域下汉语身体—情感隐喻解读 —— 身体—情感语言表达研究之二 [J]. 外语教学，2016（03）：1-7.

[334] 徐盛桓 . 因果蕴涵与婉曲话语的生成 [J]. 外语教学与研究，2015（03）：323-332+479.

[335] 徐时仪 . 语气词"不成"的虚化机制考论 [J]. 华东师范大学学报（哲学社会科学版），2000（03）：117-122+128.

[336] 徐式婧 . 汉语因果构式子图式间的竞争及其演变规律 [J]. 语言教学与研究，2018（02）：104-114.

[337] 徐思益 . 反问句特有的表达式 [J]. 锦州师院学报（哲学社会科学版），1986（04）：

57-64.

[338] 徐燕青．"在 N 的 V 下"与主句表因果时的词语表征 —— 兼及相关情况 [J]．莆田学院学报，2014（06）：54-58.

[339] 徐阳春．现代汉语复句句式研究 [M]．北京：中国社会科学出版社，2002.

[340] 徐杨．对休谟因果关系非必然性论证的语言分析 [D]．山东大学，2007.

[341] 许家金．汉语自然会话中话语标记"那（个）"的功能分析 [J]．语言科学，2008（01）：49-57.

[342] 许涛．"X 知道"格式研究 [D]．湘潭大学，2011.

[343] 许文胜，张柏然．基于英汉名著语料库的因果关系连词对比研究 [J]．外语教学与研究，2006（04）：292-296+320.

[344] 许小星．基于标注语料库的现代汉语特殊句式语义分析 [D]．鲁东大学，2007.

[345] 许仰民．论《金瓶梅词话》的因果句 [J]．信阳师范学院学报（哲学社会科学版），1991（03）：74-80.

[346] 薛恩奎．因果结构语义关系解析 [J]．外语学刊，2008（04）：34-39.

[347] 薛桂谭．因果使役句的中日对比考察 [J]．开封教育学院学报，2017（09）：53-54.

[348] 薛小英．汉语疑问词的非疑问用法探究 [J]．湖南科技大学学报（社会科学版），2014（03）：128-132.

[349] 杨明．现代汉语副词篇章功能的多维度研究 [D]．贵州大学，2008.

[350] 杨萍萍．汉语和印尼语因果复句比较及偏误分析 [D]．福建师范大学，2013.

[351] 杨书平．汉语若干关联词在近代的发展 [D]．华东师范大学，2008.

[352] 杨婉萍．推论性话语标记研究 [D]．上海师范大学，2014.

[353] 杨洋．《发展汉语》综合教材有标记因果类复句的编写研究 [J]．通化师范学院学报，2020（05）：15-18.

[354] 杨洋．汉语有标记因果类复句的相关教学问题研究 [D]．吉林大学，2018.

[355] 杨振华．从词汇化角度看"既然""因为""由于"的差异 [J]．淮北师范大学学报（哲学社会科学版），2014（01）：106-110.

[356] 姚宝梁．重论英语因果关系复句 [J]．首都师范大学学报（社会科学版），2002（S2）：104-107.

[357] 姚双云．复句关系标记的搭配研究与相关解释 [D]．华中师范大学，2006.

[358] 姚双云．口语中的连词居尾与非完整复句 [J]．汉语学报，2018（02）：2-13+95.

[359] 姚双云．连词"结果"与"所以"使用差异的计量分析 [J]．宁夏大学学报（人文社会科学版），2007（06）：51-53+72.

[360] 姚双云 . 自然口语中的关联标记研究 [M]. 北京：中国社会科学出版社，2014.

[361] 姚小鹏，姚双云 . "不妨"的演化历程与功能扩展 [J]. 世界汉语教学，2009（04）：487-494.

[362] 姚小鹏 . 汉语副词连接功能研究 [D]. 上海师范大学，2013.

[363] 叶娇娇 . 汉语实据因果句和实据条件句语义加工的 ERPs 研究 [D]. 四川外国语大学，2019.

[364] 殷凤娟 . 英汉因果句式差异及文化阐释 [J]. 中南林业科技大学学报（社会科学版），2009（06）：126-128.

[365] 殷树林 . 现代汉语反问句研究 [M]. 哈尔滨：黑龙江大学出版社，2009.

[366] 尹洪波 . 现代汉语疑问句焦点研究 [J]. 江汉大学学报（人文科学版），2008（01）：92-96.

[367] 于根元 . 反问句的性质和作用 [J]. 中国语文，1984（06）：419-425.

[368] 于航 . 对韩汉语有标因果复句习得偏误分析 [D]. 安阳师范学院，2020.

[369] 于屏方 . 动作义位释义的框架模式研究 [M]. 北京：中国社会科学出版社，2007.

[370] 于天昱 . 典型有标记反问句研究 [D]. 东北师范大学，2004.

[371] 余琼 . 现代汉语语气情态副词的构句、联句能力研究 [D]. 华中师范大学，2013.

[372] 余意 . 外语学习者阅读故事的因果推理模式 [J]. 现代外语，1999（04）：399-407.

[373] 俞琳，李福印 . 因果关系语言表征研究中的 CiteSpace Ⅲ对比分析 [J]. 当代外语研究，2016（03）：9-15.

[374] 袁梦 . 对外汉语教学中的因果连词教学策略 [D]. 四川师范大学，2015.

[375] 袁明军 . 小句的语气类型与小句之间语义联结类别的关系 [J]. 汉语学习，2006（03）：31-35.

[376] 袁毓林 . 从语言表达看疫情下人们的因果认知与反思归因 [J]. 语言战略研究，2020（05）：32-47.

[377] 曾常年 . 现代汉语因果句群研究 [D]. 华中师范大学，2003.

[378] 曾丹 .《红楼梦》结果语标的认知分析 [J]. 现代语文（语言研究版），2013（12）：42-45.

[379] 曾丹 . 汉语因果语篇连贯的研究现状 [J]. 人文论谭，2010（01）：133-140.

[380] 曾毅平，杜宝莲 . 略论反问的否定功能 [J]. 暨南大学华文学院学报，2004（02）：66-71.

[381] 查洁 . 现代汉语说明性因果复句与转折复句互套研究 [D]. 华中师范大学，2010.

[382] 张宝英，冯文贺 . 常用因果类连词对句类的选择 [J]. 华商，2007（22）：126.

[383] 张斌．现代汉语描写语法 [M]．北京：商务印书馆，2010.

[384] 张定京．哈萨克语推论因果逻辑关系子范畴 [J]．中央民族大学学报，1999（06）：86-91.

[385] 张建军．"因动用法"初探 [J]．河南广播电视大学学报，2004（01）：19-20.

[386] 张婧婧．基于中介语语料库的汉语因果复句偏误分析 [J]．黄冈师范学院学报，2013（04）：73-76.

[387] 张婧婧．外国学生汉语因果复句习得调查 [J]．海外华文教育，2014（03）：275-282.

[388] 张静．论"既然 p，难道 q（吗）"反问推断句式 [J]．汉语学习，2014（06）：105-112.

[389] 张钧．蕴含因果关系的单句语义分析研究 [D]．内蒙古师范大学，2006.

[390] 张丽红．英汉原因状语从句对比研究 [D]．安徽大学，2005.

[391] 张良．汉语语篇因果关系的认知加工：理解与韵律产出研究 [D]．中国社会科学院研究生院，2018.

[392] 张梅岗．因果链的研究与翻译 [J]．中国翻译，1998（05）：45-47.

[393] 张美涛，王莘．维吾尔语句际关系中因果关系的表达 [J]．喀什大学学报，2017（04）：60-64.

[394] 张平．表反问语气的"还"与加强反问语气的"又" [J]．湖南师范大学社会科学学报，2004（02）：109-111+126.

[395] 张秋杭．现代汉语"毕竟"类副词研究 [D]．上海师范大学，2006.

[396] 张婷．现代汉语因果范畴研究 [D]．吉林大学，2020.

[397] 张熙昌，张亚茹．"因为"因果句探析 [J]．现代语文（语言研究版），2011（02）：51-55.

[398] 张肖如．疑问代词"怎么"与"为什么"对比研究 [D]．西南大学，2012.

[399] 张晓．英语语篇中的因果连贯关系 [J]．外语学刊，2012（04）：96-99.

[400] 张晓涛，邹学慧．论特指问与否定的相通性 [J]．学术交流，2011（07）：161-165.

[401] 张鑫．豪尼哈尼语的因果复句 [J]．民族语文，2015（04）：68-73.

[402] 张雪莹．俄语中的因果关系研究 [M]．沈阳：辽宁大学出版社，2013.

[403] 张雪莹．语言学中的因果关系研究 [J]．科技信息，2010（15）：590.

[404] 张亚茹．语体差异与因果标记"是以" [J]．语言科学，2014（01）：74-81.

[405] 张亚茹．语体差异与因果关系词"故" [J]．古汉语研究，2016（04）：58-64+104.

[406] 张延俊．"广义转折复句"也属于"广义因果复句" [J]．宁夏大学学报（人文社会科学版），2017（06）：47-49.

[407] 张滟. 因果复句关联标记句法—语义研究——基于"交互主观性"认知观 [J]. 外国语（上海外国语大学学报），2012（03）：42-50.

[408] 张谊生. "看起来"与"看上去"—— 兼论动趋式短语词汇化的机制与动因 [J]. 世界汉语教学，2006（03）：5-16+2.

[409] 张昀. 蕴含因果关系的单句语义分析研究 [D]. 内蒙古师范大学，2006.

[410] 张志伟. 西方哲学视野下的因果问题 [A]// 夏坝·降央克珠，魏德东. 因果. 北京：中国社会科学出版社，2019.

[411] 章瑾. 因果类"一 p 就 q"复句及其对外汉语教学 [D]. 湖南师范大学，2014.

[412] 章欣. 原型理论背景下汉语因果复句考察 [J]. 国际汉语教学研究，2015（02）：41-47.

[413] 赵立莎. 面向汉语国际教育的因果复句关联标记研究 [D]. 山东师范大学，2017.

[414] 赵瑞华. 运用因果思维优化议论文写作 [J]. 应用写作，2018（12）：37-39.

[415] 赵淑端. 假设、条件、因果复句与假言判断 [J]. 汉语学习，1982（02）：31-32+30.

[416] 赵贤德. 句管控下的"V 成"结构及相关小句 [D]. 华中师范大学，2006.

[417] 赵新. "因此、于是、从而"的多角度分析 [J]. 语文研究，2003（01）：26-29+34.

[418] 赵雪. 融媒体时代的新闻语体 [J]. 当代修辞学，2019（05）：15-25.

[419] 赵雅青. "造成"的词汇化进程 [J]. 现代语文（语言研究），2009（06）：25-27.

[420] 赵永恒. 不同类型汉语因果句加工的反应时研究 [D]. 四川外国语大学，2015.

[421] 赵元任. 汉语口语语法 [M]. 吕叔湘，译. 北京：商务印书馆，1979.

[422] 赵运普. 说"于是"—— 兼谈顺承、因果复句的划界 [J]. 新乡师范高等专科学校学报，2001（01）：26-27.

[423] 甄尚灵. "亏"的"多亏""幸亏"等义及其出现的句型 [J]. 中国语文，1982（02）：87-92.

[424] 郑丽. 因果连词"由""由于/於"的来源与虚化过程 [J]. 西南科技大学学报（哲学社会科学版），2008（06）：79-83.

[425] 中国社会科学院语言研究所词典编辑室. 现代汉语词典 [M]. 第 7 版. 北京：商务印书馆，2014.

[426] 中国社会科学院语言研究所词典编辑室. 现代汉语词典 [M]. 第 5 版. 北京：商务印书馆，2005.

[427] 钟小勇，张霖. "既然"句和"因为"句主观性差异探 [J]. 汉语学习，2013（04）：35-40.

[428] 周聪. 德汉篇章中因果关系表达的对比研究 [D]. 北京外国语大学，2015.

[429] 周刚.关联成分的套用及其省略机制 [J].汉语学习，2001（06）：29-40.

[430] 周广幸.预科留学生习得有标因果类复句的偏误考察及教学建议 [D].华中师范大学，2013.

[431] 周海楠.学术期刊论文中显性因果关系的对比研究 [D].东北师范大学，2013.

[432] 周俊勋."因"表时间和原因的关联性 [J].四川大学学报（哲学社会科学版），2007（05）：23-30.

[433] 周利芳.汉语口语中表因果关系的话段衔接成分及其教学 [J].暨南大学华文学院学报，2008（02）：12-21.

[434] 周明燕.印尼留学生因果连词习得分析及教学策略 [D].福建师范大学，2013.

[435] 周明月.泰国来华留学生因果类关联词语偏误分析 [D].重庆大学，2019.

[436] 周宁.类固定短语"X 来 X 去"格式考察 [D].上海师范大学，2008.

[437] 周永沛.谈古汉语的因动用法 [J].语文学习，1984（04）：58-60.

[438] 周玉华.因果与功能：论译者主体性研究的内在化路径 [J].北京第二外国语学院学报，2012（06）：29-34+8.

[439] 朱斌，伍依兰."祈使 + 陈述"型因果复句 [J].汉语学报，2008（03）：89-94.

[440] 朱斌，罗思."缘故"组合式定语的因果赋值 [J].汉语学报，2019（03）：57-66+96.

[441] 朱斌，吴玉凡.因果复合词 [J].泰山学院学报，2018（05）：83-88.

[442] 朱斌，伍依兰，郑郁汀.释义句式"因……而……" [J].辞书研究，2014（03）：29-35.

[443] 朱斌，伍依兰.句联层构与"否则"焦点投射 [J].汉语学报，2012（04）：81-87.

[444] 朱斌，伍依兰.现代汉语小句类型联结研究 [M].武汉：华中师范大学出版社，2009.

[445] 朱斌."如果 A，那么 B，否则 C"的语义关联及其"否"的辖域 [J].世界汉语教学，2011（04）：479-489.

[446] 朱斌.准谓宾动词 [D].山东师范大学，1999.

[447] 朱斌，等.汉语复句句序和焦点研究 [M].广州：世界图书广东出版公司，2013.

[448] 朱德熙.语法讲义 [M].北京：商务印书馆，1982.

[449] 朱军.远距离因果关系与"一 VP 就 XP"结构的意义 [J].汉语学报，2010（04）：28-35+95.

[450] 朱俊雄.反问句的否定指向 [J].内江师范学院学报，2004（05）：38-41.

[451] 朱庆祥.语体视角下的现代汉语小句依存性研究 [M].上海：上海人民出版社，2019.

[452] 朱献珑，陈佳妮.翻译因果关系的心智识解 [J].外语教学理论与实践，2017（02）：74-81.

[453] 朱献珑 . 汉英因果标记语法化的认知对比研究 [J]. 中国外语，2017（04）：35-41.

[454] 朱彦 . 汉语复合词语义构词法研究 [M]. 北京：北京大学出版社，2004.

[455] 朱艳霞 . 现代汉语因果连词 "X 而" 的词汇化 [D]. 上海师范大学，2010.

[456] 邹哲承 . 连贯性因果的语言表达与分析 [J]. 荆州师专学报，1996（03）：68-69.

[457] Aikhenvald A. Serial verb constructions in typological perspective[A]// Alexandra Y Aikhenvald, Dixon R M W. Serial Verb Constructions: A Cross-linguistic Typology. Oxford: Oxford University Press, 2006.

[458] Altenberg B. Causal linking in spoken and written English[J]. Studia Lingua, 1984, 38(1): 20-69.

[459] Aronson J L. On the grammar of 'cause'[J]. Synthese, 1971, 22(3-4): 414-430.

[460] Beebee H, Hitchcock C, Menzies P. The Oxford Handbook of Causation[M]. New York: Oxford University Press, 2009.

[461] Bellingham E, et al. Exploring the representation of causality across Languages: Integrating production, comprehension and conceptualization perspectives[A]// Siegal B A, Boneh N. Perspectives on Causation. The Jerusalem 2017 Workshop, 2020: 75-120.

[462] Biq Y-O. Chinese causal sequencing and 'yinwei' in conversation and press reportage[A]// The Proceedings of the 21st Annual Meeting of the Berkeley Linguistics Society. Berkeley Linguistics Society, 1995.

[463] Bybee J. Cognitive processes in grammaticalization[A]// Tomasello M. The New Psychology of Language, Volume Ⅱ. New Jersey: Lawrence Erlbaum Associates Inc. , 2003: 145-167.

[464] Clancy P M, Thompson S A, Suzuki R, et al. The conversational use of reactive tokens in English, Japanese, and Mandarin[J]. Journal of Pragmatics, 1996, 26(3): 355-387.

[465] Claridge C, Walker T. Causal clauses in written and speech-related genres in Early Modern English[J]. ICAME Journal, 2001(25): 31-64.

[466] Couper-Kuhlen E, Kortmann B. Cause-Condition-Contrast-Concession: Cognitive and Discourse Perspectives[M]. Berlin & New York: Mouton de Gruyter, 2000.

[467] Couper-Kuhlen E. When turn start with 'because': An exercise in interactional syntax[A]// Meurman-Solin A, Lenker U. Connectives in Synchrony and Diachrony in European Languages, 2011.

[468] Cristofaro S. Reason Clauses[A]// Dryer M S, Haspelmath M. The World Atlas of Language Structures Online. Leipzig: Max Planck Institute for Evolutionary Anthropology, 2013.

[469] Croft W. Verbs: Aspect and Causal Structure[M]. Oxford: Oxford University Press, 2012.

[470] Dijk T A van. Text and Context: Explorations in the Semantics and Pragmatics of

Discourse[M]. London and New York: Longmans, 1977.

[471] Ford C E. Gammar in Interation: Adverbial Clauses in American English Conversations[M]. Cambridge & New York: Cambridge University Press, 1993.

[472] Fraser B. What are discourse markers?[J]. Journal of Pragmatics, 1999, 31(7): 931-952.

[473] Halliday M A K, Hasan R. Cohesion in English[M]. London: Edward Arnold, 1976.

[474] Hoey M. On the Surface of Discourse [M]. London: George Allen and Unwin, 1983.

[475] Hu Zhichao, Walker Marilyn. Inferring Narrative Causality between Event Pairs in Films[A]// Jokinen Kristiina Stede Manfred, DeVault David, Louis Annie. Proceedings of the 18th Annual SIGdial Meeting on Discourse and Dialogue. Saarbrucken, Germany: Association for Computational Linguistics, 2017: 342-351.

[476] Johnson A. So…?: Pragmatic implications of so-prefaced questions in formal police interviews[A]// Cotterill J. Language in the Legal Process. New York: Palgrave Macmillan, 2002: 91-110.

[477] Lagerwerf L. Causal connectives have presuppositions: Effects on coherence and discourse structure[D]. Doctoral Dissertation. LOT (Netherlands graduate School of Linguistics) 10. The Hague: Holland Academic, 1998.

[478] Mann W C,Thompson S A. Rhetorical Structure Theory[J]. Text, 1988(3): 243-281.

[479] Maat H P, Degand L. Scaling causal relations and connectives in terms of speaker involvement[J]. Cognitive Linguistics, 2001, 12(3): 211-245.

[480] Mey J. Pragmatics: An Introduction [M]. Oxford: Blackwell, 1993.

[481] Mie Tsunoda. Five-level classification of clause linkage in Japanese[J]. Studies in Language, 2012, 36(2): 382-429.

[482] Miracle W C. Discourse Markers in Chinese[D]. Columbus, Ohio State University Ph. D. dissertation, 1991.

[483] Mirna P. Determining Subjectivity in Text: The Case of Backward Causal Connectives in Dutch[J]. Discourse Processes, 2006, 41(2): 151-174.

[484] Mirza P. Event causality[A]// Caselli T, Hovy E, Palmer M, et al. Computational Analysis of Storylines: Making Sense of Events. Cambridge: Cambridge University Press, 2021: 106-124.

[485] Moeschler J. Casuality, lexicon and discourse meaning[J]. Rivista Di Lingüística, 2003, 15(2): 343-369.

[486] Quirk, et al. A Comprehensive Grammar of the English Language[M]. London: Longman, 1985.

[487] Pearl J, Mackenzie D. The Book of Why: The Book of Why: The New Science of Cause and Effect[M]. New York: Basic Books, 2018.（朱迪亚·珀尔，达纳·麦肯齐. 为什么 —— 关于因果关系的新科学 [M]. 江生，于华，译. 北京：中信出版集团，2019.）

[488] Reed L A. Necessary versus Probable Cause[J]. Journal of Philosophical Logic, 1999, 28(3): 289-326.

[489] Sanders T, Sweetser E. Causal Categories in Discourse and Cognition[M]. Berlin/New York: De Gruyter Mouton, 2009.

[490] Sanders T. Coherence, Causality and Cognitive complexity in discourse[J]. Proceedings/ actes Sem, 2005.

[491] Schegloff. Interaction: The Infrastructure for Social Institutions, the Narurl Ecological Nicher for Language and the Arena in which Culture is Enacted[A]// Enfield N J, Levinson S C. The Roots of Human Sociality: Culture, Cognition and Interaction. New York: Berg, 2006: 70-96.

[492] Spooren W, Sanders T, Huiskes M, et al. Subjectivity and Causality: A Corpus Study of Spoken Language[J]. Empirical & Experimental Methods in Cognitive/functional Research, 2010: 241-255+14.

[493] Steven Y. Demotic logic: Causal discourse and the structure of explanations [J]. Text-Interdisciplinary Journal for the Study of Discourse, 1987, 7(2): 181-203.

[494] Sweetser E. From Etymology to Pragmatics: Metaphorical and Cultural Aspects of Semantic Structure[M]. Cambridge: Cambridge University Press, 1990；北京：北京大学出版社，2002.

[495] Tsai Mei-chih. A Discourse Approach to Causal Sentences in Mandarin Chinese[J]. Language, Information and Computation (PACLIC 11), 1996: 93-98.

[496] Waldmann M. The Oxford Handbook of Causal Reasoning[M]. New York: Oxford University Press, 2017.

[497] Xiao Hongling（肖红岭）. Subjectivity, causality and connectives in Mandarin Chinese: Converging evidence from written, spoken and social media discourse[D]. Radboud University, 2020.

[498] Xiao Hongling, Li Fang, Sanders T J, et al. Spooren. How subjective are Mandarin REASON connectives? A corpus study of spontaneous conversation, microblog and newspaper discourse[J]. Language and Linguistics, 2021a, 22(1): 166-210.

[499] Xiao Hongling, Li Fang, Sanders T J, et al. Suǒyǐ 'so', they are different: an integrated subjectivity account of Mandarin RESULT connectives in conversation, microblog and newspaper discourse[J]. Linguistics, 2021b, 59 (4): 1103-1142.

[500] Xiao Hongling, van Hout Roeland W N M, Sanders T J, et al. Spooren. A cognitive account of subjectivity put to the test: using an insertion task to investigate Mandarin result connectives[J]. Cognitive Linguistics, 2021c, 32 (4): 671-702.

[501] Yıldırım F Ç. Subjectivity in Complex Sentences: The Effects of Converbs to Causal Relations[J]. Journal of Language Education and Research, 2015, 1 (1): 1-13.

[502] Yueguo Gu（顾曰国）. Towards a model of situated discourse[A]// Ken Turner. The Semantics and Pragmatics Interface. Elsevier Science Publisher, 1999: 150-178.

[503] Yufang Wang（王英芳）. A Corpus-Based Study of Adverbial Clauses in Mandarin Chinese Conversation: A Preliminary Analysis[J]. Proceedings of PACLIC10. Hong Kong: City University of Hong Kong, 1995 (10): 237-241.

附　录

转写符号说明

[　]	表示两个或两个以上说话人重叠的起始点和终止点。
#	表示中断或打断对方说话。
=	表示下面的话轮没有停顿。
（1.5）	表示以秒计时的停顿时间，具体数字表示停顿时长。
（+）	表示 0.5 秒以内的停顿，"+"的个数，以停顿时间计算。
：	表示语音延长一拍，"："的个数，以延长拍数计算。
－	表示修正。
↗	表示升调。
↘	表示降调。
< >	表示慢速话语。
> <	表示快速话语。
（……）	表示听不清楚的话语。
^ ^	表示边说边笑。

后 记

自从 1999 年来华中师范大学跟随邢福义先生学习以来，复句问题一直是我学习和研究的重点。复句有多种多样的关系和句式，邢先生把复句三分为因果类、并列类和转折类，其中因果类和并列类是基础，通过因果违逆和并列违逆产生转折类复句。因果复句，是一种重要的复句，也是我着力考察的复句问题，比如在《"祈使＋陈述"型因果复句》（2008）一文中，发掘出了三种原因：前提因、结果因和逆结果因。

说起因果范畴的多层级考察，要回到 2013 年夏天。我在那年的暑假，到北京拜望李宇明老师，在李老师的办公室，李老师跟我促膝谈治学之道。李老师特别提出，要重视语法研究的两端：一端是词，汉语的一个一个的词，是怎么组造而成的；一端是篇章，汉语的篇章，包括标题、摘要、段落，是怎么组织成篇的。李老师的谆谆教导，深深印在我的脑海，激励着我思考：怎么基于复句，上挂下连，打通各级语法单位和实体。因为对因果关系有点研究心得，我就考虑，能不能以因果关系范畴为轴心，来考察各级各类语法实体的表达规律和特点。

2015 年，我申请的教育部人文社会科学重点研究基地重大项目"现代汉语因果表达的多层级研究"获批，感谢汪国胜老师、匡鹏飞老师的帮助，感谢华中师范大学语言与语言教育研究中心，给予我这个宝贵的机会，从事因果范畴的专题研究。这本书，是该重大项目的成果，有的内容曾以论文的形式在《中国语文》《汉语学报》《辞书研究》《泰山学院学报》等刊物上发表过，在此对发表这些论文的刊物和审稿人表示感谢，本次出版又做了修改。本书有的章节是合作完成，其中第一章与吴玉凡合作，第二章与罗思合作，第三章第二节与高增霞合作，第四章、第八章与伍依兰合作，第九章第二节与伍依兰、郑郁汀合作，对合作学者们表示感谢。感谢"华中师范大学文学院中国语言文学一流学科建设文库"资助。书中不足之处，恳请读者朋友批评指正。

感谢我的家人，支持我，走这平凡之路。

朱斌

2021 年 12 月 21 日冬至